Basic Language Learning

滝田佳奈子
Kanako Takita

本気で学ぶ
ドイツ語

発音・会話・文法の力を
基礎から積み上げる

はじめに

　本書は、ドイツ語のしくみをしっかり身につけたい方のために書きました。目指したのは、ドイツ語のしくみが「手っ取り早く理解・納得でき、覚えやすく、使えるようになること」です。

　この本には2つの大きな特徴があります。1つは動詞編・名詞編・（複雑な）文章編に分けていること、もう1つは一貫して不定詞句を使っていることです。

　ドイツ語の教科書・参考書・問題集で動詞と名詞に分けているものは日本ではほとんどないだろうと思います。が、ドイツで、ネイティブスピーカーであるドイツ人向けにはあります。それは動詞の変化体系（ドイツ語で Konjugation と言います）と名詞の変化体系（Deklination と言います）はまったく別で区別すべきなのに対し、それぞれの変化体系の中は合理的に一貫性があるからです。そのために、動詞のさまざまな人称変化を一気に身につけ、それから名詞・形容詞の格変化を集中して習得します。これによって初心者の方は、人称変化と格変化の混同を避けて、系統立てて覚えられますし、既習者の方は、ご自分の弱点や疑問を集中して復習することができるはずです。

　不定詞句を最初から使っているのは、序章で詳しく説明しますが、それが日本語の語順と同じだからです。ドイツ語の語順は歴史的な「親戚」の英語よりも、まったくの「他人」であるはずの日本語に驚くほど似ています。日本人がドイツ語を習得するのにこの好都合な一致を使わない手はないではありませんか。

　初めてドイツ語に挑戦する方はもちろん、すでに学生時代などにドイツ語に挫折したことのある読者の方が、この本で少しでも「目からウロコ」の感触を味わっていただければとてもうれしく思います。

　最後にこの本を作るにあたって、直接にも間接にも力を貸してくださったたくさんの皆様に心から御礼申し上げます。

滝田佳奈子

目　次

はじめに …………………………………………………………………… 3
序章　発音・文字と本書の基本方針 …………………………………… 13
Ⅰ　発　音
　　1．アルファベット ………………………………………………… 14
　　2．ドイツ語の発音の3原則 ……………………………………… 15
　　3．母　音 …………………………………………………………… 16
　　4．ローマ字と異なる音価の子音 ………………………………… 20
　　5．代表的な外来語の発音 ………………………………………… 25
　　6．基　数 …………………………………………………………… 28

Ⅱ　不定詞句とは？
　　　　町へ行く／歌うことができる ………………………………… 29

動詞編

第1課　人称代名詞（1格）と動詞の現在人称変化（1）
　　　　私は遊ぶ／彼は働く ……………………………………………36
　　1．人称代名詞 ………………………………………………………36
　　2．規則動詞の現在人称変化 ………………………………………37

第2課　動詞の現在人称変化（2）
　　　　私は知っている／彼は眠っている ……………………………45

| 1. 不規則動詞3パターン | 45 |
| 2. そのほかの不規則動詞 | 47 |

第3課　副　詞

じょうずに／心から	51
1. 副　詞	51
2. 副詞と規則動詞を使う	53
3. 副詞と不規則動詞を使う	55
4. 副詞と他動詞を使う	58
5. 上級用副詞の使い方	61

第4課　疑問詞

いつ／どこで／だれが	62
1. 疑問詞	62
2. 平叙文の定動詞の位置	67

第5課　命令形

行きなさい／歌ってください	70
1. 命　令	70
2. お願い	74

第6課　話法の助動詞・未来形

| できる／するだろう | 76 |
| 1. 話法の助動詞 | 76 |

2. 不定詞と一緒に使うそのほかの助動詞 …………………… 81
　3. 不定詞句に慣れた方のために …………………………… 84

第7課　分離動詞・非分離動詞

　　　分離する－ án|kommen 到着する ………………………… 88
　　　分離しない－ bekómmen もらう …………………………… 88
　1. 分離動詞と非分離動詞 …………………………………… 88
　2. 分離動詞と助動詞を一緒に使う ………………………… 94

第8課　動詞の3基本形

　　　不定詞－過去基本形－過去分詞 ………………………… 97
　　　kommen – kam – gekommen
　1. 規則動詞の3基本形 ……………………………………… 97
　2. 不規則動詞の3基本形 …………………………………… 98
　3. 分離動詞・非分離動詞の3基本形 ……………………… 102

第9課　過去人称変化

　　　彼は歌った／私は旅行した ……………………………… 105
　1. 過去人称変化 …………………………………………… 105
　2. 助動詞や分離動詞の過去形 …………………………… 110

第10課　完了形（現在完了・過去完了）

　　　彼はじょうずに歌った／私は京都に行った …………… 114
　1. 完了不定詞 ……………………………………………… 114

2．現在完了 …………………………………………………………… 116

　3．分離動詞の完了 …………………………………………………… 119

　4．話法の助動詞の完了 ……………………………………………… 119

　5．過去完了 …………………………………………………………… 121

　6．上級用完了不定詞の使い方 ……………………………………… 124

第11課　非人称動詞と非人称の es

　　暑い／雨が降る ……………………………………………………… 125

　1．自然現象 …………………………………………………………… 125

　2．個人の感覚 ………………………………………………………… 128

名詞編

● ドイツ語の名詞の特徴 ………………………………………………… 132

第12課　名詞と定冠詞の格変化

　　その本が／その本の／その本に／その本を ……………………… 134

　1．定冠詞 ……………………………………………………………… 134

　2．辞書の表記 ………………………………………………………… 137

第13課　名詞と定冠詞類の格変化

　　どの本が／どの本の／どの本に／どの本を ……………………… 140

　1．定冠詞類 …………………………………………………………… 140

　2．時を表す4格 ……………………………………………………… 143

第14課　名詞と不定冠詞の格変化

　　　1冊の本が／1冊の本の／1冊の本に／1冊の本を ……………… 146

第15課　名詞と不定冠詞類の格変化

　　　私の本が／私の本の／私の本に／私の本を ………………………… 150
　　1. 所有冠詞 ………………………………………………………………… 151
　　2. 否定冠詞 ………………………………………………………………… 152

第16課　否定のしかたと否定疑問文の答え方

　　　本を買わない／その本は買わない／テニスをしない ……………… 155
　　1. nicht を使った否定 …………………………………………………… 155
　　2. 否定冠詞 kein を使った否定 ………………………………………… 157
　　3. 熟語 es gibt 4格 ……………………………………………………… 158
　　4. 熟語の否定のしかた …………………………………………………… 159
　　5. 否定疑問文の答え方 …………………………………………………… 162

第17課　男性弱変化名詞

　　　その学生が／その学生の／その学生に／その学生を ……………… 165

第18課　人称代名詞（3・4格）

　　　私に／私を／君に／君を ……………………………………………… 170
　　1. 人称代名詞 ……………………………………………………………… 170
　　2. 目的語 3格と4格の語順 ……………………………………………… 171

第19課　再帰代名詞と再帰動詞

　　私はすわる／彼はすわる ……………………………………………… 174

1. 再帰代名詞と再帰動詞 ………………………………………………… 174
2. 体の部分を表す語と使う3格 ………………………………………… 178
3. 相互代名詞 ……………………………………………………………… 179

第20課　前置詞（1）

　　雨にもかかわらず／母のために …………………………………… 181

1. 2格支配の前置詞 ……………………………………………………… 181
2. 3格支配の前置詞 ……………………………………………………… 183
3. 4格支配の前置詞 ……………………………………………………… 185

第21課　前置詞（2）

　　机の上で／机の上へ ………………………………………………… 188

1. 3・4格支配の前置詞 ………………………………………………… 188
2. 3・4格支配の前置詞と動詞 ………………………………………… 191
3. 前置詞と疑問詞の融合形、前置詞と代名詞の融合形 …………… 195
4. 熟語の前置詞 ………………………………………………………… 196
5. was für ein －どんな（種類の）？ ………………………………… 197

第22課　形容詞の格変化・名詞化・序数

　　　その良い子が／その良い子の／その良い子に／その良い子を ………… 200
　1．形容詞の用法 ……………………………………………………………… 200
　2．定冠詞（類）＋形容詞＋名詞（形容詞の弱変化） …………………… 201
　3．無冠詞＋形容詞＋名詞（形容詞の強変化） …………………………… 202
　4．不定冠詞（類）＋形容詞＋名詞（形容詞の混合変化） ……………… 205
　5．形容詞の名詞化 …………………………………………………………… 209
　6．序　数 ……………………………………………………………………… 210

第23課　形容詞・副詞の比較級・最上級

　　　AよりBの方がいい／Cが一番いい …………………………………… 214

文章編（複雑な文）

第24課　接続詞

　　　きょう雨が降っているので…／もしあした雨ならば… ……………… 220

第25課　zu 不定詞（句）

　　● 私の望みは、ヨーロッパへ旅行することです。 ……………………… 226
　1．zu 不定詞句の作り方 …………………………………………………… 226
　2．zu 不定詞（句）の用法 ………………………………………………… 226

第26課　関係代名詞と指示代名詞

- 私はきょう、ドイツへ旅行した友人を訪問する。 …………… 231
1. 定関係代名詞 ……………………………………………… 231
2. 関係副詞 …………………………………………………… 234
3. 指示代名詞 ………………………………………………… 235
4. 不定関係代名詞 …………………………………………… 237

第27課　受動態

- その歌はシューベルトによって作曲された。 ……………… 240
1. 受動態の原則 ……………………………………………… 240
2. 自動詞の受動など ………………………………………… 242
3. 受動態の時制 ……………………………………………… 243
4. 状態受動 …………………………………………………… 244
5. sein ... zu 不定詞 …………………………………………… 245

第28課　分　詞

- 歌いながら／歌われて／歌われねばならない …………… 249
1. 現在分詞と未来分詞の作り方 …………………………… 249
2. 現在分詞の用法 …………………………………………… 250
3. 過去分詞の用法 …………………………………………… 251
4. 未来分詞の用法 …………………………………………… 252
5. 冠飾句 ……………………………………………………… 252

第29課 | 接続法

私にもっと暇があればなあ！／私を助けていただけますでしょうか？ …… 256
1. 「法」とは？ ………………………………………………………… 256
2. 基本形の作り方 …………………………………………………… 257
3. 接続法第1式の用法 ……………………………………………… 260
4. 接続法第2式の用法 ……………………………………………… 265

第30課 | 複雑な助動詞構文

もう到着したに違いない／ドイツ語が話せるだろう ………… 270

補　足

年　号 ……………………………………………………………… 277
月　名 ……………………………………………………………… 277
曜　日 ……………………………………………………………… 278
時　刻 ……………………………………………………………… 278
通　貨 ……………………………………………………………… 279
コミュニケーションに関連する習慣の違い …………………… 279

解　答 …………………………………………………………… 281

序章　発音・文字と本書の基本方針

　ドイツ語は歴史的には英語に近く、同じだったり似ているスペルの語がたくさんあります。ところが同じスペルの単語でも、発音や意味が全く違う場合が多いのです。また、語順も英語とは異なり、英語と同じ語順にドイツ語を並べると「間違っているドイツ語」や「外国人のドイツ語」になってしまいます。

　逆に、日本語とドイツ語は歴史上のつながりはありませんが、発音も語順も意外とよく似ています。日本人がドイツ語を学ぶのだったら、この類似点を生かさない手はなく、そのために本書は、普通は初級文法の後半でやっと触れられる「不定詞句」を最初から一貫して駆使します。

　不定詞句から実際に使うドイツ語（平叙文・疑問文・命令文など）を作る文法的な練習をすると応用に強くなり、実際の文から不定詞句も作れて確実に辞書を引ける、さらに辞書を使いこなせるようになるでしょう。個々の語彙だけでなく、パターンとして覚えられるので、ひいては将来にわたって使えるボキャブラリーの拡大に無理なくつながるはずです。

　そのために本書の語彙は欲張らずに制限して、理解しやすいように、繰り返し練習して納得できるように努めました。

　不定詞句の和訳は、ドイツ語の成り立ちがわかりやすいように直訳調にしましたが、それを使った実際の文には、日本語も日常会話で使いそうなくだけた訳を心がけました。外国語をしゃべろう・書こうとする時、ひたすら１つの思い浮かんだ日本語文に固執して直訳しようとするのではなく、「おなかがすいた」は「空腹を持っている」と発想の転換をする必要があることも身につくでしょう。

　「ドイツ語は（たとえば英語よりも）難しい」と一般に信じられているようですが、しくみの規則がきっちり理屈にかなうようにできているため、その（一見複雑そうな）理屈が理解できるとどんどん簡単になる言葉です。

　その際、筋の通った理屈を寄り道せずにストレートに理解・納得してい

ただけるように、関連する文法を一挙にまとめました。そのため従来の文法書と違って、動詞や助動詞を中心にしたグループと名詞や冠詞を中心にしたグループに大きく分けました。初心者の方にもわかりやすいような説明を心がけましたが、一通り読んだあとや、すでに学習歴のある方にも、忘れた点・調べたい項目が動詞関連か名詞関連かで見つけやすく、復習しやすいようにしました。

I 発　音

　ドイツ語には英語に似ている単語がたくさんありますが、発音は英語とは大きく異なり、むしろ日本語のローマ字に近く、日本人には発音しやすい言葉です。

1. アルファベット　das Alphabet　　　　CD1 − 1

　名称はアルファベットの呼び名、たとえばスペルを言う時などに使います。
　それに対し音価は、単語や文の中におけるその文字の発音です。

	名　称	ローマ字に近い音価	ローマ字と異なる音価
A	[aː]	aː　a	
B	[beː]	b	p
C	[tseː]		ts　k
D	[deː]	d	t
E	[eː]	eː　ɛ　ə	
F	[ɛf]	f	
G	[geː]	g	k
H	[haː]	h	
I	[iː]	iː　ɪ	
J	[jɔt]		j
K	[kaː]	k	
L	[ɛl]	l	
M	[ɛm]	m	
N	[ɛn]	n	
O	[oː]	oː　ɔ	

P	[pe:]	p	
Q	[ku:]		k
R	[ɛr]		r
S	[ɛs]	s	z ʃ
T	[te:]	t	
U	[u:]	u: ʊ	
V	[faʊ]		f
W	[ve:]		v
X	[Iks]	ks	
Y	[Ýpsilɔn]		y: Y
Z	[tsɛt]		ts
Ä	A-Umlaut		ɛ: ɛ
Ö	O-Umlaut		ø: œ
Ü	U-Umlaut		y: Y
ß	[ɛs tsɛt]		s

　a、o、u の 3 文字の上にローマ字にはない「点が 2 つ」ついた場合、Umlaut（変母音）といいます。「a-Umlaut」は、「a の上に点が 2 つつく」ことを意味します。この Umlaut がついていると、a、o、u とは全く違う音価になるので注意してください（→「ローマ字と異なるか、ローマ字にはない母音」参照）。

　ローマ字や英語にはない文字 ß は、歴史的に s と z がくっついてできた字なので名称（呼び名）は [ɛs tsɛt] といいますが、音価は ss と同じ [s] で、辞書を引く時も ss の場所に載っています。たとえば Straße（通り）を辞書で探す時は Strasse があるはずのページを見てください。また、ß は小文字しかないので、大文字で書く場合も ss で代用します。「ゲーテ通り」をすべて大文字で書くと、GOETHESTRASSE になります。

2. ドイツ語の発音の 3 原則

1. ローマ字読み
2. アクセントは最初の母音（＝第 1 音節）
3. アクセントのない母音は短いが、アクセントのある母音は長い場合もある。すなわち、アクセントのある母音のあとに子音が 1 つしかなければ長く、子音が 2 つ以上あれば短い。

　注 母音の後ろであって前ではありません。

たとえばName（名前）をドイツ語でどう発音するかというと、
1. ナメ ＋ 2. **ナ**メ（強いのはナ）＋ 3. aのあとに子音は「m」1つなので、このナは長い ＝ 正解は**ナ**ーメ（ネームではありません）。

ただし、どの原則にも若干の例外があります。
　特に1のローマ字読みとは異なるドイツ語特有の発音は注意が必要なので、以下の「ローマ字と異なる音価」で詳しく説明します。
　2の例外は、外来語のほかアクセントのない前つづりのついている語などです。
　3の例外には、たとえばchがあります。chの前の母音は長い場合も短い場合もあるのです（子音chの項目参照）。

　名詞は文中でも大文字で書きます。

3. 母　音

ローマ字と同じか、似ている音価の母音　　　　　　　CD1 − 2
〈単母音〉

a　　長母音の場合［a:］Name（名前）、Magen（胃）、Glas（コップ）
　　　短母音の場合［a］alt（古い）、danken（感謝する）、Mann（男）

チェック1　長母音？　短母音？　発音してみましょう。

　　Dame（婦人）、dann（それから）、Ball（ボール）、Tal（谷）

e　　注 日本語のエより口が横に広がります。
　　　長母音の場合［e:］edel（高貴な）、geben（与える）
　　　注 長母音はエーで、エイではない。
　　　短母音の場合［ɛ］ernst（まじめな）、lernen（習う）
　　　アクセントのない短母音の場合［ə］Tasse（カップ）、Gabel（フォーク）

チェック2　長母音？　短母音？　発音してみましょう。

denken（考える）、Leben（生活）、Ende（終わり）、legen（置く）、bitte（どうぞ）

i　　長母音の場合［i:］Kino（映画館）、Tiger（虎）
　　　短母音の場合［ɪ］Lippe（唇）、Gift（毒）

チェック3 長母音？ 短母音？ 発音してみましょう。

Bibel（聖書）、finden（見つける）、Kilo（キログラム）、links（左の）

o 注 日本語のオより口がとがります。
長母音の場合［o:］Dom（大聖堂）、Hof（中庭）
注 長母音はオーで、オウではない。
短母音の場合［ɔ］kommen（来る）、Gott（神）

チェック4 長母音？ 短母音？ 発音してみましょう。

Monat（月　英語 month）、Post（郵便局）、Morgen（朝）、loben（ほめる）

u 注 日本語のウより口がとがり、口は o に近い形となります。
長母音の場合［u:］gut（良い）、du（君）、Kugel（球）
短母音の場合［ʊ］Lust（やる気）、dumm（愚かな）、dunkel（暗い）

チェック5 長母音？ 短母音？ 発音してみましょう。

Mut（勇気）、Blume（花）、Lunge（肺）、Punkt（点）

従って二重母音

au［aʊ］もアオに近くなります。auf（上）、Haus（家）、Frau（女）
注 英語のようなオーではない。

チェック6 発音してみましょう。

Baum（木）、blau（青い）、Umlaut（変母音）

〈重母音〉

aa［a:］Aal（うなぎ）、Saal（ホール）

ee［e:］Tee（紅茶）、Kaffee（コーヒー）　注 エーで、エイではない。

oo［o:］Moos（苔）、Boot（ボート）　注 オーで、オウではない。

チェック7 発音してみましょう。

Maas（川の名）、Klee（クローバー）、Paar（ペア）

■ 練習問題 ■

1. 発音してみましょう。　　　　　　　　　　　　　CD1 − 3

alles（全部）、Titel（タイトル）、laut（大声の）、Fest（祭り）、Folge（結果）、Hut（帽子）、Datum（日付）、Laune（機嫌）、Kinn（あご）、Garten（庭）、Pudel（犬種プードル）、offen（開いている）

● ローマ字と異なるか、ローマ字にはない母音

〈変母音〉 Umlaut

Umlaut（ä、ö、ü）は日本語にはもちろんなく、a、o、u とも違う音価になるので注意してください。

ä　長母音の場合 [ɛ:] a の口でエー　Läden（店 Laden の複数形）、Träne（涙）、käme（もし来れば）
短母音の場合 [ɛ] a の口でエ　Mängel（欠陥 Mangel の複数形）、Länge（長さ）、hängen（掛かっている）
日本語のエ（ー）に近い。

チェック8　長母音？　短母音？　発音してみましょう。

Kälte（寒さ）、Fäden（糸 Faden の複数形）、Nägel（釘 Nagel の複数形）、Gäste（客 Gast の複数形）

ö　長母音の場合 [ø:] o の口でエー　Öl（オイル）、mögen（好む）、Flöte（笛）
短母音の場合 [œ] o の口でエ　öffnen（開ける）、Löffel（スプーン）、Göttin（女神）
または口をとがらせてエ（ー）と言っても近くなる。

チェック9　長母音？　短母音？　発音してみましょう。

Möbel（家具）、können（できる）、Öfen（ストーブ Ofen の複数形）、Hölle（地獄）

ü　長母音の場合［y:］とがらせた u の口でイー　müde（疲れた）、Bügel（アイロン）、lügen（うそをつく）
短母音の場合［ʏ］とがらせた u の口でイ　dünn（薄い）、Nüsse（ナッツ Nuss の複数形）、Glück（幸運）
または口をとがらせてユ（ー）と言っても近くなる。

チェック 10　長母音？　短母音？　発音してみましょう。

Flügel（翼）、Brücke（橋）、dürfen（してもよい）、Flüsse（川 Fluss の複数形）

〈二重母音〉

ei = ai　［aɪ］　アイ　bei（のそばに）、beide（両方）、Mai（5 月）、mein（私の）、dein（君の）、klein（小さい）

チェック 11　発音してみましょう。

allein（1 人で）、nein（いいえ）、meistens（たいてい）、bleiben（滞在する）

ie　［i:］　イー　Liege（寝椅子）、liegen（横たわっている）、Liebe（愛）、Biene（蜜蜂）

チェック 12　発音してみましょう。

die（定冠詞）、dienen（仕える）、tief（深い）、Brief（手紙）

eu = äu　［ɔʏ］　オイ　Heu（干草）、heute（きょう）、Freude（喜び）、Freunde（友だち Freund の複数形）、Bäume（木 Baum の複数形）

チェック 13　発音してみましょう。

neu（新しい）、Neues（新しいこと）、Leute（人々）、läuft（走る）

母音のあとの **h** は長母音　nah（近い）、Ruhe（静けさ）、Ehre（栄誉）、Fahne（旗）、特に動詞は語尾 -en の前で発音にくぎりをつけます。gehen（geh-en　行く）

> **チェック 14** 発音してみましょう。

ohne（なしに　英語 without）、Mühe（苦労）、Nähe（近く）

ただし woher（どこから）= wo + her（どこ＋から　ヴォーヘア）
二重母音や子音のあとの h は無視　leihen（貸す）、fliehen（逃げる）、Rhein（川の名）

────────── **練習問題** ──────────

2. 発音してみましょう。　　　　　　　　　　　　　　🔘 CD1 − 4

Hände（手 Hand の複数形）、Eis（アイスクリーム）、fiel（落ちた）、Hütte（小屋）、Eule（ふくろう）、Höhe（高さ）、Freiheit（自由）、gäbe（もし与えれば）、biegen（曲げる）、Hügel（丘）、Fräulein（…嬢　英語 Miss）

4. ローマ字と異なる音価の子音

以下の説明には「音節」という用語が出てきます。何音節か知りたい時には、今まで出てきた母音が何か所に出てくるかを見ればいいのです。その際重母音や二重母音は全体で 1 に数えます。

Lob = 1 音節、Lieb = 1 音節、Meer = 1 音節、Freund = 1 音節、rauchen = 2 音節、Abend = 2 音節、Könige = 3 音節など。

語末・音節末の **-b** は［p］Lob（賞賛）、halb（半分の）、lieb（かわいい）
語末・音節末の **-d** は［t］Bad（風呂）、und（と　英語 and）、Hund（犬）
語末・音節末の **-g** は［k］Tag（日　英語 day）、Berg（山）、Burg（城）

> **チェック 15** 発音してみましょう。

Kind（子ども）、Abend（晩）、gelb（黄色い）、Freund（友だち）、Lied（歌）、Hamburg（都市名）

語末 **-ig** は［ɪç］billig（安い）、König（王様）、ewig（永遠の）

> **チェック 16**　発音してみましょう。

heftig（激しい）、nötig（必要な）

ただし -ig のあとに母音が続くと普通に［ɪg］billiges、Könige、ewiger（いずれも上記に語尾がついたもの）

ng は英語のように［ŋ］Ding（物）、lang（長い）、Prüfung（試験）

> **チェック 17**　発音してみましょう。

bringen（持っていく）、Leistung（業績）、Übung（練習）

ch　ch の発音は［x］と［ç］の 2 種類あります。発音の原則 3 に「アクセントのある母音のあとに子音が 1 つしかなければ長く、2 つ以上あれば短い」とありましたが、ch は長い場合も、短い場合もあり、語によって決まっています。

ch の前が a、o、u、au の時は［x］（直前の母音の口の形を変えないので、あえてカタカナで表せばアハ・オホ・ウフ・アオホとなる）〈長母音のみ記載〉

　　ach（ああ）、Dach（屋根）、mach（しなさい）、machen（する）
　　注　日本人には発音しにくいですが、-en がついても前の ch の発音は変わらない。
　　hoch〈長母音〉（高い）、noch（まだ）、Koch（コック）、
　　kochen（料理する）
　　Buch〈長母音〉（本）、Tuch〈長母音〉（布）、Frucht（実）
　　auch（も　英語 also）、Bauch（腹）、Lauch（ねぎ）

> **チェック 18**　発音してみましょう。

nach〈長母音〉（〜へ　英語 to）、Nacht（夜）、Loch（穴）、doch（やっぱり）、Kuchen〈長母音〉（ケーキ）、Rauch（煙）、rauchen（タバコを吸う）

それ以外は全部［ç］（ch の前の母音が i、e、ä、ö、ü、ei、ie、eu、äu、前が子音、前に何もなく ch で始まる場合）ich（私）、nicht（英語 not、don't）、reich（金持ちの）、euch（君たちに）、München（都市名）

注 ローマ字や英語のように「チ」と発音することはない。

チェック 19 発音してみましょう。　　　　　　　　　CD1 − 5

Kirche（教会）、Küche（キッチン）、deutlich（はっきり）、Milch（ミルク）、China（中国）

チェック 20 ［x］ですか？　［ç］ですか？　発音してみましょう。

Licht（明かり）、Macht（権力）、mächtig（権力のある）、Märchen（おとぎ話）、Tochter（娘）、lachen（笑う）、lächeln（ほほえむ）

chs［ks］chのあとにsがつくと、前の字が何であろうと［ks］になります。Lachs（鮭）、wachsen（成長する）、Fuchs（狐）

チェック 21 発音してみましょう。

Dachs（穴熊）、Dachshund（犬種名）、wechseln（交換する）

j ＝［j］＝ローマ字の y　ja（はい）、Japan（日本）、Juni（6月）、Jugend（青春）

チェック 22 発音してみましょう。

jagen（狩をする）、je（ごとに）、Juli（7月）

pf　［pf］Pfote（動物の足）、Kopf（頭）、Apfel（りんご）

チェック 23 発音してみましょう。

Pflicht（義務）、Dampf（蒸気）、Pfeife（パイプ）

qu　［kv］Qual（苦しみ）、quälen（苦しめる）、Quark（コテージチーズの一種）

チェック 24 発音してみましょう。

Quelle（泉）、Quittung（領収書）、Quatsch（くだらない話）

r　［r］主に北部はのどひこを震わせる（うがいを水なしでやる要領）rot（赤い）、Gras（草）、Rose（バラ）

南部は巻き舌（江戸っ子のべらんめえ調）rot（赤い）、Gras（草）、Rose（バラ）

> **チェック 25** 発音してみましょう。

Ring（指輪）、Reis（米）、Brot（パン）

(e)r 語末以外は［r］［ɛr］。r の項と同じく、のどひこを震わせるか巻き舌 erst（一番目）、werden（なる）、Arbeit（仕事）

語末の (e)r も、昔は語末以外と同じように発音していましたが、最近は特にドイツ北部でイギリス英語の影響を受けてア（−）［ɐ］と言う傾向が高まっています。この場合1音節か2音節以上かで伸ばし方が異なるので注意してください。

1音節の語の語末（＝アクセントがある）は、前の子音と母音を発音してから（d と e ならデ）ア　der（定冠詞　デア、指示代名詞　デーア）、wir（私たち　ヴィーア）、Bär（熊　ベーア）

2音節以上の語の語末は、前の子音と a を合わせて発音して（d なら ダ、b なら バ）そのまま伸ばす Kinder（子ども Kind の複数形　キンダー）、oder（または　英語 or　オーダー）、über（について　ユーバー）

注　1音節の der を「ダー」と発音することはないので注意！

> **チェック 26** 発音してみましょう。

Tür（ドア）、grün（緑の）、Lehrer（教師）、Uhr（時計）、Werber（勧誘員）、mehr（より多い）＝ Meer（海）

s s のあとに母音が来る時は［z］Sonne（太陽）、Sie（あなた）、sagen（言う）、Insel（島）

> **チェック 27** 発音してみましょう。

Seil（綱）、also（従って、so という語に al がついたものなので、so はアクセントはないが長母音）、Süden（南）、Rucksack（リュックサック）

ss、ß ［s］両方とも同じ発音だが、ss は短母音のあとに、ß は長母音・二重母音のあとに用いる。dass（ということ）、essen（食べる）、besser（より良い）、Fuß（足）、süß（甘い）、draußen（外で）

チェック 28 長母音？ 短母音？ 発音してみましょう。　　CD1 − 6

aß（食べた）、nass（ぬれている）、Messe（ミサ）、groß（大きい）、fleißig（勤勉な）

sp- sp で始まる時［ʃp］Spiel（ゲーム）、spielen（遊ぶ）、sprechen〈短母音〉（話す）

st- st で始まる時［ʃt］still（静かな）、Stein（石）、Straße（道路）

チェック 29 発音してみましょう。

Sport（スポーツ）、stehen（立っている）、sprach〈長母音〉（話した）、Sprache〈長母音〉（言語）

sch ［ʃ］Schule（学校）、schön（美しい）、Fleisch（肉）、Schnee（雪）

注　Schnee は 1 音節です。sch のあとに母音ウを入れないように注意！

チェック 30 発音してみましょう。

Mensch（人間）、Tasche（バッグ）、schießen（発砲する）、schließen（閉める）、schwer（むずかしい）

最後の schwer の -er は正しく発音できましたか？　この語も 1 音節なので、アクセントのある wer の前に sch という子音がついているだけです。

tsch ［tʃ］Deutsch（ドイツ語）、lutschen（しゃぶる）、Tscheche（チェコ人）

チェック 31 発音してみましょう。

Tratsch（うわさ話）、Kutsche（馬車）、klatschen（拍手する）

tt、dt ［t］statt（の代わりに）、Stadt（町）、Schmitt（人名）＝ Schmidt（人名）、Verwandte（親戚）

注　ver はアクセントのない前つづりで、独立した1音節の語として読みます。従って ver はフェアであり「ファー」と発音することはないので注意！ アクセントは次の母音に置かれます。「親戚」の場合は wa が強い。

チェック 32　発音してみましょう。

Stuttgart（都市名）、lädt（積む laden の変化形のため長母音）、sandte（送った）、Humboldt（人名）

v　[f]　Volk（国民）、Vater（父親）、viele（たくさんの）、Vieh（家畜）

チェック 33　発音してみましょう。

Vogel（鳥）、Vögel（鳥の複数形）、voll（いっぱい）

w　[v]　Wagen（車）、wichtig（重要な）、Woche（週）、während（の間）

チェック 34　発音してみましょう。

etwas（何か）、Wald（森）、weiß（白い）、Wasser（水）

z　[ts]　Zug（列車）、Zeit（時）、Arzt（医者）、Zweifel（疑い）

チェック 35　発音してみましょう。

Zahl（数）、Zoo（動物園）、Zeitung（新聞）、tanzen（踊る）

tz、ds　[ts]　sitzen（すわっている）、jetzt（今）、abends（晩に）

チェック 36　発音してみましょう。

Witz（ジョーク）、letzt（最後の）、Katze（猫）、plötzlich（突然）

5．代表的な外来語の発音

発音だけでなく、アクセントが第1音節にないなどドイツ語の原則と違うので、初心者の方はまず原則に慣れてから、または例外が出てきた時に外来語を学習することをお勧めします。

ドイツ語本来の語は初めて見る語でも発音でき、初めて聞く語でもたい

ていスペルが推測できて辞書が引けます。ところが厄介なのが外来語で、たとえば英語と同じ Student という語は、ドイツ語の原則とも英語とも違う発音で、初めての時は辞書で確かめる必要があります（ちなみに意味も英語と違い、大学生と大学院生だけに使います）。従って、初めて見たのにわかるような、英語と同じか似ている語は要注意です。

外来語には英語以外にフランス語や、遠くはラテン語、古代ギリシャ語から借用した語もよくあります。

母　音　　　　　　　　　　　　　　　　　　　CD1 − 7

y　　＝ ü［y:］［ʏ］とがらせた u の口でイ（ー）　Typ（タイプ）、System（システム）、Gymnasium（ドイツの中等・高等学校）

ie　　［iə］Familie（家族）、Ferien（休暇）、Italien（イタリア）

eu、äu を［ɔʏ］と読まない場合 Museum（博物館）、Jubiläum（記念祭）、Friseur ＝ Frisör（理容師・美容師）

子　音

g、j　　［ʒ］［dʒ］Orange（オレンジ）、Regie（演出）、Job（アルバイト）

ph　　［f］Triumph（勝利）、Philosophie（哲学）、Photo ＝ Foto（写真）

th　　［t］Theater（劇場）、Apotheke（薬局）、Mathematik（数学）

ti　　［tsi］Nation（国家）、Patient（患者）、Initial（イニシャル）

v　　［v］Vase（花瓶）、Klavier（ピアノ）、Visum（ビザ）

　　　　　　　　　　　　　　　　　　　　　　CD1 − 8

■■■■■■■■■■■■■　練習問題　■■■■■■■■■■■■■

3. 1) ドイツ語で［ʃ］と発音するつづりは？　正解 sch 及び sp- と st- で始まる語の s

　　注　［ʃ］をドイツ語で sh とつづることはありません。

　　　発音してみましょう。Fisch（魚）、schmutzig（汚れている）、

Speise（料理）、Schlafsack（寝袋）、ただし deshalb（des-halb）（だから）

2) [ɪç] と発音するつづりは？　正解 -ig、ich

発音してみましょう。langweilig（退屈な）、Leipzig（都市名）、Richtung（方向）、Dichter（詩人）、niedrig（低い）、niedlich（感じのいい）

3) [f] と発音するつづりは？　正解 f、v（外来語の ph も同じです）

注　h は下唇を上の歯につけないので違います。

発音してみましょう。fiel（落ちた）= viel（たくさん）、Fase（繊維）= Phase（段階）、ただし Hase（うさぎ）

4) [s] と発音するつづりは？　正解 ss（短母音のあと）、ß（長母音・二重母音のあと）、s（次に母音がなく、sp-、st- でも始まっていない場合）

発音してみましょう。Masse（大量）、Maß（程度）、außer（の他に）、Prost（乾杯）、Vaters（父親の）、ただし Seite（ページ）= Saite（弦）、Stop（止まれ）

5) [ts] と発音するつづりは？　正解 z、tz、ds（ローマ字と同じ ts もあります）

発音してみましょう。Zimmer（部屋）、Hitze（暑さ）、Landsmann（同郷人）、nichts（何もない　英語 nothing）、Satz（文）

6) [aɪ] と発音するつづりは？　正解 ei、ai（それ以外に数は少ないですが ey、ay と書く語もあり、同じです）

これは同じ発音のよくある人名ですが、書き方は 4 通りあります。発音してみましょう。Meier = Maier = Meyer = Mayer

7) 違いに気をつけて発音してみましょう。

b と **w**　Bein（脚）、Wein（ワイン）、Bild（絵）、wild（野生の）、bunt（カラフルな）、wund（けがの）

l と **r**　Land（国）、Rand（ふち）、Blut（血）、Brut（ふ化）、leiten（導く）、reiten（乗馬する）

f と **ch** auf（上）、auch（もまた）、Lauf（駆け足）、Lauch（長ねぎ）、rauf（上へ）、Rauch（煙）

6. 基 数　　　　　　　　　　　　　　　　　CD1 − 9

発音の総復習として数に挑戦しましょう。すべてドイツ語の発音の原則どおりなので、数を覚えると発音もマスターできます。

1 eins	2 zwei	3 drei	4 vier	5 fünf
6 sechs	7 sieben	8 acht	9 neun	10 zehn
11 elf	12 zwölf	13 dreizehn	14 vierzehn	15 fünfzehn
16 sechzehn	17 siebzehn	18 achtzehn	19 neunzehn	20 zwanzig

注　6 は sechs、16 は sechzehn
　　7 は sieben、17 は siebzehn
　　2 は zwei、20 は zwanzig

20 から 90 は -zig で終わりますが、30 だけは -ßig で終わります。　CD

30 dreißig	40 vierzig	50 fünfzig	60 sechzig	70 siebzig
80 achtzig	90 neunzig			

21 から 99 までは「一の位と十の位」といいます。
たとえば 32 は「2 と 30」です。
1 は eins ですが、1 のあとに何か続く時は s が抜け落ちます。
百万の手前までは 1 語なので、離さずに書きます。　CD

21 einundzwanzig	22 zweiundzwanzig	23 dreiundzwanzig
31 einunddreißig	32 zweiunddreißig	36 sechsunddreißig
45 fünfundvierzig	56 sechsundfünfzig	67 siebenundsechzig
78 achtundsiebzig	89 neunundachtzig	94 vierundneunzig
100 (ein)hundert	400 vierhundert	1000 (ein)tausend
2 468 zweitausendvierhundertachtundsechzig		
987 654 neunhundertsiebenundachtzigtausendsechshundertvierundfünfzig		

百万以上は名詞なので大文字です。　CD

1 000 000 eine Million	2 000 000 zwei Millionen	3 500 000 drei Komma fünf Millionen
1 000 000 000 eine Milliarde		10 000 000 000 zehn Milliarden

II 不定詞句とは？

CD1 − 10

> **この課の学習ポイント**
>
> 町へ行く　in die Stadt fahren
> 歌うことができる　singen können

　ドイツ語の動詞・助動詞は現在形や過去形で主語に合わせて必ず変化します。これを動詞の現在人称変化・過去人称変化といいます。

　その変化をしていない、辞書に載っている形を**不定詞**といいます。

　つまり、不定詞はまだ主語も（だれが…するのか）時制も（現在形なのか過去形なのか）文の種類も（平叙文なのか疑問文なのか命令文なのか）定まっていない不定な形、これからあらゆる応用ができる形なのです。

不定詞はたいてい -en で終わっています（若干 -n だけで終わっている動詞もあります）。

　その不定詞に1語以上加わったものは**不定詞句**と名づけられていますが、不定詞句の順番は驚くほど日本語の順番と一致しています。

　正確にはドイツ語の語順は、temporal（時）、kausal（原因）、modal（様態）、lokal（場所）となり、頭文字をとってテカモロと覚える方法もあります。つまり「いつ、どうして、どのように、どこで／どこへ」の順が強調のない普通の文となります。しかしこれは無理に丸暗記しなくても、私たち日本人も無意識に慣れている語順のはずです。

　たとえば、

きょう	彼女と	電車で	町へ	行く
heute	mit ihr	mit dem Zug	in die Stadt	fahren

　不定詞句の動詞の前に zu を入れたものを zu 不定詞句といい、たとえば次のように使えます。

私はあなたに約束します、きょう 彼女と 電車で　　町へ 行く|ことを|。
Ich verspreche Ihnen, heute mit ihr mit dem Zug in die Stadt |zu| fahren.

　また、不定詞はまだ主語も時制も文の種類も決まっていない「不定」な形ですが、不定詞句ができれば、**一番最後にある動詞を所定の形に人称変化（＝主語に合わせて変化）させて所定の位置に移動するだけで、実際に使えるあらゆる文が完成します。**

現在形の平叙文
私は　行く　　きょう　彼女と　電車で　　　町へ。
Ich **fahre** heute mit ihr mit dem Zug in die Stadt.

現在形の決定疑問文 （現在形の、疑問詞のない疑問文）
行きますか　あなたは　きょう　彼女と　電車で　　　町へ？
Fahren Sie heute mit ihr mit dem Zug in die Stadt?

現在形の補足疑問文 （現在形の、疑問詞のある疑問文）
いつ　行きますか　あなたは　彼女と　電車で　　　町へ？
Wann **fahren** Sie mit ihr mit dem Zug in die Stadt?

どこへ　行きますか　あなたは　きょう　彼女と　電車で？
Wohin **fahren** Sie heute mit ihr mit dem Zug?

過去形の平叙文
私は　行った　きょう　彼女と　電車で　　　町へ。
Ich **fuhr** heute mit ihr mit dem Zug in die Stadt.

過去形の決定疑問文
行きましたか　あなたは　きょう　彼女と　電車で　　　町へ？
Fuhren Sie heute mit ihr mit dem Zug in die Stadt?

過去形の補足疑問文
だれと　　行きましたか　あなたは　きょう　電車で　　　町へ？
Mit wem **fuhren** Sie heute mit dem Zug in die Stadt?

どのように 行きましたか あなたは きょう 彼女と 町へ？
Wie **fuhren** Sie heute mit ihr in die Stadt?

命令文
行きなさい　　きょう　彼女と　電車で　　　町へ！
Fahren Sie　heute　mit ihr　mit dem Zug　in die Stadt!

　ご覧のように、実際のドイツ語の文では動詞の位置だけが日本語と異なります（日本語では文末に動詞が来ます）。
　文末の不定詞をどこに、どういう形にして移動させるかは、文の種類によって異なります。これが動詞編の主要なテーマで、文の種類ごとに詳しく説明していきます。
　この動詞の位置がドイツ語では重要なのです。予告編としてざっとまとめると、人称変化した動詞の位置は、文の最初（1番目）か、2番目か、文の最後（文末）のどれかです（全部で3か所の可能性しかなく、前から3番目とか後ろから4番目はありえません）。
　逆に主語や目的語などの位置は日本語同様特に決まっていません。軽い単語やわかりきっている重要でない情報は前の方に、強調したい語や重要なインフォメーションは後ろの方に置かれますが、これは日本語でも無意識にやっていることが多く、違和感はないはずです。
　助動詞を使った文も、不定詞句は日本語と同じ順番です。

　たとえば、
きょう　彼女と　電車で　　　町へ　　　　行く　　つもりだ
heute　mit ihr　mit dem Zug　in die Stadt　fahren　wollen

　この場合は、一番最後にある助動詞だけを所定の形に人称変化させて所定の位置に移動させれば、実際に使える文ができます。

現在形の平叙文
私は　つもりだ　きょう　彼女と　電車で　　　町へ　　　　行く。
Ich　**will**　　heute　mit ihr　mit dem Zug　in die Stadt　fahren.

この文の最初の 2 語以外は、最初の不定詞句と全く同じになっているのにお気づきでしょうか？

　他の例を挙げると、　　　　　　　　　　　🅾 CD1 − 11

（助動詞なし）
その歌を　　じょうずに　　歌う
das Lied　　gut　　　　　singen

現在形の平叙文
太郎は　歌う　　その歌を　　じょうずに。
Taro　　singt　　das Lied　　gut.

（助動詞あり）
その歌を　じょうずに　歌う　　　ことができる
das Lied　gut　　　　singen　　können

現在形の平叙文
太郎は　できます　その歌を　じょうずに　歌うことが。
Taro　　**kann**　　das Lied　gut　　　　singen.

現在形の決定疑問文
できますか　太郎は　その歌を　じょうずに　歌うことが？
Kann　　　Taro　　das Lied　gut　　　　singen?

現在形の補足疑問文
いつから　できますか　太郎は　その歌を　じょうずに　歌うことが？
Seit wann　**kann**　　Taro　　das Lied　gut　　　　singen?

どの歌を　　　できますか　太郎は　じょうずに　歌うことが？
Welches Lied　**kann**　　Taro　　gut　　　　singen?

過去形の平叙文
太郎は　できました　その歌を　じょうずに　歌うことが。
Taro　　**konnte**　　das Lied　gut　　　　singen.

過去形の決定疑問文
できましたか　太郎は　その歌を　じょうずに　歌うことが？
Konnte　Taro　das Lied　gut　singen?

過去形の補足疑問文
何を　できましたか　太郎は　じょうずに　歌うことが？
Was　**konnte**　Taro　gut　singen?

命令文
　日本語で「歌うことができなさい」とは言わないのと同じで、ドイツ語でもこの不定詞句の命令文はできません。

　不定詞句の原則はすべての助動詞にもあてはまるので、現在完了・過去完了・未来形・受動態などにも使えます。それどころか、それらがミックスした複雑な助動詞構文でその威力を発揮します。

　その1例を示すために、助動詞が2語使われる複雑な不定詞句をお見せします。

その歌を　じょうずに　歌う　ことができる　だろう
das Lied　gut　singen　können　werden

　この場合も、一番最後にある助動詞だけを所定の形に現在人称変化させて所定の位置に移動させるだけでいいのです。

平叙文
太郎は　だろう　その歌を　じょうずに　歌う　ことができる。
Taro　wird　das Lied　gut　singen　können.

決定疑問文
だろうか　太郎は　その歌を　じょうずに　歌うことが　できる？
Wird　Taro　das Lied　gut　singen　können?

過去形
　日本語で「歌うことができるだろうた」とは言わないのと同じで、ドイ

ツ語でもこの不定詞句の過去形はありません。

　最後の例は、話法の助動詞と未来形を同時に使っているもので、最後の第30課にまた登場します。

　この本では初歩から少しずつ段階的に不定詞句の作り方をマスターして、最後の語（動詞または助動詞）を、どこへどんな形にして移動させたらよいのかを学びます。これができれば、どんなドイツ語の文でも自由に作れ、話せるようになるはずです。

動詞編

動詞編では、動詞だけでなく、動詞に欠かせない語や動詞と関連の深い語をまとめて扱います。

第1課 人称代名詞（1格）と動詞の現在人称変化（1）

> **この課の学習ポイント**
>
> 私は遊ぶ。　Ich spiele.
> 彼は働く。　Er arbeitet.

1. 人称代名詞

ドイツ語の動詞は現在形と過去形などで主語に合わせて変化します。これを人称変化といいます。

その主語になる人称代名詞には次のものがあります。

	単　　数			複　　数		
	日本語	英語	ドイツ語	日本語	英語	ドイツ語
1人称	私は	I	ich	私たちは	we	wir
2人称	あなたは 　親称 　敬称	you	du Sie	あなたたちは 　親称 　敬称	you	ihr Sie
3人称	彼は 彼女は それは	he she it	er sie es	彼らは 彼女らは それらは	they	sie

　1人称の「私」は、ドイツ語では文頭以外奥ゆかしく小文字で書きます。

　2人称は、日本語では「あなた、君、おまえ、てめえ、おぬし」などから相手の名前を言う・一切省略するなど限りなくありますが、ドイツ語では2種類です。親称は文字どおり、親しい間柄の人（友だち・家族・親戚）や子ども・動物・神などに話しかける時使います。それに対して敬称は、（まだ）親しくない大人に用います。日本のように目下や年下は敬語を使い、目上や年上はぶっきらぼうな言い方をするという使い分けはありません。親しければ双方が親称を、親しくなければ双方が敬称を使い、同じ目線でキャッチボールします。

本書の和訳では、敬称にはです・ます調や敬語を、親称には男女の話し言葉を使っていますが、皆さんが日常会話でお使いの方言なども親称に使うと、ドイツ語の使い分けの感覚がつかめるでしょう。また、バリエーション豊かに和訳しているのは、これらがみな同じ不定詞句から簡単にできることを理解して慣れていただきたいためです。

　すべての名詞が3人称に該当します。その際、山田氏が彼、山田夫人が彼女と言い換えられるだけではなく、男性名詞（たとえば着物 Kimono やスプーン Löffel）を言い換える時も彼（er）に、女性名詞（たとえば畳 Tatami-Matte やフォーク Gabel）をさす時も彼女（sie）に、中性名詞（たとえば子ども Kind やナイフ Messer）をさす時はそれ（es）になります。それが2つ（2人）以上ならば3人称複数の彼ら（sie）にあたります。

2. 規則動詞の現在人称変化

　動詞の不定詞は、まだ主語も時制も文の種類も定まっていない「不定な」形で、これからいろいろな使い方のできる形です。辞書にはこの形で載っているので、いろいろ変化したものは、逆に不定詞に戻さないと見つかりません。

　不定詞に対して、主語や時制によって変化したものを「定動詞」といいます。

　不定詞は語幹と語尾から成り立っていて、語尾はたいてい -en です（-n だけの語も若干あります）。規則動詞の現在人称変化では語幹はそのままで、語尾だけが主語に合わせて変化（人称変化）します。

　　例　　spiel en
　　　　　語幹　語尾

不定詞句では日本語と同じく最後にある動詞は、ドイツ語の文では文の種類（平叙文、疑問文など）によって決まっている位置に、時制（現在形や過去形）と主語によって決まっている形（＝定動詞）に変えて移動させます。時制が現在形の場合は現在人称変化といい、次のようになります。

	単　　数		複　　数	
1人称	私は ich	語幹 -e	私たちは wir	語幹 -en
2人称（親称）	君は du	語幹 -st	君たちは ihr	語幹 -t
3人称	彼は er	語幹 -t	彼らは sie	語幹 -en
	彼女は sie			
	それは es			
2人称（敬称）	あなたは Sie	語幹 -en	あなた方は Sie	語幹 -en

　語尾だけを（敬称を飛ばして）左上から下につなげると、-e-st-t-en-t-en となり、エステンテンという覚え方もあります。

　たとえば「遊ぶ」spielen（英語 play にあたり、球技を「する」や楽器を「弾く」にもなる）を、私は遊ぶ、君は遊ぶ…と変化させてみましょう。語幹は spiel- までです。

　「敬称の2人称 Sie」は3人称複数 sie spielen（彼らは遊ぶ）の sie を大文字にして転用しています。従って「あなたは遊ぶ」も「あなた方は遊ぶ」も Sie spielen となります。この転用は、今後不規則動詞でも助動詞でも過去形でも同じで、敬称の2人称の変化は3人称複数の sie を大文字にしたのと常に同じ形となります。

　これは日本語のこそあど言葉（この、その、あの、どの…など）にも似たような現象が見られます。こなた、そなた、あなた、どなた…と、本来「あなた」は遠くの人をさしていたのに、目の前の人に使っています。ドイツ語も、「彼らは遊ぶ」を大文字に変えただけで目の前の人に転用しているのです。

(CD)

	単　　数	複　　数
1人称	ich spiele	wir spielen
2人称（親称）	du spielst	ihr spielt
3人称	er spielt	sie spielen
	sie spielt	
	es spielt	
2人称（敬称）	Sie spielen	Sie spielen

ドイツ語には進行形がないので、「今遊んでいます」などの現在進行形にもこの表が使われるばかりでなく、未来のことを言う時も、日本語同様

「あした遊びます」「10年後に遊びます」など、この現在人称変化は幅広く使えます。

チェック1 カッコの中に欠けている人称代名詞や動詞 spielen の現在人称変化形を入れましょう。

	単　　　数		複　　　数	
1人称	私は（　　　）	spiele	私たちは wir	（　　　）
2人称（親称）	君は du	（　　　）	君たちは（　　　）	spielt
3人称	彼は（　　　）	spielt	彼らは（　　　）	（　　　）
	彼女は sie	（　　　）		
	それは（　　　）	spielt		
2人称（敬称）	あなたは Sie	（　　　）	あなた方は（　　　）	spielen

　では一番単純な自動詞を使って、不定詞を変化させて実際に使える文を作ってみましょう。**変化させた動詞（＝定動詞）の移動先は、平叙文では2番目、決定疑問文（疑問詞のない、「はい」か「いいえ」で答える疑問文）では1番目です。**ドイツ語には英語の do や does にあたる助動詞はありません。そのため、この定動詞の位置はとても大切です。

　先取りしてまとめると**定動詞の位置は3か所**しかありません。文頭1番目、2番目、文末の3種類だけなので、注意が必要です。はい・いいえのあとには文の切れ目としてコンマ（Komma = , ）を打ち、そのあとから数え始めますが、英語のように副詞や前置詞句のあとにコンマを打つことはありません。

◉ 例　文

　文頭は英語のように大文字です。表や不定詞句は文ではないので、小文字で書き始めます。

　　　　　　　　　　　　　　　　　　　　　　　　　　CD1 − 13

遊ぶ	**spielen**
あなたは遊びますか？	Spielen Sie?
はい、私は遊びます。	Ja, ich spiele.
いいえ、私は遊びません。	Nein, ich spiele nicht.
君が遊んでいるの？	Spielst du?

うん、私が遊んでいるのよ。	Ja, ich spiele.
君たちが遊ぶの？	Spielt ihr?
ううん、僕らは遊ばない。	Nein, wir spielen nicht.
太郎が遊ぶんだ。	Taro spielt.

チェック2 左の空欄には日本語を、右の空欄にはドイツ語を入れてみましょう。

遊ぶ	**spielen**
	Spielen Sie?
	Ja, ich spiele. Nein, ich spiele nicht.
君が遊んでいるの？	
うん、私が遊んでいるのよ。	
	Spielt ihr?
ううん、僕らは遊ばない。 太郎と次郎が遊ぶんだ。	

　最後の文にひっかかりませんでしたか？　主語が太郎の場合は「彼」と同じですが、主語が太郎と次郎になると「彼ら」に該当するので動詞の語尾が変わります。「と」（英語 and）は und で、「A さんと B さんと C さんと D さんが」と言いたい場合は英語同様、最後の前だけに und を入れます。A、B、C und D で、たとえ単語数は5語でも主語のセットなので1文成分（＝意味的な1かたまり）と数え、動詞はそのあとに来ます。

チェック 3 「欠席する」「うそをつく」「朝食をとる」の不定詞を空欄に入れてください。定動詞から不定詞を類推するのは、辞書を引くためにもとても大切な練習です（「うそをつく」は不規則動詞ですが、現在形は規則的です）。

CD1 − 14

欠席する	
マリアは欠席しているのかい？	Fehlt Maria?
ええ、休んでいるわ。	Ja, sie fehlt.
うそをつく	
あなたうそついてるの？	Lügst du?
ううん、ついてないよ。	Nein, ich lüge nicht.
朝食をとる	
君たち朝ごはん食べているの？	Frühstückt ihr?
うん、食べている。	Ja, wir frühstücken.

● 口語上の例外

　規則動詞の中で語幹が t や d で終わる語（たとえば arbeiten 働く、勉強する、研究するなどいろいろな意味がありますが、アルバイトするという意味はないので注意！　ちなみにアルバイトするは jobben）は、-st や -t の語尾の前で発音しやすくするために e を入れます。

　語幹がスの音（s、ss、ß など）やツの音（z、tz、ts など）で終わる語（たとえば tanzen 踊る、reisen 旅行する）は、親称 2 人称単数（du）の語尾が -st だと発音しにくいので -t だけになります。

CD1 − 15

不定詞		**arbeiten**	tanzen
代表的な意味		働く	踊る
単数	1 人称	ich arbeite	ich tanze
	2 人称(親称)	du arbeit**e**st	du tanz**t**
	3 人称	er arbeit**e**t	er tanzt
複数	1 人称	wir arbeiten	wir tanzen
	2 人称(親称)	ihr arbeit**e**t	ihr tanzt
	3 人称	sie arbeiten	sie tanzen
単複	2 人称(敬称)	Sie arbeiten	Sie tanzen

例文　　　CD1 − 16

働く	**arbeiten**
君たち働いているの？	Arbeitet ihr?
うん、僕は働いている、でも彼は働いていない。	Ja, ich arbeite, aber er arbeitet nicht.
踊る	**tanzen**
踊るかい？	Tanzt du?
ええ、踊るわ。	Ja, ich tanze.

ほとんどの不定詞の語尾は **-en** ですが、**-n** だけの動詞も若干あります（例 tun）。その場合複数1人称・3人称・敬称2人称の語尾もすべて -en ではなく -n になります。

また、不定詞の語尾が -n だけの動詞の多くが -ern または -eln で終わります（例 wand**ern** 山歩きする、änd**ern** 変える、läch**eln** ほほえむ）。この場合単数1人称が3音節になるので、真ん中の e を省略することがあります。

変化語尾によって長い3音節になると真ん中の e を省略する現象は、所有冠詞 unser、euer、形容詞 teuer、sauer などにも見られます。

　　　　　　　　　　　　　　　　　　　　CD1 − 17

不定詞		**tun**	**wandern**	**lächeln**
代表的な意味		する	山歩きする	ほほえむ
単数	1人称	ich tue	ich wand(**e**)re	ich läch(**e**)le
	2人称（親称）	du tust	du wanderst	du lächelst
	3人称	er tut	er wandert	er lächelt
複数	1人称	wir tu**n**	wir wander**n**	wir lächel**n**
	2人称（親称）	ihr tut	ihr wandert	ihr lächelt
	3人称	sie tu**n**	sie wander**n**	sie lächel**n**
単複	2人称（敬称）	Sie tu**n**	Sie wander**n**	Sie lächel**n**

例文　　　CD1 − 18

山歩きする	**wandern**
あなたはハイキングしますか？	Wandern Sie?
いいえ、しません。	Nein, ich wand(**e**)re nicht.

練習問題

解答⇒ p.284

1. 空欄に人称代名詞と動詞を入れて、**arbeiten** の現在人称変化の表を完成させましょう。

	代名詞	動詞		代名詞	動詞
私は	ich	arbeite	私たちは		
君は（親称）			君たちは（親称）		
彼は					
彼女は			彼らは		
それは					
あなたは（敬称）			あなた方は（敬称）		

2. 左の空欄には日本語を、右の空欄にはドイツ語を入れてみましょう。

	日本語	ドイツ語
1)	欠席する	**fehlen**
		Fehlt Maria?
	ええ、休んでいるわ。	
2)	うそをつく	
		Lügst du?
	ううん、ついてないよ。	
3)	働く	**arbeiten**
	君たち働いているの？	
	うん、僕は働いている、でも彼は働いていない。	

3. 応用文にも挑戦してみましょう。　　　　　　　　CD1 − 19

1)		**frühstücken**
	あなた方は朝ごはんを召し上がりますか？	
	はい、私たちは朝食をとります。	
2)		**rauchen**
	君はタバコを吸うかい？	
	ああ、吸うよ。	
3)		**weinen**
	マリアは泣いているのですか？	
	笑う	
		Nein, sie lacht.

第2課　動詞の現在人称変化（2）

> 【この課の学習ポイント】
>
> 私は知っている。　　Ich weiß.
> 彼は眠っている。　　Er schläft.

1．不規則動詞 3 パターン

　不規則動詞の多くは、親称の 2 人称単数（du）と 3 人称単数（er, sie, es など）で、**語幹の母音に変化**が起こります。
　第 1 グループは a にウムラウトがついて ä となります（例 schlafen 眠っている、fahren 乗り物で行く／運転する）。
　第 2 グループは e が i になります（例 sterben 死ぬ、sprechen 話す、essen 食べる、geben 与える）。
　3 つ目のグループの語はわずかで、e が ie になります。第 2 グループに似ているので 2´ としましょう（例 sehen 見る／会う、lesen 読む＝語幹が s で終わっているので、親称 du の変化語尾は -st ではなく -t だけです → 41 ページの tanzen 参照）。
　これらは辞書の巻末にある主な不規則動詞変化表の「直説法現在」の項目に不規則なところだけ載っています。

不定詞		1. schlafen	2. sterben	2´. lesen
代表的な意味		眠っている	死ぬ	読む
単数	1 人称	ich schlafe	ich sterbe	ich lese
	2 人称(親称)	du schläfst	du stirbst	du liest
	3 人称	er schläft	er stirbt	er liest
複数	1 人称	wir schlafen	wir sterben	wir lesen
	2 人称(親称)	ihr schlaft	ihr sterbt	ihr lest
	3 人称	sie schlafen	sie sterben	sie lesen
単複	2 人称(敬称)	Sie schlafen	Sie sterben	Sie lesen

チェック1 表に schlafen の現在人称変化を入れてみましょう。

	単　　数	複　　数
1人称	ich	wir
2人称（親称）	du	ihr
3人称	er sie es	sie
2人称（敬称）	Sie	Sie

チェック2 表に sterben の現在人称変化を入れてみましょう。

	単　　数	複　　数
1人称	ich	
2人称（親称）		ihr
3人称	er es	
2人称（敬称）	Sie	

チェック3 表に lesen の現在人称変化を入れてみましょう。

	単　　数	複　　数
1人称		
2人称（親称）		
3人称		
2人称（敬称）		Sie

● 例 文　　　　　　　　　　　　　　　　　　CD1 － 21

眠っている	**schlafen**
眠っているの？	Schläfst du?
まだだよ。	Nein, ich schlafe noch nicht.
死ぬ	**sterben**
死ぬよー！	Ich sterbe!
いや、君は死なないよ。	Nein, du stirbst nicht.
読む	**lesen**
彼は読書をしていますか？	Liest er?
いいえ、私たちがしているのです。	Nein, wir lesen.

2．そのほかの不規則動詞　　　　　　　　CD1 － 22

中には知らないとわからない、本当に不規則な動詞もあります。特によく使う語の表です。

不定詞		**sein**	**haben**	**werden**	**nehmen**
代表的な意味		ある、いる	持っている	なる	とる
該当する英語		be	have	become	take
単数	1人称	ich bin	ich habe	ich werde	ich nehme
	2人称（親称）	du bist	du hast	du wirst	du nimmst
	3人称	er ist	er hat	er wird	er nimmt
複数	1人称	wir sind	wir haben	wir werden	wir nehmen
	2人称（親称）	ihr seid	ihr habt	ihr werdet	ihr nehmt
	3人称	sie sind	sie haben	sie werden	sie nehmen
単複	2人称（敬称）	Sie sind	Sie haben	Sie werden	Sie nehmen

不定詞		**halten**	**wissen**
代表的な意味		保つ	知っている
該当する英語		hold	know
単数	1人称	ich halte	ich weiß
	2人称（親称）	du hältst	du weißt
	3人称	er hält	er weiß
複数	1人称	wir halten	wir wissen
	2人称（親称）	ihr haltet	ihr wisst
	3人称	sie halten	sie wissen

単複	2人称(敬称)	Sie halten	Sie wissen

チェック 4 右の空欄にドイツ語を入れてみましょう。　　CD1 − 23

それを知っている	**es wissen**
私はそれを知っている。	Ich weiß es.
君はそれを知っている。	
彼女はそれを知っている。	
私たちはそれを知っている。	
君たちはそれを知っているかい？	Wisst ihr es?
彼らはそれを知っているのですか？	
あなたはそれをご存知ですか？	

　この es は主語ではなくて、第18課で詳しく扱う目的語の「それを」です。

例　文　　　　　　　　　　　　　　　　　CD1 − 24

大学生（男性）です	**Student sein**
あなたは大学生ですか？	Sind Sie Student?
はい、そうです。	Ja, ich bin Student.
いいえ、働いています。	Nein, ich arbeite.
教師（女性）になる	**Lehrerin werden**
彼女は教師になるのですか？	Wird sie Lehrerin?
それを知っている	**es wissen**
私はそれを知りません。	Ich weiß es nicht.
疲れていて眠い	**müde sein**
疲れた？	Bist du müde?
うん、もうくたくた。	Ja, ich bin schon sehr müde.

名詞は大文字で書き、男性名詞・女性名詞・中性名詞があります。
男の教師は Lehrer で男性名詞、女の教師は Lehrerin で女性名詞、

男の大学生は Student で男性名詞、女の大学生は Studentin で女性名詞、男の日本人は Japaner で男性名詞、女の日本人は Japanerin で女性名詞といったパターンもあります。Student は意味も発音も英語と違うので注意。ドイツ語にも不定冠詞はありますが（名詞編で扱います）、A は B である（A ist B）と A は B になる（A wird B）の構文で、B が職業名や～人（国籍など）の場合、英語と違って冠詞はつきません。

練習問題

解答 ⇒ p.286

1. 空欄に人称代名詞と動詞を入れて、**haben** の現在人称変化の表を完成させましょう。

	代名詞	動詞		代名詞	動詞
私は	ich	habe	私たちは		
君は（親称）			君たちは（親称）		
彼は					
彼女は			彼らは		
それは					
あなたは（敬称）			あなた方は（敬称）		

2. 左の空欄には日本語を、右の空欄にはドイツ語を入れてみましょう。

1)	大学生である	**Student sein**
	あなたは大学生ですか？	
	はい、そうです。	
	働く	
		Nein, ich arbeite.

2)		**Lehrerin werden**
	彼女は教師になるのですか？	
	いいえ、私が教師になります。	
3)	（とても）疲れていて眠い	**(sehr) müde sein**
	疲れている？	
	うん、とても疲れている。	

3. 応用文にも挑戦してみましょう。　　　CD1 − 25

1)	病気です	
		Bist du krank?
	うん、僕は病気だ。	
2)		**groß werden**
		Wird Stefan groß?
	はい、彼は大きくなります。	
3)		**lesen**
	彼は読書をしているのですか？	
		schlafen
	いいえ、彼は寝ています。	

第3課　副　詞

> **この課の学習ポイント**
>
> じょうずに gut、心から herzlich
> 私は心から感謝する。　Ich danke herzlich.
> 彼はじょうずに歌う。　Er singt gut.

1．副　詞

副詞は動詞や形容詞を修飾する品詞です。

じょうずに歌う gut singen
とてもうまい sehr gut

ドイツ語では、辞書に「形容詞」と示されている語は、ほとんどがそのまま副詞としても使えます。逆に副詞を表示されている語は形容詞にはなりません。

たとえば 形容詞の gut は、英語の good としても well としても使えるのです。

よく使う副詞には次のものがあります。

日本語	ドイツ語
今	jetzt
きのう	gestern
きょう	heute
あした	morgen
ここで	hier
そこで	da
あそこで	dort
いつも	immer
しばしば	oft
たまに	manchmal

一度、かつて、いつか	einmal
まだ	noch
すでに	schon
好んで	gern
好まないで	nicht gern
とても	sehr
過度に	zu
ちょっと	ein bisschen
たくさん	viel
ただ…だけ、…しかない（英語 only）	nur
…も	auch
きっと	sicher
たぶん	wahrscheinlich
おそらく	wohl
ひょっとしたら	vielleicht

チェック1 右の空欄にドイツ語を入れてみましょう（singen は不規則動詞ですが、現在形は規則変化です。不規則動詞のすべてが現在人称変化で不規則なわけではありません）。

CD1 － 28

（とても）じょうずに歌う	**（sehr）gut singen**
私はうまく歌っている？	
君は歌がうまいかい？	Singst du gut?
ハンスは歌うのがじょうずですか？	
私たちはじょうずに歌う。	
君たちは歌がすごくうまい。	
彼らは歌がたいへんじょうずだ。	
あなたは歌がとてもおじょうずです。	

2. 副詞と規則動詞を使う

例　文　　　　　　　　　　　　　　　　　CD1 − 29

好んで歌う	**gern singen**
君、歌うの好き？	Singst du gern?
とても好んで歌う	**sehr gern singen**
うん、大好き。	Ja, ich singe sehr gern.
あした勉強する	**morgen lernen**
勉強はあしたしますか？	Lernen Sie morgen?
今勉強している	**jetzt lernen**
いいえ、今やっています。	Nein, ich lerne jetzt.
心から感謝する	**herzlich danken**
シュルツ夫人は心から感謝していますか？	Dankt Frau Schulz herzlich?
本当に心から感謝する	**wirklich herzlich danken**
はい、彼女は本当に心から感謝しています。	Ja, sie dankt wirklich herzlich.

チェック2　nicht は否定する語の前に入れます。副詞の前に nicht があると、次の副詞を否定します。左の空欄に日本語を入れて、違いを考えてみましょう。

　　　　　　　　　　　　　　　　　　　　　　CD1 − 30

じょうずに歌う	**gut singen**
	Hans singt gut.
	Maria singt nicht gut.
好んで歌う	**gern singen**
	Maria singt gern.
	Hans singt nicht gern.
しばしば歌う	**oft singen**
	Maria singt oft.
	Hans singt nicht oft.

■ 練習問題 ■

解答⇒ p.288

1. 左の空欄には日本語を、右の空欄にはドイツ語を入れてみましょう。

1)	好んで歌う	**gern singen**
	君、歌うの好き？	
	とても好んで歌う	
	うん、大好き。	Ja, ich singe sehr gern.
2)	あした勉強する	
		Lernen Sie morgen?
	はい、私はあした勉強します。	
		jetzt lernen
	いいえ、今やっています。	
3)		**herzlich danken**
	私たちは心から感謝しています。	

2. 応用文にも挑戦してみましょう。

1)	いい味がする	**gut schmecken**
		Schmeckt es gut?
	はい、おいしいです。	
	よくない味がする	**nicht gut schmecken**
	いいえ、おいしくありません。	
2)	いつも自分で料理する	**immer selbst kochen**
		Kochen Sie selbst?
	はい、いつも自分で作ります。	

	たいてい外で食べる※	**meistens auswärts essen**
	いいえ、たいてい外食です。	
3)		**oft trinken**
	君たちしょっちゅう飲んでるの？	
	たまにだけ飲む	
		Nein, wir trinken nur manchmal.

※食べる essen は e が i に変わる第 2 グループの不規則動詞で、しかも語幹が s で終わっているので、親称 du の変化語尾は -st ではなく -t だけです→ 41 ページの tanzen 参照。du と er の変化に注意してください。

不定詞		essen
代表的な意味		食べる
単数	1 人称	ich esse
	2 人称（親称）	du **isst**
	3 人称	er **isst**
複数	1 人称	wir essen
	2 人称（親称）	ihr esst
	3 人称	sie essen
単複	2 人称（敬称）	Sie essen

CD1 − 33

3．副詞と不規則動詞を使う

次は現在形が不規則な動詞なので、移動させる時の形に気をつけてください。

チェック 3 右の空欄にドイツ語を入れてみましょう。　　CD1 − 34

小声で話す	**leise sprechen**
僕は声が小さい。	Ich spreche leise.
君は声が小さいね。	
ハンスは小声で話す。	

不明瞭に話す	**nicht deutlich sprechen**
私たちの発音はわかりにくいですか？	
君たちの話し方はわかりにくい。	
彼らは不明瞭に話す。	
あなたの話し方はわかりにくいです。	

● 例　文　　　　　　　　　　　　　　　　　● CD1 － 35

深くしっかり眠っている	**tief und fest schlafen**
フリッツは眠っているの？	Schläft Fritz?
うん、ぐっすり眠っている。	Ja, er schläft tief und fest.
いつもこんなに速く運転する	**immer so schnell fahren**
いつもこんなに速く走るの？	Fährst du immer so schnell?
いや、いつもこんなにゆっくり運転しているんだよ。	Nein, ich fahre immer so langsam.
悪く見る	**schlecht sehen**
彼女は目が悪いの？	Sieht sie schlecht?
悪く聞く	**schlecht hören**
ううん、耳が悪いんだ。	Nein, sie hört schlecht.

━━━━━━　練習問題　━━━━━━

解答⇒ **p.289**

3．左の空欄には日本語を、右の空欄にはドイツ語を入れてみましょう。

1)		**tief und fest schlafen**
	フリッツは眠っているの？	
	うん、ぐっすり眠っている。	
2)	いつもこんなに速く運転する	

	君はいつもこんなに速く運転するの？	
		Ja, ich fahre immer so schnell.
	いつもこんなにゆっくり運転する	**immer so langsam fahren**
	いや、いつもこんなにゆっくり運転しているんだよ。	
3)		**schlecht sehen**
	彼女は目が悪いのかい？	
	ええ、彼女は目が悪いんです。	
	悪く聞く	
	ううん、彼女は耳が悪いんだよ。	Nein, sie hört schlecht.

4. 応用文にも挑戦してみましょう。　　　　CD1 − 36

1)	少しだけ食べる	**nur wenig essen**
	ヨハンナは少ししか食べませんか？	
	はい、彼女は小食です。	
	たくさん食べる	.
		Nein, sie isst viel.
2)		**viel lesen**
	君は読書をたくさんするかい？	
	とても好んで読む	
	うん、読書大好き。	
3)	そこにいる	**da sein**
	そこにいるの？	
		Ja, ich bin da.

4. 副詞と他動詞を使う

　動詞をともに使われる目的語別に分類すると、自動詞・他動詞・再帰動詞の3種類に分かれます。目的語には名詞編で扱う2格・3格・4格・前置詞格などがありますが、このうち自動詞は4格の目的語とはいっしょに使えない動詞のことで、他動詞は必ず4格の目的語が必要な動詞をさします（2格・3格・前置詞格などは、あってもなくても自動詞・他動詞の分類を左右しません）。

　これまでは4格の目的語をとらない自動詞だけでしたが、他動詞の例を挙げます。冠詞は名詞編で扱うので、ここでは冠詞なしの4格目的語だけを使いましょう（これらは動詞と熟語になっている場合が多く、もっとよく使われると1語の分離動詞になる可能性もあります。ここでは、いわば名詞編と分離動詞の予行練習をします）。

チェック4 　右の空欄にドイツ語を入れてみましょう。　　　CD1 − 37

好んで（好まないで）テニスをする	(nicht) gern Tennis spielen
私はテニスをするのが好きです。	
君はテニスが好きかい？	
ハンスはテニスが好きです。	
私たちはテニスをするのが好きではない。	Wir spielen nicht gern Tennis.
君たちはテニスが好きだね。	
彼らはテニスが好きだ。	
あなたはテニスがお好きですか？	

● 例　文

CD1 - 38

空手をする	**Karate machen**
空手をなさっているのですか？	Machen Sie Karate?
柔道をする	**Judo machen**
いいえ、柔道です。	Nein, ich mache Judo.
好んでピアノを弾く	**gern Klavier spielen**
ピアノ弾くの好き？	Spielst du gern Klavier?
もっと好んでギターを弾く	**lieber Gitarre spielen**
うん、でもギターの方が好き。	Ja, aber ich spiele lieber Gitarre.
じょうずにドイツ語を話す	**gut Deutsch sprechen**
ドイツ語がおじょうずですね。	Sie sprechen gut Deutsch.
とても好んでドイツ語を習う	**sehr gern Deutsch lernen**
ありがとう、ドイツ語を勉強するのが大好きなんです。	Danke, ich lerne sehr gern Deutsch.

CD1 - 39

練習問題

解答⇒ p.290

5. 右の空欄にドイツ語を入れて、不規則動詞の復習もしましょう。

じょうずに（へたに）ドイツ語を話す	（nicht）**gut Deutsch sprechen**
私はドイツ語を話すのがへたです。	Ich spreche nicht gut Deutsch.
君はドイツ語を話すのがうまいの？	
彼女はドイツ語を話すのがうまい。	
私たちはドイツ語を話すのがへたです。	
君たちはドイツ語を話すのがうまいね。	
彼らはドイツ語を話すのがうまいですか？	
あなたはドイツ語を話すのがおじょうずですか？	

6. 左の空欄には日本語を、右の空欄にはドイツ語を入れてみましょう。

1)	空手をする	
		Machen Sie Karate?
		Judo machen
	いいえ、柔道です。	
2)	好んでピアノを弾く	
		Spielst du gern Klavier?
	もっと好んでギターを弾く	**lieber Gitarre spielen**
	ううん、ギターの方が好き。	
3)	じょうずにドイツ語を話す	
		Sie sprechen gut Deutsch.
		sehr gern Deutsch lernen
	ありがとう、ドイツ語を勉強するのが大好きなんです。	

7. 応用文にも挑戦してみましょう。　　　CD1 − 40

1)		**gern Sukiyaki essen**
	すき焼き（を食べるの）はお好きですか？	
	もっと好んで天ぷらを食べる	
		Nein, ich esse lieber Tempura.
2)	しばしば音楽を聴く	
		Hört Klaus oft Musik?
		meistens Rock hören

	はい、たいていロックを聴いています。	
3)		**jeden Tag Geige üben**
	毎日バイオリンを練習なさるのですか？	
	そんなにしょっちゅう練習しない	
		Nein, ich übe nicht so oft.

5．上級用副詞の使い方（一通りこの本を勉強した方のために）

　ドイツ語では副詞で「…というふうにやった」と表現して、日本語ならば「やった結果…だった」と結果を表す言い方があります。初心者には難しいですが、慣れてくるとわずかな語でややこしいことが表現できるので、ここにご紹介しておきます。

CD1 − 41

それを無駄にやった	**das umsonst getan haben**
それをやったけれど無駄だった。	Ich habe das umsonst getan.
無駄に一生懸命試験勉強をした	**umsonst fleißig für die Prüfung gelernt haben**
彼は一生懸命試験勉強をしたが無駄だった（＝不合格だった）。	Er hat umsonst fleißig für die Prüfung gelernt.
違うふうに熟慮した	**es sich anders überlegt haben**
よく考えた結果気が変わった。	Ich habe es mir anders überlegt.
その甲斐もなく太郎を捜す	**vergeblich Taro suchen**
彼らは太郎を捜したが見つからなかった。	Sie suchten vergeblich Taro. Vergeblich suchten sie Taro.

第4課　疑問詞

> **この課の学習ポイント**
>
> いつ wann、どこで wo、だれが wer
> だれに感謝しているのですか？　Wem danken Sie?
> 彼は何をじょうずに歌うのですか？　Was singt er gut?

1. 疑問詞

　疑問詞の品詞には疑問副詞や疑問代名詞などいろいろありますが、ここでは動詞と関連づけてひとまとめに扱います。

　よく使う疑問詞には次のものがあります。

日本語	ドイツ語	英　語
いつ	wann	when
いつから（現在に至るまで）	seit wann	since when
いつから（有期限で）	von wann	from when
いつまで	bis wann	till when
どこで	wo	where
どこから	woher	from where
どこへ	wohin	to where
だれが	wer	who
だれの	wessen	whose
だれに	wem	to whom
だれを	wen	whom
何が／何を	was	what
どのように	wie	how
どれくらい長く	wie lange	how long
どれくらい速く	wie schnell	how fast
なぜ	warum	why
どうして	wieso	why

動詞の現在人称変化は、移動する時の1つの「形」ですが、不定詞句で最後にある動詞をどこへ移動させたらいいのでしょうか？　**ドイツ語の動詞の位置はきちっと決まっていて、とても重要です。全部で3か所しかありません。前から1番目と2番目・一番最後の3パターンです。**動詞が一番最後に来るのは「副文」の時だけで、これは複雑な文を扱う「文章編」で扱います。では、前から1番目と2番目にあるのはどういう場合でしょうか？

不定詞句　　　　gut Japanisch **sprechen**　　　　　　　　CD1 − 44
　　　　　　　　じょうずに日本語を話す

平叙文＝2番目　Du **sprichst** gut Japanisch.
　　　　　　　　君はじょうずに日本語を話す。

疑問詞のある疑問文＝2番目（1番目は疑問詞）
　　　　　　　　Wer **spricht** gut Japanisch?
　　　　　　　　だれが日本語がうまいのですか？
　　　　　　　　Wie gut **sprechen** sie Japanisch?
　　　　　　　　彼らはどれくらいうまく日本語を話すのですか

疑問詞のない疑問文＝1番目
　　　　　　　　Sprechen Sie gut Japanisch?
　　　　　　　　あなたは日本語がじょうずですか？

　ただしこの2番目というのは、2語目ではなく、1つの意味のかたまり、バラバラにすると意味がわからなくなってしまう語ないし語群が1番目にあるということです。このかたまりを専門用語では「文成分」といいます。つまり「いつから」とか「私の父の会社の同僚が」来る、「1台の大きくて速くて真っ赤なかっこいい車を」買う、などは1文成分に数えます。

　　　　　　　　　　　　　　　　　　　　　　　　　　　　CD1 − 45

チェック　　右の欄にドイツ語を入れて、疑問文を完成させましょう。

ドイツ語を勉強する	**Deutsch lernen**
いつあなたはドイツ語を勉強するのですか？	Wann lernen Sie Deutsch?

あなたはなぜドイツ語を学んでいるのですか？	
あなたはどれくらい長くドイツ語を勉強していらっしゃるのですか？	
あなたはどこでドイツ語を習っているんですか？	
あなたは何を勉強しているのですか？	
あなたはどうやってドイツ語を勉強しているのですか？	
あなたはいつからドイツ語を習っていらっしゃるのですか？	Seit wann

● 例　文　　　　　　　　　　　　　CD1 − 46

来る	**kommen**
彼はいつ来ますか？	Wann kommt er?
あした来る	**morgen kommen**
あした来ます。	Er kommt morgen.
だれがあした来るのですか？	Wer kommt morgen?
太郎と次郎があした来ます。	Taro und Jiro kommen morgen.
（どこから）来ている	**kommen**
どちらのご出身ですか？	Woher kommen Sie?
京都から来る	**aus Kyoto kommen**
出身は京都です。	Ich komme aus Kyoto.
住んでいる	**wohnen**
あなたたちどこに住んでるの？	Wo wohnt ihr?
東京に住んでいる	**in Tokyo wohnen**
東京よ。	Wir wohnen in Tokyo.
好んでワインを飲む	**gern Wein trinken**
好きな飲み物は何？	Was trinkst du gern?
ワインが好き。	Ich trinke gern Wein.

64

カレーを注文する	**Curryreis nehmen**
何を注文する？	Was nimmst du?
カレーライスにする。	Ich nehme Curryreis.

練習問題

解答⇒ **p.291**

1. 右の空欄にドイツ語を入れて、現在人称変化の復習もしましょう。

ドイツ語を勉強する	**Deutsch lernen**
私はいつドイツ語を勉強しようかな？	
君はなぜドイツ語を習っているんだい？	
彼女はどれくらい長くドイツ語を勉強しているのですか？	
私たちは どこでドイツ語を勉強しようか？	
君たちは何を学んでいるの？	
彼らは どのようにドイツ語を学習しているのですか？	
あなたは いつからドイツ語を習っていらっしゃるのですか？	

2. 左の空欄には日本語を、右の空欄にはドイツ語を入れてみましょう。

1)		**wohnen**
	あなたたちは どこにお住まいですか？	
	札幌に住んでいる	

		Wir wohnen in Sapporo.
2)	（どこから）来ている	
	どこの出身？	
		aus Kyoto kommen
	出身は京都よ。	
3)	カレーを注文する	
	何を注文する？	
		Ich nehme Curryreis.

3. 応用文にも挑戦してみましょう。　　　　　　　　　🔘 CD1 − 47

1)	（あしたの午後）野球をする	**(morgen Nachmittag) Baseball spielen**
		Wann spielen wir Baseball?
	あしたの午後するんだ。	
2)		**gern Mathematik lernen**
	好きな科目は何（＝何を好んで勉強するか）？	
	数学よ（＝私は好んで数学を勉強する）。	
3)		**heute fehlen**
	きょうはだれが欠席ですか？	
	山田君が休んでいます。	

2. 平叙文の定動詞の位置

　ドイツ語では動詞の位置はきちっと決まっていますが、主語の位置は決まっていません。動詞の前には日本語同様、前の文に関連する語が置かれたり、これからする話のテーマに言及したりできますが、その場合も英語とは違い、**平叙文はあくまでも動詞を2番目に置く**ことを忘れないでください。

🔘 CD1 − 48

不定詞句　　　　jetzt in Japan Japanisch **lernen**
　　　　　　　　　今日本で日本語を学んでいる

平叙文＝2番目　Herr Schmidt **lernt** jetzt in Japan Japanisch.
　　　　　　　　　シュミット氏は今日本で日本語を学んでいます。

　　　　　　　　　<u>Jetzt</u> **lernt** Herr Schmidt in Japan Japanisch.
　　　　　　　　　<u>今は</u>シュミット氏は日本で日本語を学んでいる。

　　　　　　　　　<u>In Japan</u> **lernt** Herr Schmidt jetzt Japanisch.
　　　　　　　　　<u>日本で</u>シュミット氏は今日本語を学んでいます。

　　　　　　　　　<u>Japanisch</u> **lernt** Herr Schmidt jetzt in Japan.
　　　　　　　　　<u>日本語を</u>シュミット氏は今日本で学んでいるのです。

　いずれも下線部が1番目の文成分で、動詞は2番目にあります。英語のnowと違って、**ドイツ語は jetzt など副詞のあとにコンマ（Komma = ,）を打って主語を入れることはしませんので注意が必要です**（Jetzt, Herr Schmidt lernt... は間違い！）。

　また接続詞の中で、そして und（英語 and）、でも・しかし aber（英語 but）、または oder（英語 or）などは文頭にあっても語順に影響を与えません。つまり1と数えずに0なのです。こういう接続詞をまとめて「並列の接続詞」といいます。詳しくは「第24課　接続詞」で扱います。

　　|Aber| Herr Schmidt lernt jetzt in Japan Japanisch.
　　　0　　　1　　　　　2
　　|でも|シュミット氏は今日本で日本語を学んでいます。

● 例文

ヨーロッパに旅行する	**nach Europa reisen**
どちらにご旅行ですか？	Wohin reisen Sie?
私たちはヨーロッパに旅行します。	Wir reisen nach Europa.
ヨーロッパに私たちは旅行するのです。	Nach Europa reisen wir.
ここに 3 日間滞在する	**hier drei Tage bleiben**
どのくらいここに滞在するのですか？	Wie lange bleiben Sie hier?
私はここに 3 日間滞在します。	Ich bleibe hier drei Tage.
ここには私は 3 日間滞在します。	Hier bleibe ich drei Tage.
3 日間私はここに滞在するんですよ。	Drei Tage bleibe ich hier.

練習問題

解答⇒ p.292

4. 左の空欄には日本語を、右の空欄にはドイツ語を入れてみましょう。

1)	ヨーロッパに旅行する	**nach Europa reisen**
	どちらにご旅行ですか？	
		Wir reisen nach Europa.
	ヨーロッパに私たちは旅行するのです。	
2)	ここに 3 日間滞在する	
		Wie lange bleiben Sie hier?
		Ich bleibe hier drei Tage.
	ここには私は 3 日間滞在します。	
	3 日間私はここに滞在するんですよ。	

5. 応用文にも挑戦してみましょう。　　　CD1 − 50

1)	今奈良に住んでいる	**jetzt in Nara wohnen**
		Wir wohnen jetzt in Nara.
	今は私たちは奈良に住んでいます。	
	奈良に私たちは今住んでいるんです。	
2)		**morgen Nachmittag Baseball spielen**
	彼らはあしたの午後野球をする。	
	あしたの午後彼らは野球をします。	
	野球を彼らはあしたの午後するのです。	
3)	しばしばクラシック音楽を聴く	**oft Klassik hören**
	私はよくクラシック音楽を聴きます。	
	しょっちゅう私はクラシックを聴いています。	
	クラシックを私はよく聴くんです。	

第5課 命令形

> **この課の学習ポイント**
>
> 行きなさい　Gehen Sie!
> 歌ってください　Bitte singen Sie!

1. 命　令

　命令やお願いは2人称の相手にするものですが、ドイツ語には2人称に親称と敬称があるので、命令形も3種類あります。親しい1人（du）に、親しい人2人以上（ihr）に、親しくない人（単数・複数共通 Sie）に対する命令形です。Sie に対する命令形以外には主語は入りません。

　自分に「くじけるな！」などと命令する場合は du に対する命令形を使います。ここにいない3人称には命令できないので、英語の shall や should にあたる sollen という話法の助動詞を使って「…は〜すべきだ」などと表現します。→「第6課　話法の助動詞」参照。

	原　則	飲め	歌え	眠れ
不定詞	語幹 -en	trinken	singen	schlafen
du に対して	語幹 -(e) ...	trink(e) ...	sing(e) ...	schlaf(e) ...
ihr に対して	語幹 -t ...	trinkt ...	singt ...	schlaft ...
Sie に対して	語幹 -en Sie ...	trinken Sie ...	singen Sie ...	schlafen Sie ...

　原則では du に対する命令形の語尾 -e はついてもつかなくてもいいのですが、これがついてはいけない場合とつかなくてはならない場合があります。

　不規則動詞のうち、現在人称変化の単数2人称と3人称で語幹の母音 e が i になる第2グループと、e が ie になる 2′ のグループの語は、du に対する命令形でも母音が i または ie に変わり、-e の語尾はつきません（第1グループは原則どおりです）。

逆に、語幹が t や d で終わる語は、現在人称変化で発音しやすくするためのeを入れましたが、du と ihr に対する命令形でもeをつけます。

また、sein（英 be 動詞）の変化は唯一の例外です。　　CD1 － 53

	話せ	読め	働け	ある、いる
不定詞	**sprechen**	**lesen**	**arbeiten**	**sein**
du に対して	**sprich ...**	**lies ...**	**arbeite ...**	sei ...
ihr に対して	sprecht ...	lest ...	**arbeitet ...**	seid ...
Sie に対して	sprechen Sie ...	lesen Sie ...	arbeiten Sie ...	seien Sie ...

チェック　（必要なら人称代名詞と）動詞を入れて、命令形の表を完成させましょう。

	話せ	歌え	働け	眠れ
不定詞	**sprechen**	**singen**	**arbeiten**	**schlafen**
du に対して				
ihr に対して				
Sie に対して				

次は実際に命令文を作ってみましょう。**命令形での動詞の位置は 1 番目です。**また、初級ドイツ文法では違いがわかりやすいように命令文のあとには感嘆符！をつけると教えていますが、ドイツ人の中には感嘆符をつけると口調がきつくなるのでピリオドで終えるという人もいます。

例文　　　　　　　　　　　　　　　　　　　　　　　　　CD1 － 54

そこを右へ行く	**dort rechts gehen**
そこを右へいらっしゃい！	Geh (e) dort rechts! Geht dort rechts! Gehen Sie dort rechts!
ここをまっすぐ行く	**hier geradeaus gehen**
ペーター、ここをまっすぐお行き！	Peter, geh (e) hier geradeaus!

71

ペーターとマリア、ここをまっすぐお行き！	Peter und Maria, geht hier geradeaus!
シュナイダーご夫妻、ここをまっすぐお行きなさい！	Herr und Frau Schneider, gehen Sie hier geradeaus!
よく眠る	**gut schlafen**
子どもたち、ぐっすりお休み！	Kinder, schlaft gut!
それを忘れない	**es nicht vergessen**
それを忘れるな！	Vergiss es nicht!
それを忘れるな！	Vergesst es nicht!
それを忘れてはいけませんよ！	Vergessen Sie es nicht!

Sie に対する命令文の主語を wir に変えると、「…しましょう」（英語 let's ...）になります。

ここをまっすぐ行きましょう！	Gehen wir hier geradeaus!
ドイツ語を話しましょう！	Sprechen wir Deutsch!

■■■■■■■■■■ 練習問題 ■■■■■■■■■■

解答⇒ p.293

1. 空欄に（必要なら人称代名詞と）動詞を入れて、命令形の表を完成させましょう。

	飲め	読め	行け	であれ
不定詞				**sein**
du に対して			geh(e)	
ihr に対して	trinkt			
Sie に対して		lesen Sie		

2. 左の空欄には日本語を、右の空欄にはドイツ語を入れてみましょう。

1)	よく眠る	
	ハンスよ、ぐっすりお休み！	

	子どもたち、ぐっすりお休み！	
		Herr Kohl, schlafen Sie gut!
2)		**dort rechts gehen**
	ペーター、そこを右へお行き！	
		Peter und Maria, geht dort rechts!
	シュナイダーご夫妻、そこを右へお行きなさい！	
3)		**es nicht vergessen**
	それを忘れるなよ！（3種類）	

3. 応用文にも挑戦してみましょう。　　CD1 − 55

1)		**fleißig arbeiten**
	君、一生懸命働けよ！	
	君たち、一生懸命働けよ！	
		Arbeiten Sie fleißig!
2)	静かにする	**ruhig sein**
	あなた、静かにしなさい（＝あわてるな）！	
3)	健勝に暮らす	**wohl leben**
	さようなら、お達者で！（3種類）	

2. お願い

　以上はいずれもああしろ、こうするなという命令です。du や ihr に対する命令形だけがぶっきらぼうで、Sie に対する命令形がていねいなわけではありません。それは単に人間関係が親しいか親しくないかの違いです。**ていねいなお願いにするには、「どうぞ／どうか」の意の bitte（英 please）を加えればいいのです。** bitte はどの命令文でも最初と最後に入れられるほか、長い文では文中の文成分（バラバラにすると意味がわからなくなる語群）の分かれ目にも入れられます。bitte が入れられる箇所を考えるのは、文成分がどこまでなのかを見きわめるいいトレーニングになります。

例文　　　　　　　　　　　　　　　　　　　　　🔵 CD1 － 56

もっとゆっくり話す	**langsamer sprechen**
もっとゆっくり話せよ！	Sprich langsamer!
もっとゆっくり話してちょうだい。	Bitte sprich langsamer. Sprich bitte langsamer. Sprich langsamer bitte.
そんなに速く話さない	**nicht so schnell sprechen**
そんなに速く話すな！	Sprecht nicht so schnell!
そんなに速く話さないでくれよ。	Bitte sprecht nicht so schnell. Sprecht bitte nicht so schnell. Sprecht nicht so schnell bitte.
それをもう一度言う	**das noch einmal sagen**
それをもう一度言いなさい！	Sagen Sie das noch einmal!
それをもう一度言ってください。	Bitte sagen Sie das noch einmal. Sagen Sie das bitte noch einmal. Sagen Sie das noch einmal bitte.

━━━━━━━━━━ 練習問題 ━━━━━━━━━━

解答➡ p.294

4. 左の空欄には日本語を、右の空欄にはドイツ語を入れて、命令とお願いの文を作りましょう。**bitte** の位置はどこが可能か考えてください。

1)	それをもう一度言う	**das noch einmal sagen**
	（親しくない人に）それをもう一度言いなさい！	Sagen Sie das noch einmal!
	（親しくない人に）それをもう一度言ってくださいな。	
2)	そんなに一生懸命働かない	**nicht so fleißig arbeiten**
	（親しい人1人に）そんなに根詰めて働くな！	
	（親しい人1人に）どうぞ そんなに根詰めて働かないで。	
3)	静かにする	**ruhig sein**
	（親しい人複数に）静粛にしなさい！	
	（親しい人複数に）どうか静粛にしてちょうだい。	

5. bitte を入れてお願いする文を作ってみましょう。　　CD1 − 57

1)	それを忘れない	**das nicht vergessen**
	（親しい人1人に）それをどうか忘れないでね！	
2)	いっしょに歌う	**zusammen singen**
	（親しい人複数に）いっしょに歌ってちょうだいな。	
3)	もっとゆっくり話す	**langsamer sprechen**
	（親しくない人に）もっとゆっくり話してください。	

第6課 話法の助動詞・未来形

> **この課の学習ポイント**
>
> できる können／するだろう werden
> 彼はじょうずに歌うことができる。　Er kann gut singen.
> 彼はまもなく来るだろう。　Er wird bald kommen.

　これまでのはすべて本動詞で、初めて助動詞が登場します。ここではそのうち本動詞の不定詞といっしょに使う助動詞をまとめて扱います。

1. 話法の助動詞

　話法の助動詞の主な意味と現在人称変化は次のとおりです。

不定詞		können	müssen	sollen	wollen
代表的な意味		できる・の可能性がある	ねばならない・に違いない	すべきだ・といううわさだ	するつもりだ・と主張している
該当する英語		can	must	shall	will
単数	1人称	ich kann	ich muss	ich soll	ich will
	2人称(親称)	du kannst	du musst	du sollst	du willst
	3人称	er kann	er muss	er soll	er will
複数	1人称	wir können	wir müssen	wir sollen	wir wollen
	2人称(親称)	ihr könnt	ihr müsst	ihr sollt	ihr wollt
	3人称	sie können	sie müssen	sie sollen	sie wollen
単複	2人称(敬称)	Sie können	Sie müssen	Sie sollen	Sie wollen

不定詞	dürfen	mögen	(möchte)
代表的な意味	してもよい・(否定と)してはいけない	かもしれない・(本動詞として)を好む	したい・(本動詞として)をいただきたい
該当する英語	may	might	would like to
単数 1人称	ich darf	ich mag	ich möchte
単数 2人称（親称）	du darfst	du magst	du möchtest
単数 3人称	er darf	er mag	er möchte
複数 1人称	wir dürfen	wir mögen	wir möchten
複数 2人称（親称）	ihr dürft	ihr mögt	ihr möchtet
複数 3人称	sie dürfen	sie mögen	sie möchten
単複 2人称（敬称）	Sie dürfen	Sie mögen	Sie möchten

　können、müssen、sollen、wollen、dürfen、mögen は、話者・主語・第三者などの主観的なニュアンスを加えるので、「話法の助動詞」と名づけられています。möchte は話法の助動詞 mögen の接続法第2式という形で、接続法は文章編（複雑な文）で詳しく説明しますが、möchte はよく使われ、他の話法の助動詞と同じ使い方なので先にここで扱います。

チェック1 空欄をうめて話法の助動詞の現在人称変化の表を完成させてください。

不定詞	können	mögen	
代表的な意味	できる・の可能性がある	かもしれない・(本動詞として)を好む	ねばならない・に違いない
単数 1人称	ich kann		
単数 2人称（親称）		du magst	
単数 3人称			
複数 1人称	wir können		wir müssen
複数 2人称（親称）			
複数 3人称		sie mögen	
単複 2人称（敬称）	Sie können		

　変化を覚えたら、不定詞句から文を作ってみましょう。不定詞句では日本語と同じ順番、すなわち本動詞＋助動詞の順（話すことができる）です

が、実際のドイツ語の文では最後の助動詞だけが所定の位置（命令文と疑問詞のない疑問文では1番目、平叙文と疑問詞のある疑問文では2番目）に、所定の形（上の表のとおり）に変えて移動します。

CD1－61

不定詞句　　　gut Deutsch **sprechen können**
　　　　　　　じょうずにドイツ語を話すことができる

平叙文＝2番目　Du **kannst** gut Deutsch **sprechen**.
　　　　　　　君はじょうずにドイツ語を話せる。

　　　　　　　Gut **kannst** du Deutsch **sprechen**.
　　　　　　　じょうずに君はドイツ語を話せる。

　　　　　　　Deutsch **kannst** du gut **sprechen**.
　　　　　　　ドイツ語を君はじょうずに話せる。

疑問詞のある疑問文＝2番目（1番目は疑問詞）

　　　　　　　Wer **kann** gut Deutsch **sprechen**?
　　　　　　　だれがドイツ語をうまく話せますか？

　　　　　　　Warum **können** sie so gut Deutsch **sprechen**?
　　　　　　　なぜ彼らはそんなにうまくドイツ語を話せるのですか？

疑問詞のない疑問文＝1番目

　　　　　　　Können Sie gut Deutsch **sprechen**?
　　　　　　　あなたはドイツ語がじょうずに話せますか？

● 例　文　　　　　　　　　　　　　　　　　　CD1－62

（流暢に）英語を話すことができる	**(fließend) Englisch sprechen können**
ミュラー夫人は英語が話せますか？	Kann Frau Müller Englisch sprechen?
はい、彼女はペラペラです。	Ja, sie kann fließend Englisch sprechen.
（少し）英語を話すことができる	**(ein bisschen) Englisch sprechen können**
だれが英語を話せますか？	Wer kann Englisch sprechen?

私が少し英語を話せます。	Ich kann ein bisschen Englisch sprechen.
行かなければならない	**fahren müssen**
どこへ行かなくてはならないの？	Wohin musst du fahren?
大阪へ行かなければならない	**nach Osaka fahren müssen**
大阪だよ。	Ich muss nach Osaka fahren.
今晩食べたい	**heute Abend essen möchte(n)**
今晩何が食べたい？	Was möchtest du heute Abend essen?
ハンバーグが食べたい	**Hacksteak essen möchte(n)**
私はハンバーグが食べたい。	Ich möchte Hacksteak essen.

練習問題

解答⇒ **p.296**

1. 空欄に人称代名詞と動詞を入れて、**möchte(n)** の現在人称変化の表を完成させましょう。

	代名詞	動詞		代名詞	動詞
私は	ich	möchte	私たちは		
君は（親称）			君たちは（親称）		
彼は					
彼女は			彼らは		
それは					
あなたは（敬称）			あなた方は（敬称）		

2. 左の空欄には日本語を、右の空欄にはドイツ語を入れてみましょう。

1)	(少し)ドイツ語を話すことができる	
		Können Sie Deutsch sprechen?
	はい、少しドイツ語が話せます。	
2)	行かなければならない	
		Wohin musst du fahren?
	家へ帰らなければならない	
		Ich muss nach Haus fahren.
3)		**heute Abend essen möchte(n)**
	君たち今晩何が食べたい？	
	ハンバーグが食べたい	
		Wir möchten Hacksteak essen.

3. 応用文にも挑戦してみましょう。　　　　　　　　　CD1 − 63

1)	そんなにたくさん飲むべきではない	**nicht so viel trinken sollen**
	君、そんなにたくさん飲むなよ。	
	もっとたくさん食べるべきだ	
		Du sollst mehr essen.
2)	きょう するつもりだ	
		Was willst du heute machen?
		den ganzen Tag schlafen wollen
	一日中寝ているつもり。	

3)	ここで喫煙してもよい	**hier rauchen dürfen**
	ここで一服してもいいですか？	
	ここでタバコを吸ってはいけない	
		Nein, Sie dürfen hier nicht rauchen. Nein, hier dürfen Sie nicht rauchen.

2. 不定詞と一緒に使うそのほかの助動詞

　werden は「未来形の助動詞」、gehen は本動詞とされていますが、いずれも使い方は同じなので、ここにまとめました。　　　　　🔘 CD1 － 64

不定詞		**werden**	**lassen**	**gehen**
代表的な意味		だろう （1・2人称で） するつもりだ	させる	しに行く
該当する英語		shall、will	let、have	go
単数	1人称	ich werde	ich lasse	ich gehe
	2人称	du wirst	du lässt	du gehst
	3人称	er wird	er lässt	er geht
複数	1人称	wir werden	wir lassen	wir gehen
	2人称	ihr werdet	ihr lasst	ihr geht
	3人称	sie werden	sie lassen	sie gehen
単複	敬称2人称	Sie werden	Sie lassen	Sie gehen

チェック2　werden の現在人称変化の復習をしましょう。

	代名詞	動　詞		代名詞	動　詞
私は			私たちは	wir	werden
君は （親称）			君たちは （親称）		
彼は					
彼女は			彼らは		

それは						
あなたは (敬称)			あなた方は (敬称)			

● 例　文

werden

未来形と呼ばれていますが、ふつう推量を表します。「あした来る」「10年後に会う」など未来のことを断定して表すのには、すでにやった現在形を使います。

🎧 CD1 － 65

まもなく来るだろう	**bald kommen werden**
クラウスはまもなく来るだろう。	Klaus wird bald kommen.
来ないだろう	**nicht kommen werden**
ローベルトは来ないだろう。	Robert wird nicht kommen.
寿司を食べるだろう	**Sushi essen werden**
彼は寿司を食べるだろうか？	Wird er Sushi essen?
日本語を話すだろう	**Japanisch sprechen werden**
彼女は日本語を話すでしょう。	Sie wird Japanisch sprechen.

ただし1人称が主語の場合と、2人称に聞く場合、werden は強い意思を表すことが多いです。

(CD)

あした（何が何でも）来るつもりだ	**morgen kommen werden**
君はあした来るかい？	Wirst du morgen kommen?
ああ、来るよ。	Ja, ich werde morgen kommen.
ああ、あしたは来るよ。	Ja, morgen werde ich kommen.

lassen と gehen

🎧 CD1 － 66

私を長い間待たせない	**mich nicht lange warten lassen**
長い間待たせるなよ！	Lass mich nicht lange warten!
（あしたの晩）飲みに行く	**(morgen Abend) trinken gehen**
いつ飲みに行こうか？	Wann gehen wir trinken?
あしたの晩行こうよ！	Gehen wir morgen Abend trinken!
（あした）買い物に行く	**(morgen)einkaufen gehen**

| だめ、私はあした買い物に行くの。 | Nein, ich gehe morgen einkaufen. |
| だめ、あしたは買い物に行くの。 | Nein, morgen gehe ich einkaufen. |

話法の助動詞と werden の微妙な意味の違い　　CD1 − 67

重い病気だ	schwer krank sein
彼女は重病です。	Sie ist schwer krank.
重い病気の可能性がある	schwer krank sein können
彼女は重病の可能性があります。	Sie kann schwer krank sein.
重い病気に違いない	schwer krank sein müssen
彼女は重病に違いない。	Sie muss schwer krank sein.
重い病気かもしれない	schwer krank sein mögen
彼女は重病かもしれません。	Sie mag schwer krank sein.
重い病気だろう	schwer krank sein werden
彼女は重病でしょう。	Sie wird schwer krank sein.
重い病気だと言われている	schwer krank sein sollen
彼女は重病だといううわさです。	Sie soll schwer krank sein.
重い病気だと主張している	schwer krank sein wollen
彼女は自分では重病だと言っています。	Sie will schwer krank sein.

話法の助動詞は本動詞なしでも使えます。その場合は話法の助動詞が本動詞になります。

魚を好む	**Fisch mögen**
何がお好きですか、魚それとも肉？	Was mögen Sie, Fisch oder Fleisch?
魚が好きです。	Ich mag Fisch.
ビールがほしい	**Bier möchte (n)**
何がほしい、ビールそれともワイン？	Was möchtest du, Bier oder Wein?
ビールがいただきたいな。	Ich möchte Bier.
とてもうまく日本語ができる	**sehr gut Japanisch können**
彼は日本語ができますか？	Kann er Japanisch?
はい、とても達者です。	Ja, er kann sehr gut Japanisch.

代名詞の man は直訳すると「人は」という意味で、不特定多数の人をさしますが、変化は3人称単数と同じです。英語のことわざなどで使われる one にあたります。

🔘 CD1 – 68

ここで喫煙してもよい	**hier rauchen dürfen**
（人は）ここでタバコを吸ってもいいですか？	Darf man hier rauchen?
いいえ、あそこでだけ吸えます。	Nein, nur dort darf man rauchen.
ここに駐車してもよい	**hier parken dürfen**
ここに駐車してもいいですか？	Darf man hier parken?
いいえ、ここは駐車禁止です。	Nein, hier darf man nicht parken.
ここでおいしく食べることができる	**hier gut essen können**
このへんで どのレストランがおいしいですか？（＝どこで人は このへんでおいしく食べることができるか？）	Wo kann man hier gut essen?
ラーツケラー（市役所の地下レストラン）がおいしいですよ。	Im Ratskeller kann man gut essen.

3．不定詞句に慣れた方のために

詳しくは「文章編」の「複雑な助動詞構文」でとりあげますが、その先取りをして助動詞が2つ使われる文に挑戦してみましょう。不定詞句では常に先頭だけが本動詞、その後に助動詞が続き、その順番は日本語と同じです。実際の文では、最後の助動詞だけが所定の形となって、所定の位置に移動します。

🔘 CD1 – 69

不定詞句　　　　gut　　　Deutsch　**sprechen　können　werden**
　　　　　　　　じょうずにドイツ語を話すことができる　　だろう

平叙文＝2番目　Hiroshi **wird** gut Deutsch **sprechen können**.
　　　　　　　　ヒロシはじょうずにドイツ語を話せるだろう。

　　　　　　　　Gut **wird** Hiroshi Deutsch **sprechen können**.
　　　　　　　　じょうずにヒロシはドイツ語を話せるだろう。

　　　　　　　　Deutsch **wird** Hiroshi gut **sprechen können**.
　　　　　　　　ドイツ語ならヒロシはじょうずに話せるだろう。

疑問詞のある疑問文＝2番目（1番目は疑問詞）
    Wer **wird** gut Deutsch **sprechen können**?
    だれがドイツ語をうまく話せるだろうか？

疑問詞のない疑問文＝1番目
    Wird Hiroshi gut Deutsch **sprechen können**?
    ヒロシはドイツ語がじょうずに話せるだろうか？

● 例　文

CD1 － 70

日本語を話すことができるという噂だ	**Japanisch sprechen können sollen**
シュルツ氏は日本語が話せるんだって聞いたよ。	Herr Schulz soll Japanisch sprechen können.
日本語が話せるだろう	**Japanisch sprechen können werden**
シュルツ夫人は日本語が話せるだろうか？	Wird Frau Schulz Japanisch sprechen können?
完璧に料理できると主張する	**perfekt kochen können wollen**
彼は完璧に料理できると言っている。	Er will perfekt kochen können.
じょうずに料理できないと言われている	**nicht gut kochen können sollen**
彼はしかしながら料理がうまくないという噂だ。	Er soll aber nicht gut kochen können.

練習問題

解答⇒ p.297

4. 空欄に人称代名詞と動詞を入れて、**lassen** の現在人称変化の表を完成させましょう。

	代名詞	動詞		代名詞	動詞
私は			私たちは		
君は（親称）			君たちは（親称）		
彼は					
彼女は			彼らは		
それは					
あなたは（敬称）	Sie	lassen	あなた方は（敬称）		

5. 左の空欄には日本語を、右の空欄にはドイツ語を入れてみましょう。

1)	来ないだろう	
		Robert wird nicht kommen.
		bald kommen werden
	クラウスはまもなく来るだろう	
2)		**trinken gehen**
	いつ飲みに行こうか？	
	あしたの晩飲みに行く	
		Gehen wir morgen Abend trinken!
3)		**Kaffee möchte(n)**
		Was möchten Sie, Kaffee oder Tee?

	コーヒーがいただきたいです。	

6. 応用文にも挑戦してみましょう。　　CD1 − 71

1)	たくさん食べないだろう	
		Sie wird nicht viel essen.
	彼はたくさん食べるだろう。	
2)		**mich immer lange warten lassen**
	君はいつも長いこと待たせるんだから。	
3)	日本語を話すことができるだろう	
		Wird Klaus Japanisch sprechen können?
	はい、彼は日本語が話せるでしょう。	

| 第7課 | 分離動詞・非分離動詞 |

> この課の学習ポイント
>
> 分離する　án|kommen 到着する
> 分離しない　bekómmen もらう
> 彼はあした日本に到着する。Er kommt morgen in Japan an.
> 彼は休暇をもらう。　Er bekommt Urlaub.

　不定詞句から実際の文を作る方法は、助動詞構文だけでなく、分離動詞・非分離動詞のマスターにも役立ちます。

1．分離動詞と非分離動詞

　「副詞」の最後に、4格の目的語と使われる他動詞をとりあげました。が、冠詞や4格は名詞編のテーマなので、動詞編の例文は冠詞のない4格目的語に限定しました。Baseball spielen、Musik hören、Deutsch sprechen など。これらの名詞に冠詞がついていないのは、すでに動詞と熟語になったという目安になります。

　ドイツ語は熟語がさらによく使われると、1語にくっついて分離動詞になる傾向があります。2005年から施行されている新正書法には、この傾向を野放しにしないで食い止めようとする意図もあります。

　kommen という動詞は前つづりが何もついていない「**基礎動詞**」といいます。これに an- とか be- などの前つづりがついた動詞を「複合動詞」と呼びますが、複合動詞は分離するものと分離しないものにさらに分かれます。

　たとえば an- という前つづりは分離するので、「分離の前つづり」と呼ばれ、ankommen は「**分離動詞**」といいます。分離の前つづりには必ずアクセントがあります。不定詞句から実際の文を作る時は、基礎動詞の部分（＝

後半）だけが所定の位置に所定の形となって移動します。そのため分離の前つづりは文末に残されます。

　それに対してたとえばbe-という前つづりは分離せず、「非分離の前つづり」と呼ばれ、bekommenは「**非分離動詞**」といいます。非分離の前つづりにはアクセントがなく、アクセントはたいてい基礎動詞の第1音節にあります。不定詞句から実際の文を作る時、非分離動詞は基礎動詞のように1語全部が所定の位置に所定の形となって移動します。

　分離の前つづりは数えきれないほどありますが、非分離の前つづりは限られています。よく使われるのはbe-、emp-、ent-、er-、ge-、ver-、zer-で、これらはアクセントがなく分離しないと覚えておくと役に立つでしょう。

　基礎動詞・分離動詞・非分離動詞がどう使われるのか、実際にやってみましょう。最初はわかりやすいように、アクセント記号と分離する箇所に線をつけておきます。

🔘 CD1 − 73

基礎動詞の不定詞句　morgen nach Japan **kommen**
　　　　　　　　　　　あした日本へ来る

平叙文＝2番目　　　Thomas **kommt** morgen nach Japan.
　　　　　　　　　　　トーマスはあした日本へ来ます。

　　　　　　　　　　　Morgen **kommt** Thomas nach Japan.
　　　　　　　　　　　あしたトーマスが日本へ来るんです。

　　　　　　　　　　　Nach Japan **kommt** Thomas morgen.
　　　　　　　　　　　日本へトーマスはあした来るのです。

疑問詞のある疑問文＝2番目（1番目は疑問詞）
　　　　　　　　　　　Wann **kommt** Thomas nach Japan?
　　　　　　　　　　　トーマスはいつ日本へ来るのですか？

疑問詞のない疑問文＝1番目
　　　　　　　　　　　Kommt Thomas morgen nach Japan?
　　　　　　　　　　　トーマスはあした日本へ来るのですか？

分離動詞の不定詞句	morgen in Frankfurt **án|kommen** あしたフランクフルトに到着する
平叙文＝2番目	Ich **komme** morgen in Frankfurt **an**. 私はあしたフランクフルトに到着します。
	Morgen **komme** ich in Frankfurt **an**. あした私はフランクフルトに到着します。
	In Frankfurt **komme** ich morgen **an**. フランクフルトに私はあした到着するのです。
疑問詞のある疑問文＝2番目（1番目は疑問詞）	Wo **kommen** Sie morgen **an**? どこにあなたはあした到着されるのですか？
疑問詞のない疑問文＝1番目	**Kommen** Sie morgen in Frankfurt **an**? あなたはあしたフランクフルトに到着なさるのですか？
非分離動詞の不定詞句	fünf Tage Urlaub **bekómmen** 5日間休暇をもらう
平叙文＝2番目	Ich **bekomme** fünf Tage Urlaub. 私は5日間休暇をもらいます。
	Fünf Tage **bekomme** ich Urlaub. 5日間私は休暇をもらいます。
	Urlaub **bekomme** ich fünf Tage. 休暇は 私は5日間もらいます。
疑問詞のある疑問文＝2番目（1番目は疑問詞）	Wie lange **bekommst** du Urlaub? 君はどのくらい休暇をもらうの？
疑問詞のない疑問文＝1番目	**Bekommst** du fünf Tage Urlaub? 君5日間休暇をもらうのかい？

チェック 空欄に人称代名詞と動詞を入れて、分離動詞 fern|sehen（テレビを見る）の現在人称変化の表を完成させましょう。主語が1番目にある平叙文を想定してください。すると sehe などが2番目、fern が文末に置かれます。

	代名詞	動　詞		代名詞	動　詞
私は	ich	sehe ... fern	私たちは	wir	sehen ... fern
君は （親称）			君たちは （親称）		
彼は					
彼女は			彼らは		
それは					
あなたは （敬称）			あなた方は （敬称）		

分離動詞の例文　　　　　　　　　　　　　　CD1 − 74

（喜んで）いっしょに来る	**(gern) mit|kommen**
いっしょにいらっしゃいますか？	Kommen Sie mit?
はい、喜んで。	Ja, ich komme gern mit.
帰ってくる	**zurück|kommen**
お母さんはいつ帰るの？	Wann kommt Mutter zurück?
もうすぐ。	Sie kommt bald zurück.
しょっちゅうテレビを見る	**oft fern|sehen**
お宅ではよくテレビを見ますか？	Sehen Sie oft fern?
めったにテレビを見ない	**selten fern|sehen**
いいえ、めったに見ません。	Nein, wir sehen selten fern.
（4月に札幌へ）引っ越す	**(im April nach Sapporo) um|ziehen**
お宅はいつ引っ越すのですか？	Wann ziehen Sie um?
うちは4月に札幌に引っ越します。	Wir ziehen im April nach Sapporo um.
よく気をつける	**gut auf|passen**

| よく気をつけろ！ | （du に対して）Pass gut auf!
 （ihr に対して）Passt gut auf!
 （Sie に対して）Passen Sie gut auf! |

練習問題

解答⇒ p.299

1. 分離動詞と非分離動詞の現在人称変化の表を完成させて、比較しましょう。主語が1番目にある平叙文を想定してください。

不定詞		mít|kommen	bekómmen
代表的な意味		いっしょに来る	もらう
単数	1人称		
	2人称（親称）		
	3人称		
複数	1人称	wir kommen ... mit	wir bekommen
	2人称（親称）		
	3人称		
単複	2人称（敬称）		

2. 左の空欄には日本語を、右の空欄にはドイツ語を入れてみましょう。

1)	帰ってくる	
		Wann kommt Mutter zurück?
	まもなく帰ってくる	
	彼女はじきに帰るよ。	
2)		**oft fern|sehen**

	お宅ではよくテレビを見ますか？	
	めったにテレビを見ない	
		Nein, wir sehen selten fern.
3)	引っ越す	
		Wann ziehen Sie um?
	4月に札幌へ引っ越す	
		Wir ziehen im April nach Sapporo um.

3. 応用文にも挑戦してみましょう。　　　　　　　　　　CD1 − 75

1)	乗り換える	
		Wo steigen wir um?
		in Shinjuku um|steigen
	新宿で乗り換えるのです。	
	新宿で乗り換えなさい！	
2)		**das aus|sprechen**
	これは どう発音するのですか？	
		das deutlich aus|sprechen
	これを はっきり発音してください！	
	よろしい、はっきり発音しましょう。	
3)	旅立つ	
		Wann reist ihr ab?
		übermorgen ab|reisen
	あさって出発します。	

2. 分離動詞と助動詞を一緒に使う　　CD1 − 76

　前つづりによっては、同じものでもアクセントがあって分離する動詞と、アクセントがなく分離しない動詞もあります。これらは辞書で確かめてみましょう。前つづりにアクセントがあり分離線のついている分離動詞と、前つづりにアクセントのない非分離動詞の区別がつきますか？

私を再認識する	**mich wíeder|erkennen**
私がだれだかわかりますか？	Erkennen Sie mich wieder?
ええ、シューベルトさんでしょう？	Ja, Sie sind Frau Schubert, nicht wahr?
それをもう一度繰り返す	**es noch einmal wiederhólen**
どうか もう一度繰り返してください。	Bitte wiederholen Sie es noch einmal.

　分離動詞には前つづり共通のパターンがあり、セットで覚えるといいものもあります。

乗車する	ein|steigen	転入する	ein|ziehen	スイッチを入れる	ein|schalten
下車する	aus|steigen	転出する	aus|ziehen	スイッチを切る	aus|schalten
乗り換える	um|steigen	引っ越す	um|ziehen	スイッチを切り替える	um|schalten

　分離動詞が助動詞といっしょに使われる場合、不定詞句で最後にある助動詞が所定の位置に所定の形となって移動します。そのため分離動詞は分離しないで不定詞のままです。

● 例　文

引っ越したい	**um|ziehen wollen**
引っ越されるつもりですか？	Wollen Sie umziehen?
3月に転出しなくてはならない	**im März aus|ziehen müssen**
はい、3月に家を引き渡さねばなりません。	Ja, ich muss im März ausziehen.
あした早く起きねばならない	**morgen früh auf|stehen müssen**
あした早く起きなくてはならないのですか？	Müssen Sie morgen früh aufstehen?
はい、とても早く起きなくてはなりません。	Ja, ich muss sehr früh aufstehen.

すぐ寝つくことができる	**gleich ein|schlafen können**
すぐ寝つけますか？	Können Sie gleich einschlafen?
長い間寝つくことができない	**lange nicht ein|schlafen können**
いいえ、なかなか眠れません。	Nein, ich kann lange nicht einschlafen.

━━━ 練習問題 ━━━

解答⇒ p.300

4．左の空欄には日本語を、右の空欄にはドイツ語を入れてみましょう。

1)	引っ越したい	**um|ziehen wollen**
	引っ越されるつもりですか？	
		im März aus|ziehen müssen
	はい、私たちは3月に家を引き渡さねばなりません。	
2)	あした早く起きねばならない	
		Musst du morgen früh aufstehen?
	うん、とても早く起きなくてはならない。	
3)		**gleich ein|schlafen können**
	私はすぐに寝つけます。	

5．応用文にも挑戦してみましょう。　　CD1 − 77

1)	乗り換えるべきだ	
		Wo soll ich umsteigen?
	新宿で乗り換えるべきだ	

		Sie sollen in Shinjuku umsteigten. Steigen Sie in Shinjuku um!
2)	きょう いっしょに来ることができる	**heute mit|kommen können**
	きょう いっしょに行かれる？	
	ううん、いっしょに行けない。	
3)		**fern|sehen dürfen**
	テレビを見てもいいですか？	
		Nein, Sie dürfen nicht fernsehen.

第8課　動詞の３基本形

> **この課の学習ポイント**
>
> 不定詞－過去基本形－過去分詞
> kommen - kam - gekommen

動詞の不定詞・過去基本形・過去分詞を動詞の**３基本形**といいます。

過去基本形は過去形を作るもとになり、過去分詞は現在完了・過去完了や受動態に使われます。意味の右の（s）は完了形を作る時に必要になるので、第 10 課で説明します。

1．規則動詞の３基本形

規則動詞の過去基本形は語幹 -te、過去分詞は ge- 語幹 -t でできあがりです。「手 te でゲット ge-t する」という覚え方もあります。
ただし規則動詞の中で語幹が -t や -d で終わる語や特定の子音が重なる語などは、発音しやすくするために語幹のあとに e を入れます。

覚える必要はありませんが参考までに、語幹のあとに e を入れる特定の子音が重なる語というのは、語幹が -chn、-ffn、-gn、-tm、-dm で終わる語と、語幹が -m、-n で終わりしかもその前が -l-, -r-, -h- 以外の語です。ややこしいので、個々の語で慣れた方が手っ取り早いでしょう。

主な意味	不定詞	過去基本形	過去分詞
原　則	語幹 **-en**	語幹 **-te**	**ge-** 語幹 **-t**
勉強する	lernen	lernte	gelernt
遊ぶ	spielen	spielte	gespielt
する	machen	machte	gemacht
踊る	tanzen	tanzte	getanzt
山歩きする（s）	wandern	wanderte	gewandert

働く	arbeiten	arbeitete	gearbeitet
着陸する（s）	landen	landete	gelandet
雨が降る	regnen	regnete	geregnet

チェック1 規則動詞の3基本形の表を完成させましょう。

主な意味	不定詞	過去基本形	過去分詞
する	machen		
勉強する		lernte	
遊ぶ			gespielt
働く	arbeiten		
踊る		tanzte	
着陸する			gelandet

2. 不規則動詞の3基本形

不規則動詞は幹母音（＝語幹の母音）が変わります。その変わり方と語尾によって次のように分類されます。

強変化動詞（語尾も規則動詞と違う）　　　　　◯ CD1 － 79

主な意味	不定詞	過去基本形	過去分詞
原　則	... en	... △	ge ... en
パターン1　幹母音がすべて異なる			
歌う	singen	sang	gesungen
話す	sprechen	sprach	gesprochen
飲む	trinken	trank	getrunken
パターン2　過去基本形と過去分詞の幹母音が同じ			
滞在する（s）	bleiben	blieb	geblieben
書く	schreiben	schrieb	geschrieben

登る（s）	steigen	stieg	gestiegen
パターン3　不定詞と過去分詞の幹母音が同じ			
（乗り物で）行く（s）	fahren	fuhr	gefahren
読む	lesen	las	gelesen
眠る	schlafen	schlief	geschlafen

混合変化動詞（語尾は規則動詞と同じ。常に過去基本形と過去分詞の幹母音が同じです）　　　　　　　　　　　　　　　　　　　　　Ⓒ🄳

主な意味	不定詞	過去基本形	過去分詞
原　則	... en	... te	ge ... t
名づける	nennen	nannte	genannt
知っている	kennen	kannte	gekannt
知っている	wissen	wusste	gewusst

それに対し、規則動詞は弱変化動詞と呼ばれています。

以上のように不規則動詞の場合はいくつかのパターンはありますが、結局個々に調べて覚えないと使えません。パターン別の方が覚えやすい方、何も考えずに暗記したい方、それぞれの方法でいいと思います。ここにその他の主な不規則動詞の3基本形を挙げておきますが、辞書の巻末にはたいていすべての不規則動詞（前つづりがつくものを除く）の3基本形が出ています。また、辞書の見出し語に＊印がついている語は、不規則動詞です。

Ⓒ🄳

主な意味	不定詞	過去基本形	過去分詞
最重要のパターンに入らない不規則動詞			
もっている	haben	hatte	gehabt
ある（s）	sein	war	gewesen
なる（s）	werden	wurde	geworden
子音も変わる不規則動詞			
持って行く	bringen	brachte	gebracht
食べる	essen	aß	gegessen
（歩いて）行く（s）	gehen	ging	gegangen
来る（s）	kommen	kam	gekommen
させる	lassen	ließ	gelassen
とる	nehmen	nahm	genommen
閉める	schließen	schloss	geschlossen

座っている	sitzen	saß	gesessen
立っている	stehen	stand	gestanden
する	tun	tat	getan
引く	ziehen	zog	gezogen

話法の助動詞 (CD)

主な意味	不定詞	過去基本形	本動詞の場合の過去分詞
できる	können	konnte	gekonnt
ねばならない	müssen	musste	gemusst
べきである	sollen	sollte	gesollt
つもりだ	wollen	wollte	gewollt
してもいい	dürfen	durfte	gedurft
かもしれない	mögen	mochte	gemocht

練習問題

解答⇒ p.301

1. 次の動詞は規則動詞です。規則を思い出して3基本形の表を完成させましょう。

主な意味	不定詞	過去基本形	過去分詞
感謝する	danken		
欠けている	fehlen		
買う	kaufen		
ほほえむ	lächeln		
合う	passen		
喫煙する	rauchen		
旅行する (s)		reiste	

主な意味			
味がする			geschmeckt
言う	sagen		
練習する		übte	
待つ			gewartet

2. 不規則動詞の 3 基本形の表を完成させましょう。

主な意味	不定詞	過去基本形	過去分詞
滞在する (s)	bleiben		
持っている	haben		
なる (s)	werden		
歌う	singen		
眠る	schlafen		
知っている		wusste	
来る (s)			gekommen
ある	sein		
食べる		aß	
飲む			getrunken

3. 次の動詞は不規則動詞です。辞書を持っている方は調べて**3**基本形の表を完成させてください（いちいち見出し語を引かなくても、たいていの辞書は巻末に表がついています。過去基本形は「直説法過去」と同じです）。

CD1 − 80

主な意味	不定詞	過去基本形	過去分詞
（飛行機で）行く（s）	fliegen		
与える	geben		
保つ	halten		
助ける	helfen		
うそをつく	lügen		
泳ぐ		schwamm	
見る			gesehen

過去形や過去分詞から不定詞を探り出すのは、辞書を引くためにも大切な練習です。

3. 分離動詞・非分離動詞の 3 基本形

過去基本形では分離動詞は基礎動詞だけが前に移動して分離し、非分離動詞は分離せずに全部移動します。その位置は現在形の時と同じ 1 番目か 2 番目です。

過去分詞では分離動詞は ge が前つづりと基礎動詞の間に入って 1 語になり、非分離動詞は ge- がつきません。また、-ieren で終わる語はすべて外来語で規則動詞ですが、過去分詞に ge- がつきません。

規則動詞　　　　　　　　　　　　　　　　　　　　CD1 — 81

	主な意味	不定詞	過去基本形	過去分詞
基礎動詞	買う	kaufen	kaufte	gekauft
非分離動詞	売る	verkáufen	verkaufte	verkauft
分離動詞	買い物をする	éin|kaufen	kaufte ... ein	eingekauft
-ieren	予約する	reservieren	reservierte	reserviert

不規則動詞　　　　　　　　　　　　　　　　　　　　CD

	主な意味	不定詞	過去基本形	過去分詞
基礎動詞	来る	kommen	kam	gekommen
非分離動詞	得る	bekómmen	bekam	bekommen
分離動詞	到着する	án|kommen	kam ... an	angekommen

チェック2　3 基本形の表を完成させましょう。

	主な意味	不定詞	過去基本形	過去分詞
基礎動詞	買う	kaufen		
非分離動詞	売る		verkaufte	
分離動詞	買い物をする			eingekauft
-ieren	予約する	reservieren		
基礎動詞	来る		kam	
非分離動詞	得る			bekommen
分離動詞	到着する	án|kommen		

練習問題

解答⇒ p.302

4. 3基本形の表を完成させましょう。　CD1 − 82

	主な意味	不定詞	過去基本形	過去分詞
基礎動詞	話す	**sprechen**		
非分離動詞	相談する	besprechen		
分離動詞	発音する	aus|sprechen		
基礎動詞	合う	**passen**		
非分離動詞	のがす	verpassen		
分離動詞	注意する	auf|passen		
基礎動詞	登る	**steigen**		
分離動詞	乗車する		stieg ... ein	
基礎動詞	引く	**ziehen**		
分離動詞	引っ越す			umgezogen
基礎動詞	旅行する	**reisen**		
分離動詞	旅立つ		reiste ... ab	
-ieren	大学で専攻する	studieren		
-ieren	コピーする		kopierte	
-ieren	討論する	diskutieren		

第9課　過去人称変化

> **この課の学習ポイント**
>
> 彼は歌った。　Er sang.
> 私は旅行した。　Ich reiste.

　これまでは不定詞を現在形または命令形に変えて移動させました。今度は過去形に変えて同じように移動させて、過ぎ去ったことを述べてみましょう。そのためには過去基本形を主語に応じて人称変化させなければなりません。

1．過去人称変化

規則動詞も不規則動詞も過去基本形に次のような語尾をつけます。

		単　　数		複　　数
1人称	私は	過去基本形 - △	私たちは	過去基本形 - (e)n
2人称（親称）	君は	過去基本形 -st	君たちは	過去基本形 -t
3人称	彼は	過去基本形 - △	彼らは	過去基本形 - (e)n
2人称（敬称）	あなたは	過去基本形 - (e)n	あなた方は	過去基本形 - (e)n

　過去人称変化では現在人称変化と違って、単数の1人称と3人称は語尾がつきません。また、規則動詞（＝弱変化）や混合変化のように過去基本形が -e で終わっている語には、複数の1人称と3人称で -n だけをつけます。強変化のように過去基本形が -e で終わっていない語には、複数の1人称と3人称で -en をつけます。

　ここでも敬称2人称は、3人称複数の「彼らは」を大文字にして転用するので、敬称2人称と3人称複数の変化は同じです。

　ドイツ語には進行形がないので、現在形が現在進行形を兼ねたように、過去人称変化で過去進行形も表せます。

不定詞＝ spielen（英 play）		過去基本形＝ spielte（遊んだ、遊んでいた）	
	単　数		複　数
1人称	私は遊んだ　ich spielte		私たちは遊んだ　wir spielten
2人称（親称）	君は遊んだ　du spieltest		君たちは遊んだ　ihr spieltet
3人称	彼は遊んだ　er spielte		彼らは遊んだ　sie spielten
2人称（敬称）	あなたは遊んだ　Sie spielten		あなた方は遊んだ　Sie spielten

不定詞		lernen	warten	kommen	haben
過去基本形		lernte	wartete	kam	hatte
代表的な意味		勉強した	待った	来た	持っていた
単数	1人称	ich lernte	ich wartete	ich kam	ich hatte
	2人称（親称）	du lerntest	du wartetest	du kamst	du hattest
	3人称	er lernte	er wartete	er kam	er hatte
複数	1人称	wir lernten	wir warteten	wir kamen	wir hatten
	2人称（親称）	ihr lerntet	ihr wartetet	ihr kamt	ihr hattet
	3人称	sie lernten	sie warteten	sie kamen	sie hatten
単複	2人称（敬称）	Sie lernten	Sie warteten	Sie kamen	Sie hatten

チェック　過去人称変化の表を完成させましょう。

不定詞		lernen		kommen	
過去基本形		lernte			
代表的な意味		勉強した	待った	来た	持っていた
単数	1人称		ich wartete		
	2人称（親称）			du kamst	
	3人称				

複数	1人称				
	2人称（親称）				
	3人称				sie hatten
単複	2人称（敬称）				

　er lernt は「彼は勉強する／している」という現在形、er lernte は「彼は勉強した／していた」という過去形で、最後の -e があるかないかで大違いです。発音する時に気をつけましょう。

　変化を覚えたら、不定詞句から文を作ってみましょう。最後にある不定詞を過去人称変化させて所定の場所に移動させます。

不定詞句　　　gestern in Kobe Deutsch lernen
　　　　　　　　きのう神戸でドイツ語を勉強する

平叙文＝2番目　Wir lernten gestern in Kobe Deutsch.
　　　　　　　　私たちは きのう神戸でドイツ語を勉強し（てい）た。

　　　　　　　　Gestern lernten wir in Kobe Deutsch.
　　　　　　　　きのうは私たちは神戸でドイツ語を勉強し（てい）た。

　　　　　　　　In Kobe lernten wir gestern Deutsch.
　　　　　　　　神戸で私たちは きのうドイツ語を勉強し（てい）たのです。

　　　　　　　　Deutsch lernten wir gestern in Kobe.
　　　　　　　　ドイツ語を私たちは きのう神戸で勉強し（てい）たのだ。

疑問詞のある疑問文＝2番目（1番目は疑問詞）
　　　　　　　　Wo lernten Sie gestern Deutsch?
　　　　　　　　どこで あなた方はきのうドイツ語を勉強し（てい）たのですか？

　　　　　　　　Wer lernte gestern in Kobe Deutsch?
　　　　　　　　だれがきのう神戸でドイツ語を勉強し（てい）たのですか？

Was lerntet ihr gestern in Kobe?
何を君たちはきのう神戸で勉強し（てい）たんだい？

疑問詞のない疑問文＝１番目

Lerntet ihr gestern in Kobe Deutsch?
君たちは きのう神戸でドイツ語を勉強し（てい）たのかい？

● 例 文   ● CD1 － 84

（横浜で）テニスをする	**(in Yokohama) Tennis spielen**
どこでテニスをしたの？	Wo spieltet ihr Tennis?
私たちは横浜でテニスをした。	Wir spielten in Yokohama Tennis.
横浜で私たちはテニスをした。	In Yokohama spielten wir Tennis.
遅れて来る	**zu spät kommen**
ユーリアはいつ来たのですか？	Wann kam Julia?
ロメオとユーリアはいつ来たのですか？	Wann kamen Romeo und Julia?
彼女は遅刻しました。	Sie kam zu spät.
彼らは遅刻しました。	Sie kamen zu spät.
きのうする	**gestern machen**
きのう何したの？	Was machtest du gestern?
ベルリンに行く	**nach Berlin fahren**
私はベルリンに行った。	Ich fuhr nach Berlin.
ポツダムを訪問する	**Potsdam besuchen**
それからポツダムを見物した。	Dann besuchte ich Potsdam.

■ 練習問題 ■

解答➡ p.303

1. 空欄に人称代名詞と動詞を入れて、過去人称変化の表を完成させましょう。

不定詞	**machen**	**sein**	**sehen**
過去基本形			
代表的な意味	する	ある	見る

				ich sah
単数	2人称（親称）	du machtest		
	3人称			
複数	1人称		wir waren	
	2人称（親称）			
	3人称			
単複	2人称（敬称）			

2. 左の空欄には日本語を、右の空欄にはドイツ語を入れてみましょう。

1)		**(in Yokohama) Tennis spielen**
	どこで あなたたちテニスをしたの？	
		Wir spielten in Yokohama Tennis. In Yokohama spielten wir Tennis.
2)	きのうする	**gestern machen**
	君きのう何したの？	
		nach Berlin fahren
	私はベルリンに行った。	
		Potsdam besuchen
	それからポツダムを見物した。	
3)	来る	
		Wann kam Julia?
		zu spät kommen
	彼女は遅刻しました。	

109

3. 応用文にも挑戦してみましょう。　　　　　　　CD1 – 85

1)	旅行する	
		Wohin reisen Sie?
		nach Kyoto reisen
	京都に旅行しました。	
2)		**gestern etwas kaufen**
	きのう何か買いましたか？	
	何も買わない	
		Nein, ich kaufte nichts.
3)	長い間待つ	
		Wartetet ihr lange?
		nicht lange warten
	ううん、長くは待たなかった。	

2. 助動詞や分離動詞の過去形　　　　　　　CD1 – 86

　助動詞や分離動詞も同じやり方でできます。不定詞句で一番最後にある助動詞や基礎動詞を所定の位置に過去人称変化させて移動させるのです。

話法の助動詞の不定詞句　　fleißig Deutsch **lernen müssen**
　　　　　　　　　　一生懸命ドイツ語を勉強しなければならない

平叙文＝2番目　Wir **mussten** fleißig Deutsch **lernen**.
　　　　　　　　私たちは一生懸命ドイツ語を勉強しなければならなかった。

　　　　　　　　Fleißig **mussten** wir Deutsch **lernen**.
　　　　　　　　懸命に私たちはドイツ語を勉強しなければならなかった。

　　　　　　　　Deutsch **mussten** wir fleißig **lernen**.
　　　　　　　　ドイツ語を私たちは一生懸命勉強せねばならなかったのです。

疑問詞のある疑問文＝2番目（1番目は疑問詞）

Was **mussten** Sie fleißig **lernen**?
何をあなた方は一生懸命勉強しなければならなかったのですか？

Wer **musste** fleißig Deutsch **lernen**?
だれが一生懸命ドイツ語を勉強せねばならなかったのですか？

疑問詞のない疑問文＝1番目

Musstet ihr fleißig Deutsch **lernen**?
君たちは一生懸命ドイツ語を勉強しなければならなかったのか？

分離動詞の不定詞句	gut in Wien **án|kommen** 無事にウィーンに到着する
平叙文＝2番目	Ich **kam** gut in Wien **an**. 私は無事ウィーンに到着しました。
	Gut **kam** ich in Wien **an**. 無事に私はウィーンに到着しました。
	In Wien **kam** ich gut **an**. ウィーンに私は無事着きました。

疑問詞のある疑問文＝2番目（1番目は疑問詞）

Wo **kamen** Sie gut **an**?
どこにあなたは無事着いたのですか？

疑問詞のない疑問文＝1番目

Kamen Sie gut in Wien **an**?
あなたは無事ウィーンに到着なさいましたか？

● 例　文

（とても）うまく歌うことができる	**(sehr) gut singen können**
彼はうまく歌えたかい？	Konnte er gut singen?
うん、彼はとてもうまく歌えた。	Ja, er konnte sehr gut singen.
昨晩飲みに行く	**gestern Abend trinken gehen**
私たちは昨晩飲みに行きました。	Wir gingen gestern Abend trinken.

| 昨晩は私たちは飲みに行きました。 | Gestern Abend gingen wir trinken. |

練習問題

解答⇒ p.304

4. 空欄に人称代名詞と動詞を入れて、分離動詞 **án|kommen** の過去人称変化の表を完成させましょう。主語が **1** 番目にある平叙文を想定してください。

　　　　過去基本形＝（kam ... an）　　　　　　　　　　　CD1 − 87

	代名詞	動詞		代名詞	動詞
私は	ich	kam ... an	私たちは		
君は（親称）			君たちは（親称）		
彼は					
彼女は			彼らは		
それは					
あなたは（敬称）			あなた方は（敬称）	Sie	kamen ... an

(CD)

5. 左の空欄には日本語を、右の空欄にはドイツ語を入れてみましょう。

1)		**(sehr) gut singen**
	彼はうまく歌いましたか？	
		Ja, er sang sehr gut.
2)	（とても）うまく歌うことができる	
		Konnte er gut singen?
	はい、彼はとてもうまく歌えました。	

3)	昨晩飲みに行く	**gestern Abend trinken gehen**
	私たちは昨晩 飲みに行きました。	
	昨晩 私たちは飲みに行きました。	

6. 応用文にも挑戦してみましょう。　　CD1 − 88

1)	外見をしている	**aus|sehen**
	彼はどのように見えましたか？	
	病気のように見える	**krank aus|sehen**
	彼は病気のように見えましたか？	
	はい、病気のように見えました。	
2)	引っ越す	
		Wohin zogen Herr und Frau Schmidt um?
		nach Fukuoka um|ziehen
	彼らは福岡へ引っ越しました。	
3)	私を1時間待たせる	**mich eine Stunde warten lassen**
	彼女は私を1時間も待たせた。	
		Eine Stunde ließ sie mich warten.

第10課　完了形（現在完了・過去完了）

> **この課の学習ポイント**
>
> 彼はじょうずに歌った。　Er hat gut gesungen.
> 私は京都に行った。　Ich bin nach Kyoto gefahren.

1. 完了不定詞

完了形は**本動詞の過去分詞**と**助動詞 haben または sein** で作り、このセットを**完了不定詞**といいます（gesungen haben や gefahren sein など）。
　　　　　　　　　　　　　　　　　　　　　　　歌った　　　　　行った

助動詞は好きな方を選んでいいわけではなく、**本動詞によって決まっています。**他動詞（＝ 4 格目的語必須）全部と自動詞（＝ 4 格目的語なし）の大部分は haben とともに作るので haben 支配の動詞と呼ばれています。自動詞の一部に sein とともに完了形を作る sein 支配の動詞があります。

sein 支配の動詞は自動詞の中で次のものです。

1) 場所の移動を表す動詞 gehen、fahren、fliegen、reisen など
2) 状態の変化を表す動詞 werden、aufwachen、einschlafen、sterben など
3) その他例外 sein、bleiben、begegnen など

第 8 課の 3 基本形の表や辞書に（s）と表示されています。

完了不定詞は過去分詞と助動詞 haben または sein で作ります。

主な意味	不定詞	完了不定詞
訪問する	besuchen	besucht haben
乗り物で行く（s）	fahren	gefahren sein
持っている	haben	gehabt haben
買う	kaufen	gekauft haben
来る（s）	kommen	gekommen sein

勉強する	lernen	gelernt haben
する	machen	gemacht haben
旅行する (s)	reisen	gereist sein
ある (s)	sein	gewesen sein
遊ぶ	spielen	gespielt haben
待つ	warten	gewartet haben
なる (s)	werden	geworden sein

チェック 完了不定詞を作ってみましょう。

主な意味	不定詞	完了不定詞
訪問する	besuchen	
乗り物で行く (s)	fahren	
持っている	haben	
来る (s)	kommen	
勉強する	lernen	
する	machen	
旅行する (s)	reisen	
ある (s)	sein	
遊ぶ	spielen	
なる (s)	werden	

他動詞と自動詞の区別は、4格があるかないかで決まります。4格については「名詞の格変化」で詳しくやりますが、だいたい英語の直接目的語、日本語の「…を」にあたります。必ず4格と使われる動詞を他動詞、4格

の目的語とともには使えない動詞を自動詞といいます。

2. 現在完了

　過去形と現在完了形は、ドイツ語では意味の違いはないと思ってかまいません。しいて言えば、北ドイツでは過去形が、南ドイツでは現在完了が好んで使われ、書き言葉では過去形が、話し言葉では現在完了が多く使われます。

　不定詞句（完了不定詞）から現在完了の文を作るには、最後の助動詞 haben または sein を現在人称変化させて所定の位置（1番目か2番目）に移動させればよいのです。

◎ CD1 − 90

不定詞句　gestern fleißig Deutsch gelernt haben
　　　　　きのう一生懸命ドイツ語を勉強した

平叙文＝2番目　Ich habe gestern fleißig Deutsch gelernt.
　　　　　私はきのう一生懸命ドイツ語を勉強し（てい）た。

　　　　　Gestern habe ich fleißig Deutsch gelernt.
　　　　　きのうは私は一生懸命ドイツ語を勉強し（てい）た。

　　　　　Fleißig habe ich gestern Deutsch gelernt.
　　　　　一生懸命に私はきのうドイツ語を勉強し（てい）た。

　　　　　Deutsch habe ich gestern fleißig gelernt.
　　　　　ドイツ語を私はきのう一生懸命勉強し（てい）た。

疑問詞のある疑問文＝2番目（1番目は疑問詞）

　　　　　Wie hast du gestern Deutsch gelernt?
　　　　　どういうふうに君はきのうドイツ語を勉強したの？

　　　　　Wer hat gestern fleißig Deutsch gelernt?
　　　　　きのう一生懸命ドイツ語を勉強したのはだれですか？

　　　　　Was hast du gestern fleißig gelernt?
　　　　　何を君はきのう一生懸命勉強したんだい？

疑問詞のない疑問文＝1番目

Habt ihr gestern fleißig Deutsch gelernt?
君たちはきのう一生懸命ドイツ語を勉強したかい？

● 例 文

haben 支配の動詞

テニスをした	**Tennis gespielt haben**
どこでテニスをしたの？	Wo habt ihr Tennis gespielt?
僕らは横浜でテニスした。	Wir haben in Yokohama Tennis gespielt..
横浜で僕らはテニスをした。	In Yokohama haben wir Tennis gespielt.
（とても）うまく歌った	**(sehr) gut gesungen haben**
彼はうまく歌いましたか？	Hat er gut gesungen?
はい、彼はとてもうまく歌いました。	Ja, er hat sehr gut gesungen.
きのうした	**gestern gemacht haben**
きのう何したの？	Was hast du gestern gemacht?
ポツダムを訪問した	**Potsdam besucht haben**
ポツダムを訪問しました。	Ich habe Potsdam besucht.

sein 支配の動詞

遅れて来た	**zu spät gekommen sein**
ユーリアはいつ来たのですか？	Wann ist Julia gekommen?
ロメオとユーリアはいつ来たのですか？	Wann sind Romeo und Julia gekommen?
彼女は遅刻しました。	Sie ist zu spät gekommen.
彼らは遅刻しました。	Sie sind zu spät gekommen.
京都へ旅行した	**nach Kyoto gereist sein**
どこへ旅行なさったのですか？	Wohin sind Sie gereist?
京都へ旅行しました。	Wir sind nach Kyoto gereist.

練習問題

解答⇒ p.306

1. 左の空欄には日本語を、右の空欄にはドイツ語を入れてみましょう。

1)		**Fußball gespielt haben**
	どこでサッカーをしたの？	
		In Yokohama haben wir Fußball gespielt. Wir haben in Yokohama Fußball gespielt.
2)	きのうした	
		Was hast du gestern gemacht?
		fleißig Deutsch gelernt haben
	私はきのう一生懸命ドイツ語を勉強した。 きのうは一生懸命ドイツ語を勉強した。	
3)	来た	
		Wann ist Julia gekommen?
		zu spät gekommen sein
	彼女は遅刻しました。	

2. 応用文にも挑戦してみましょう。　　　　　CD1 − 91

1)		**Ärztin geworden sein**
		Was ist sie geworden?
	彼女は女医になりました。	
2)	ドイツを訪問した	**Deutschland besucht haben**
	私はドイツを訪問しました。	
3)	ドイツへ旅行した	**nach Deutschland gereist sein**
	私はドイツに旅行しました。	

3. 分離動詞の完了

完了不定詞はやはり過去分詞と助動詞 haben または sein で作ります。

主な意味	不定詞	完了不定詞
到着する (s)	ankommen	angekommen sein
のように見える	aussehen	ausgesehen haben
引っ越す (s)	umziehen	umgezogen sein

分離動詞も同じやり方で文ができます。現在完了は、不定詞句で一番最後にある助動詞 haben または sein を所定の位置に現在人称変化させて移動させるのです。

例　文

（病気のように）見えた	**(krank) ausgesehen haben**
彼はどのように見えましたか？	Wie hat er ausgesehen?
彼は病気のように見えましたか？	Hat er krank ausgesehen?
はい、病気のように見えました。	Ja, er hat krank ausgesehen.
（札幌へ）引っ越した	**(nach Sapporo) umgezogen sein**
彼はどこに引っ越したのですか？	Wohin ist er umgezogen?
札幌に引っ越しました。	Er ist nach Sapporo umgezogen.

4. 話法の助動詞の完了

話法の助動詞は、本動詞といっしょに助動詞として使う場合と、ほかの本動詞なしで本動詞として使う場合で、過去分詞が異なります（1つの文に本動詞は必ず1つ必要です。ゼロでも2つ以上あってもいけません。1つの本動詞以外は全部助動詞になります）。

まず、現在形と過去形の文で比べてみましょう。

不定詞句　　sehr gut Japanisch **können**
　　　　　　　　　　　　　　　　本動詞
　　　　　　とてもうまく日本語ができる

平叙文（現在形）Johanna **kann** sehr gut Japanisch.
　　　　　　　　ヨハンナはとてもうまく日本語ができる。

119

平叙文（過去形）Johanna **konnte** sehr gut Japanisch.
　　　　　　　ヨハンナはとてもうまく日本語ができた。

不定詞句　sehr gut Japanisch **schreiben können**
　　　　　　　　　　　　　　　本動詞　　助動詞
　　　　　とてもうまく日本語を書くことができる

平叙文（現在形）Johanna **kann** sehr gut Japanisch **schreiben**.
　　　　　　　ヨハンナはとてもうまく日本語が書ける。

平叙文（過去形）Johanna **konnte** sehr gut Japanisch **schreiben**.
　　　　　　　ヨハンナはとてもうまく日本語が書けた。

　ご覧のように現在形と過去形では、本動詞であろうと助動詞であろうと können の変化に違いはありません。

　しかし完了形を作る際、話法の助動詞の過去分詞は、ほかの本動詞なしに本動詞として使う場合は第 8 課の 3 基本形の表のとおりですが、ほかに本動詞があり助動詞として使う場合の過去分詞は不定詞と同じ形なのです（話法の助動詞はすべて haben 支配です）。

不定詞句　sehr gut Japanisch **gekonnt haben**
　　　　　　　　　　　　　　本動詞　　助動詞
　　　　　とてもうまく日本語ができた

平叙文（現在完了）Johanna **hat** sehr gut Japanisch **gekonnt**.
　　　　　　　　ヨハンナはとてもうまく日本語ができた。

不定詞句　sehr gut Japanisch **schreiben können haben**
　　　　　　　　　　　　　　本動詞　　助動詞　　助動詞
　　　　　とてもうまく日本語を書くことができた

平叙文（現在完了）Johanna **hat** sehr gut Japanisch **schreiben können**.
　　　　　　　　ヨハンナはとてもうまく日本語が書けた。

　これも過去形の文と現在完了の文に意味の違いはありません。

● 例文　　　　　　　　　　　　　　　　　　　　　　ⒸⒹ

ただ水が欲しかった	**nur Wasser gewollt haben**
私は水が欲しかっただけです。	Ich habe nur Wasser gewollt.
ただ水が飲みたかった	**nur Wasser trinken wollen haben**
私は水が飲みたかっただけです。	Ich habe nur Wasser trinken wollen.
大阪へ行かなければならなかった	**nach Osaka gemusst haben**
私たちは大阪へ行かねばならなかった。	Wir haben nach Osaka gemusst.
大阪へ乗り物で行かなければならなかった	**nach Osaka fahren müssen haben**
私たちは大阪へ行かねばならなかった。	Wir haben nach Osaka fahren müssen.

5．過去完了

　過去完了の文を作るには、完了不定詞最後の助動詞 haben または sein を過去人称変化させて所定の位置（1番目か2番目）に移動させればできあがりです。

　過去形と現在完了の意味の違いはありませんが、過去完了は過去のある時点よりもっと前に起こったことだと強調したい時だけに使います。

● 例文　　　　　　　　　　　　　　　　　　　● CD1－94

まず宿題をした	**zuerst Hausaufgaben gemacht haben**
まず宿題をすませてしまった。 （過去完了）	Ich hatte zuerst Hausaufgaben gemacht. Zuerst hatte ich Hausaufgaben gemacht.
それから遊んだ。 （過去形または現在完了）	Dann spielte ich. Dann habe ich gespielt.
遅れて来た	**zu spät gekommen sein**
ユーリアが遅れてきた。 （過去形または現在完了）	Julia kam zu spät. Julia ist zu spät gekommen.
その前にテニスをした	**davor Tennis gespielt haben**

その前に私たちはテニスをしてしまっていた。（過去完了）	Wir hatten davor Tennis gespielt. Davor hatten wir Tennis gespielt.

CD1 — 95

練習問題

解答⇒ p.307

3. 完了不定詞から現在完了と過去完了の文を作ってみましょう。

1)	少しドイツ語ができた	**ein bisschen Deutsch gekonnt haben**
	私は少しドイツ語ができました。	
	私は（過去の時点の前に）少しドイツ語ができていました。	
	少しドイツ語を話すことができた	
	私は少しドイツ語が話せました。	
	私は（過去の時点の前に）少しドイツ語が話せていました。	Ich hatte ein bisschen Deutsch sprechen können.
2)	時間どおりに来た	**rechtzeitig gekommen sein**
	彼らは時間どおりに来ました。	
	彼らは時間どおりに来ていました。	
3)	すでに宿題をした	
	君はもう宿題をしたの？	Hast du schon Hausaufgaben gemacht?
	君はもう宿題をしてあったの？	

4. 左の空欄には日本語を、右の空欄にはドイツ語を入れてみましょう。

1)	外見をしていた	
		Wie hat er ausgesehen?
		krank ausgesehen haben
	病気のように見えました。	
2)		**umgezogen sein**
	彼はどこに引っ越したのですか？	
	札幌へ引っ越した	
		Er ist nach Sapporo umgezogen.
3)	長い間待った	
		Habt ihr lange gewartet?
		nicht lange gewartet haben
	ううん、長くは待たなかった。	

5. 応用文にも挑戦してみましょう。 (CD)

1)	遅れて到着した	
		Sie ist zu spät angekommen.
		Sie kam zu spät an.
2)	**1キロやせた**	**ein Kilo abgenommen haben**
	私は1キロやせました。 （過去完了）	
	3キロ太る	**drei Kilo zu|nehmen**
	3キロ太った	**drei Kilo zugenommen haben**
	それから3キロ太りました。 （過去形または現在完了）	

3)	まず勉強した	
		Ich hatte zuerst gelernt. Zuerst hatte ich gelernt.
	遊ぶ 遊んだ	
	それから遊んだ。 （過去形または現在完了）	

6. 上級用完了不定詞の使い方　　　　CD1 – 96

　完了不定詞のあとにさらに助動詞を置いて、複雑な助動詞構文を作ることもできます。本来ならばかなり高等なテクニックですが、こんがらがった時には日本語と同じ順番の不定詞句から出発すればいいのです。

一生懸命勉強したに違いない	**fleißig gelernt haben müssen**
彼女は一生懸命勉強したに違いない。	Sie muss fleißig gelernt haben.
すでにパリに着いただろう	**schon in Paris angekommen sein werden**
彼はもうパリに着いたでしょう。	Er wird schon in Paris angekommen sein.
もうとっくに亡くなったそうだ	**schon längst gestorben sein sollen**
彼女はもうとっくに亡くなったそうだ。	Sie soll schon längst gestorben sein.
きのう病気だったのかもしれない	**gestern krank gewesen sein mögen**
彼はきのう病気だったのかもしれない。	Er mag gestern krank gewesen sein.
流暢に英語を話したと主張する	**fließend Englisch gesprochen haben wollen**
彼らは英語ペラペラ話したと言っている。	Sie wollen fließend Englisch gesprochen haben.

　不定詞句の中に過去形は使えません。過去形は現在形同様、主語に合わせて変化させ移動させる時にだけ使えるのです。従って「勉強した」に違いない、「着いた」だろう、などは完了不定詞を使います。

第11課 | 非人称動詞と非人称の es

> **この課の学習ポイント**
>
> 暑い。　Es ist heiß.
> 雨が降る。　Es regnet.

1. 自然現象

　非人称の es とは、「それは」と訳せない es、「それは」という意味のない es のことです。英語同様、暑い（英語 It is hot.）や雪が降っている（英語 It's snowing.）などの**自然現象は非人称の es を主語にし、この es は文頭以外でも省略できません。**

例　文

まだ雨が降っている	**noch regnen**
まだ雨は降っていますか？	Regnet es noch?
もう雨は降っていない	**nicht mehr regnen**
いいえ、もう降っていません。	Nein, es regnet nicht mehr.
昨夜雪が降る	**gestern Nacht schneien**
昨夜雪が降った	**gestern Nacht geschneit haben**
昨夜は雪が降りましたか？（過去形と現在完了）	Schneite es gestern Nacht? Hat es gestern Nacht geschneit?
たくさん雪が降る	**viel schneien**
たくさん雪が降った	**viel geschneit haben**
はい、たくさん降りました。（過去形と現在完了）	Ja, es schneite viel. Ja, es hat viel geschneit.
まもなく雨が降るだろう	**bald regnen werden**
まもなく雨が降るでしょう。	Es wird bald regnen.

あした天気になるだろう	**morgen schön werden werden**
あしたは天気になるでしょう。	Es wird morgen schön werden. Morgen wird es schön werden.
寒い	**kalt sein**
寒いですね。	Es ist kalt, nicht wahr?
とても蒸し暑い	**sehr schwül sein**
とても蒸し暑かった	**sehr schwül gewesen sein**
すごく蒸し暑かった。 （過去形と現在完了）	Es war sehr schwül. Es ist sehr schwül gewesen.

練習問題

解答⇒ **p.308**

1. 天気・気候関連の語をまとめましょう（練習問題に出てくる語もあります）。

日本語	ドイツ語
寒い	
涼しい	
暖かい	warm
暑い	
蒸し暑い	
霧雨が降る	nieseln
雨が降る	
雪が降る	
雷が鳴る	
稲妻が光る	

2. 左の空欄には日本語を、右の空欄にはドイツ語を入れましょう。

1)	きょう雨が降る	
		Es regnet heute. Heute regnet es.
		morgen auch regnen werden
	あしたも雨が降るだろうか？	
2)		**viel schneien** **viel geschneit haben**
	雪がたくさん降りました。（過去形と現在完了）	
3)	暑い	
		Es ist heiß, nicht wahr?

3. 応用文にも挑戦してみましょう。

1)		**endlich kühl werden** **endlich kühl geworden sein**
	やっと涼しくなりました。（過去形と現在完了）	
2)	どこかで雷が鳴る	
		Es donnert irgendwo. Irgendwo donnert es.
3)		**jetzt blitzen** **jetzt geblitzt haben**
	今稲妻が光りました。（過去形と現在完了）	
	近い 近かった	
		Es war nah. Es ist nah gewesen.

2. 個人の感覚

　自然現象の es は省略できないのに対して、**個人の感覚、気分、感情を表す時に使う非人称の es は、文頭以外では省略できます。**この場合、人称代名詞の3格といっしょに使われることが多いので、名詞編で扱う人称代名詞のうち、1・2人称の3格だけをここに挙げます。人称代名詞の全体像についての説明や例文は名詞編にあります。

	単　　数		複　　数	
	1人称	**2人称**	**1人称**	**2人称**
1格	私は　ich	君は　du	私たちは　wir	君たちは　ihr
3格	私に　mir	君に　dir	私たちに　uns	君たちに　euch

	2人称（敬称）
	単数・複数
1格	あなたは・あなた方は　Sie
3格	あなたに・あなた方に　Ihnen

● 例　文　　　　　　　　　　　　　　　　　　　　　　CD

あなたにとっては寒い	**Ihnen kalt sein**
あなたは寒いですか？	Ist es Ihnen kalt? Ist Ihnen kalt?
私たちにとってはじゅうぶん暖かい	**uns warm genug sein**
いいえ、私たちは暖かいです。	Nein, es ist uns warm genug. Nein, uns ist warm genug.
私においてはめまいがする	**mir schwind(e)lig sein**
私はめまいがします。	Es ist mir schwindelig. Mir ist schwindlig.
あなたにおいてはいい調子だ	**Ihnen gut gehen**
お元気ですか？	Wie geht es Ihnen?
私においてはいい調子だ	**mir gut gehen**
ありがとう、元気です。あなたは？	Danke, es geht mir gut. Und Ihnen?
まあまあです。（熟語）	Es geht.

　表最後の5行の es は省略できません。

「私は寒い」を直訳して Ich bin kalt. と言ってしまうと、「私は(人を裏切ったり見捨てたりする残酷な)冷たい人間だ」という意味になってしまうので気をつけてください。

■ 練習問題 ■

解答➡ p.310

4．左の空欄には日本語を、右の空欄にはドイツ語を入れましょう。

1)	暑い	**heiß sein**
	暑いです	
	私にとっては暑い	
		Es ist mir heiß. Mir ist heiß.
2)		**Ihnen kalt sein**
	あなたは寒いですか？	
3)		**mir schwind(e)lig sein**
	私はめまいがします。	

5．応用文にも挑戦してみましょう。

1)	君にとっては暑い	
		Ist es dir heiß? Ist dir heiß?
2)	私においては気分が悪くなった	**mir schlecht geworden sein**
	私は気分が悪くなりました。	
3)	君たちにおいてはいい調子だ	**euch gut gehen**
	君たち調子いい？	
	君たち調子どう？	
		uns gut gehen
	ありがとう、元気だよ。君は？	

名詞編

●ドイツ語の名詞の特徴

名詞編では、名詞だけでなく、名詞に欠かせない語や名詞と関連の深い語をまとめて扱います。

動詞編のキーワードは主語に合わせて動詞を変化させる「人称変化」でしたが、**名詞編のキーワードは「格変化」**です。

ドイツ語の名詞はすべて男性名詞か女性名詞か中性名詞か決まっています。父親が男性名詞、母親が女性名詞など感覚的に納得のいくものもありますが、日本人には納得しがたい性も多くあります。これらはたいてい語源・語構成（語尾）・類義語によって決定し、中には定着するまでドイツ人の意見も分かれたり、地域によって違う性に定着することもあります。

また同じ語でも性によって意味が違うものもあります。たとえば男性名詞の See は「湖」、女性名詞の See は「海」です。

固有名詞だけでなく名詞は常に大文字で書きます。代名詞は名詞とは区別し、2人称（敬称）Sie 以外は小文字です。

男性名詞	女性名詞	中性名詞
男の人　Mann	女の人　Frau	子ども　Kind
男の日本人　Japaner	女の日本人　Japanerin	
男の先生　Lehrer	女の先生　Lehrerin	
スプーン　Löffel	フォーク　Gabel	ナイフ　Messer
コンピュータ　Computer	メール　E-Mail	携帯電話　Handy
着物　Kimono	畳　Tatami	俳句　Haiku

さらに、**ドイツ語には4つの格**があります。

1格は主語になる格で、だいたい日本語の**「～が」「～は」**にあたります。
2格は**「～の」**にあたります
3格は英語の間接目的語に近く、**「～に」**にあたります
4格は英語の直接目的語に近く、**「～を」**にあたります

これからしばらく冠詞をまとめて紹介します。冠詞はすべて名詞の前にあり、後ろに登場する名詞とセットで使う品詞です（ただし直後とは限りません。例：その大きくて厚い**本**）。

また、どんな冠詞がついても、無冠詞でも、次の点は共通しています。
男性名詞と中性名詞の 2 格には -s か -es がつきます。これは辞書を引けば何がつくか出ていますが、だいたいの目安を知っていると便利です。1 音節の（＝母音が 1 か所にしかない）短い語には長い -es を、2 音節（＝母音が 2 か所にある）以上の長い語には短い -s をつけ長短のバランスをとります。念のため発音してみます。

Mann、Kind、Buch、Haus、Heim は 1 音節なので -es をつけると Mannes、Kindes、Buches、Hauses、Heimes となり、発音もできます。

Lehrer、Löffel は 2 音節、Japaner、Kimono、Krankenhaus は 3 音節なので -s をつけると Lehrers、Löffels、Japaners、Kimonos、Krankenhauss となります。ところが最後の語の Krankenhaus は子音 s が重なってしまい発音できないので、-es をつけて Krankenhauses となります。

それに対して複数形の作り方は複雑なので、辞書で確認することをお勧めします。

辞書には見出し語の次に、性、2 格の語尾（斜線の左側）、複数形（斜線の右側）が表示されています（ハイフンの部分には見出し語が入ります）。

Japaner 男または m. -s/- 日本人男性
　　Japaner は男性名詞で、2 格は Japaners、複数形は Japaner。

Frau 女または f. -/-en 女の人、妻
　　Frau は女性名詞で、2 格は Frau、複数形は Frauen。

Kind 中または n. -(e)s/-er 子ども
　　Kind は中性名詞で、2 格は Kinds でも Kindes でもよく、複数形は Kinder。

主な複数形の語尾は -e, -er, -n, -en, -s で、語尾がつかない、単数形と同じ複数形もあります。このうち -e, -er, 語尾なしには幹母音（アクセントのある母音）にウムラウトがつく場合があります。

複数形の 3 格にはさらに -n がつきます。日本人たちに（＝ Japanern）、子どもたちに（＝ Kindern）など。しかし、複数形が -n と -s で終わっている語は発音できないので -n はつけません。女の人たちに（＝ Frauen）のままで、Frauenn にはなりません。

第12課 名詞と定冠詞の格変化

> **この課の学習ポイント**
>
> その本が　das Buch
> その本の　des Buches
> その本に　dem Buch
> その本を　das Buch
>
> Das Buch ist interessant.
> その本は（1格）興味深い。
> Der Titel des Buches ist „Faust".
> その本の（2格）タイトルは『ファウスト』という。
> Gibst du dem Kind das Buch?
> 君はその子どもに（3格）　その本を（4格）あげるのかい？

1. 定冠詞

最初に扱うのは定冠詞で、だいたい英語の the にあたります。

	男性名詞	女性名詞	中性名詞	複数形
1格	その男が der Mann	その女が die Frau	その子どもが das Kind	それらの男たちが die Männer
2格	その男の des Mann(e)s	その女の der Frau	その子どもの des Kind(e)s	それらの男たちの der Männer
3格	その男に dem Mann	その女に der Frau	その子どもに dem Kind	それらの男たちに den Männern
4格	その男を den Mann	その女を die Frau	その子どもを das Kind	それらの男たちを die Männer

　男性と中性の変化は2・3格が同じで、女性と複数の変化は3格以外同じなので、それらを比較しながら覚えるといいでしょう。

2格は日本語と違って、英語の of のように後ろに置かれるので、注意が必要です。

その子どもの本は= das Buch des Kindes（英語 the book of the child）
その女の人の子どもは= das Kind der Frau（英語 the child of the woman）

　ドイツ語にも英語の of にあたる前置詞 von があり、2格は衰退しつつあります。
　負担を減らしたい方は、2格の代わりに前置詞 von と3格を使っても同じ意味になります。

その子どもの本は = das Buch von dem Kind
その女の人の子どもは = das Kind von der Frau

　男性名詞も女性名詞も中性名詞も、複数になると複数形の変化に一本化されます。

チェック　1格に使われている名詞を使って、定冠詞と名詞の表を完成させましょう。

	男性名詞	女性名詞	中性名詞	複数形
1格	その男が der Mann	その女が die Frau	その子どもが das Kind	それらの男たちが die Männer
2格	その男の	その女の	その子どもの	それらの男たちの
3格	その男に	その女に	その子どもに	それらの男たちに
4格	その男を	その女を	その子どもを	それらの男たちを

表を覚えたら、さっそく使ってみましょう。

「その子どもに」(dem Kind) や「その子どもの本は」(das Buch des Kindes = das Buch von dem Kind) は、意味的にバラバラにできない文

成分なので、全部で1つと数えます。文成分がわかりやすいように、最初は境目に間を空けておきます。

◉ 例　文　　　　　　　　　　　　　　　　　　◉ CD2 － 3

その先生に お礼を言う	dem Lehrer danken
私は その先生に お礼を言います。	Ich danke dem Lehrer.
その先生に 私はお礼を言います。	Dem Lehrer danke ich.
君は その先生に 感謝しているかい？	Dankst du dem Lehrer?
それらの男性たちは その先生に お礼を言う。	Die Männer danken dem Lehrer.
その先生に それらの男性たちは お礼を言う。	Dem Lehrer danken die Männer.
その子どもの母親は その先生に 感謝した。（過去形と現在完了）	Die Mutter des Kindes dankte dem Lehrer.
	Die Mutter von dem Kind hat dem Lehrer gedankt.
その先生に その子どもの母親は 感謝した。（過去形と現在完了）	Dem Lehrer dankte die Mutter des Kindes.
	Dem Lehrer hat die Mutter des Kindes gedankt.
その町を 訪問する	die Stadt besuchen
私たちは あした その町を 訪れます。	Wir besuchen morgen die Stadt.
あした 私たちは その町を 訪れます。	Morgen besuchen wir die Stadt.
その友人に その本を送る	dem Freund das Buch senden
彼女は 友人に その本を 送る。	Sie sendet dem Freund das Buch.
姉に そのドレスを 贈る	der Schwester das Kleid schenken
私は 姉に そのドレスを プレゼントします。	Ich schenke der Schwester das Kleid.
そのドレスは 姉に プレゼントするんです。	Das Kleid schenke ich der Schwester.
姉には そのドレスを プレゼントします。	Der Schwester schenke ich das Kleid.
その父親に その新聞を 持ってくる	dem Vater die Zeitung bringen
犬が 父に 新聞を持ってきます。	Der Hund bringt dem Vater die Zeitung.

2. 辞書の表記

辞書などに2格・3格・4格の目的語を表記する場合、次のようなやり方があります。

人^2・人^3・人^4 = j.^{2}・j.^{3}・j.^{4} = js.・jm.・jn = jemandes・jemandem・jemanden

物^2・物^3・物^4 = et.^{2}・et.^{3}・et.^{4} = etwas^2・etwas^3・etwas^4

たとえば「誰かに何かを贈る」は人^3 物^4 schenken または j.^{3} et.^{4} schenken または jm. et.^{4} schenken などと表せます。ご自分の辞書にはどう書いてあるか確かめてください。

中には日本語の「～に、～を」と一致しない使い方の動詞もあります。
「誰かを助ける」の helfen は人^3 helfen または j.^{3} helfen または jm. helfen と、3格の目的語をとる自動詞です。

反対に「誰かに電話する」の an|rufen は人^4 an|rufen または j.^{4} an|rufen または jn. an|rufen と 4格の目的語が必要な他動詞です。

一致しない格は必ず辞書に書いてありますので、使い方に注意してください。本書ではまず原則的な格の使い方に慣れていただきたいので、例外は「第20課　前置詞（1）」以降に登場させます。

練習問題

解答⇒ **p.311**

1. 1格に挙げてある定冠詞と名詞を使って入れて、格変化の表を完成させましょう。

   ● CD2 − 4

	男性名詞	女性名詞	中性名詞	複数形
1格	その車が der Wagen	その新聞が die Zeitung	その本が das Buch	それらの本が die Bücher
2格				
3格				
4格				

男性と中性の2格、複数3格につけ忘れはありませんか？

2. 左の空欄には日本語を、右の空欄にはドイツ語を入れてみましょう。

1)	その先生に礼を言う	
		Ich danke dem Lehrer.
	君はその先生に感謝しているかい？	
2)		**die Stadt besuchen**
	私たちはあしたその町を訪れます。	
	あした私たちはその町を訪れます。	
3)	姉にそのドレスを贈る	
	私は姉に そのドレスをプレゼントします。 そのドレスは姉にプレゼントするんです。 姉にはそのドレスをプレゼントします。	

3. 応用文にも挑戦してみましょう。　　　　　　　　　　CD2 − 5

1)	その女の先生に お礼を言う	**der Lehrerin danken**
		Das Kind dankt der Lehrerin.
	その子どもの母親は その女の先生に 感謝しています。	
2)	あした父親を訪問する	**morgen den Vater besuchen**
	私たちはあした父を訪ねます。	
	あした私たちは父を訪ねます。	
	父を私たちは あした訪ねるのです。	
3)	その友人にその本を贈る その友人にその本を贈った	
		Ich schenkte dem Freund das Buch.
		Ich habe dem Freund das Buch geschenkt.

第13課 名詞と定冠詞類の格変化

> **この課の学習ポイント**
>
> どの本が　welches Buch
> どの本の　welches Buches
> どの本に　welchem Buch
> どの本を　welches Buch
>
> <u>Welches Buch</u> ist interessant?
> <u>どの本が</u>（1格）興味深いのですか？
> <u>Welchem Kind</u> gibst du das Buch?
> 君は<u>どの子どもに</u>（3格）その本をあげるの？
> <u>Welches Buch</u> kaufst du?
> 君は<u>どの本を</u>（4格）買うんだい？

1．定冠詞類

　冠詞の中には定冠詞と同じ変化をするものがいくつかあり、定冠詞類と呼ばれています。たとえば「この」や「これらの」（英語の this や these）を意味する dieser で、定冠詞の d- の代わりに dies- を使います。その際 die だった4か所（女性の1・4格と複数の1・4格）の語尾は -ie ではなく -e だけで、diese となります。また、das だった中性1・4格は、-as ではなく -es で、dieses です。

　よって中性は1・2・4格が同じになります。それをまとめた表は次のとおりです。

	男性名詞	女性名詞	中性名詞	複数形
1格	この男が dieser Mann	この女が diese Frau	この子どもが dieses Kind	これらの男たちが diese Männer
2格	この男の dieses Mann(e)s	この女の dieser Frau	この子どもの dieses Kind(e)s	これらの男たちの dieser Männer
3格	この男に diesem Mann	この女に dieser Frau	この子どもに diesem Kind	これらの男たちに diesen Männern
4格	この男を diesen Mann	この女を diese Frau	この子どもを dieses Kind	これらの男たちを diese Männer

これと同じ変化をする冠詞は

ドイツ語	日本語	英語
dies(er)	この、後者の	this、these
jen(er)	あの、前者の	that、those
jed(er)	各、どの…も（単数のみ）	every、each
all(er)	すべての（複数が多い）	all of the
solch(er)	そのような	such a
welch(er)	どの	which

（　）の中は語尾ですが、辞書の見出し語には代表として -er の語尾がついた男性1格の形で載っています。

まさにこの定冠詞類が格変化の基本であり、今後形容詞の格変化をする時にも必要になります。定冠詞の格変化の方が die や das において例外だったのです。

そこで**定冠詞類の語尾変化をもう一度まとめておきますので、ぜひ覚えてください。**そうすれば名詞編が一段と楽になるでしょう。

	男性	女性	中性	複数
1格	-er	-e	-es	-e
2格	-es	-er	-es	-er
3格	-em	-er	-em	-en
4格	-en	-e	-es	-e

> **チェック**　定冠詞類の格変化を覚えたか確認しましょう。語尾だけでもかまいません。

	男性名詞	女性名詞	中性名詞	複数形
1格	dieser Mann	diese Frau	dieses Kind	diese Männer
2格				
3格				
4格				

例文　　　　　　　　　　　　　　　　　　CD2 − 8

使い方は定冠詞と同じです。文成分の切れ目がわかりますか？

この女性教師にお礼を言う。	**dieser Lehrerin danken**
私はこの先生にお礼を言います。	Ich danke dieser Lehrerin.
どの子どもが この先生に感謝しているのですか？	Welches Kind dankt dieser Lehrerin?
どの子どもも この先生に感謝しています。	Jedes Kind dankt dieser Lehrerin.
すべての子どもたちが この先生に感謝しています。	Alle Kinder danken dieser Lehrerin.
その友人に この本を贈る	**dem Freund dieses Buch schenken**
どの友だちに この本をプレゼントするのですか？	Welchem Freund schenken Sie dieses Buch?
私は姉の友だちに この本を贈ります。	Ich schenke dem Freund der Schwester dieses Buch.
姉の友だちに この本を贈るのです。	Dem Freund der Schwester schenke ich dieses Buch.
このドレスを買う	**dieses Kleid kaufen**
どのドレスを買うの、このドレスそれともあのドレス？	Welches Kleid kaufst du, dieses Kleid oder jenes Kleid?
このドレスを買いたい	**dieses Kleid kaufen wollen**
これもあれも買いたい。	Ich will dieses (Kleid) und jenes Kleid kaufen.

最後の例文の dieses のように、定冠詞類はわかりきっている名詞を省略することができ、省略した場合そのまま指示代名詞になります。

2. 時を表す 4 格

ドイツ語には 4 格で「時を表す副詞」のように使う名詞があります。たとえば英語の every day にあたる「毎日」は男性 4 格で jeden Tag といいますが、「各々の日を」という意味ではなく、「毎日…する」と副詞のように使うのです。

🔘 CD2 − 9

男性名詞	毎月	jeden Monat	今月	diesen Monat
	毎日	jeden Tag	（きょう = heute）	
	毎日曜	jeden Sonntag	この日曜	diesen Sonntag
	毎朝	jeden Morgen	（今朝 = heute Morgen）	
	毎晩	jeden Abend	（今晩 = heute Abend）	
女性名詞	毎週	jede Woche	今週	diese Woche
	毎夜	jede Nacht	今夜	diese Nacht
中性名詞	毎年	jedes Jahr	今年	dieses Jahr
	毎週末	jedes Wochenende	今週末	dieses Wochenende

🔘 例　文

🔘 CD2 − 10

毎週この雑誌を買う	**jede Woche diese Zeitschrift kaufen**
うちでは毎週この雑誌を買っています。	Wir kaufen jede Woche diese Zeitschrift.
毎冬 長野でスキーをする	**jeden Winter in Nagano Schi fahren**
冬はいつも長野でスキーをするのですか？	Fahren Sie jeden Winter in Nagano Schi?
この冬だけスキーをする	**nur diesen Winter Schi fahren**
いいえ、スキーをするのは今年の冬だけです。	Nein, wir fahren nur diesen Winter Schi.
今週末する	**dieses Wochenende machen**
今週末 何をするの？	Was machst du dieses Wochenende?
今週末 日光を訪問するつもりだ	**dieses Wochenende Nikko besuchen wollen**
私は今週末 日光に行きたいと思っている。	Ich will dieses Wochenende Nikko besuchen.
今週末は日光に行きたいと思っている。	Dieses Wochenende will ich Nikko besuchen.

■ 練習問題 ■

解答⇒ p.312

1. 空欄に 1 格に挙げてある定冠詞類と名詞を入れて、格変化の表を完成させ、意味を考えてください。

	男性名詞	女性名詞	中性名詞	複数形
1 格	jeder Vater	welche Mutter	solches Buch	alle Bücher
2 格				
3 格				
4 格				

男性と中性の2格、複数3格につけ忘れはありませんか？

2. 左の空欄には日本語を、右の空欄にはドイツ語を入れてみましょう。

1)	この女性教師にお礼を言う	
		Welches Kind dankt dieser Lehrerin?
	どの子どもも この先生に感謝しています。	
	すべての子どもたちが この先生に感謝しています。	
2)	このドレスを買う	
		Welches Kleid kaufst du, dieses Kleid oder jenes Kleid?
		dieses Kleid kaufen wollen
	これもあれも買いたい。	
3)		**jeden Winter in Nagano Schi fahren**
	冬はいつも長野でスキーをするの？	

144

3. 応用文にも挑戦してみましょう。　　　　　　　　　CD2 − 11

1)	その友人に この本を贈る	
	どの本を そのお友だちにプレゼントするのですか？	
		Ich schenke dem Freund dieses Buch. Dem Freund schenke ich dieses Buch. Dieses Buch schenke ich dem Freund.
2)	毎日この新聞を読む	
		Wir lesen jeden Tag diese Zeitung.
	その子どもは毎日この新聞を読んでいます。 毎日その子どもはこの新聞を読んでいます。 この新聞をその子どもは毎日読んでいます。	
3)		**dieses Jahr Deutschland besuchen wollen**
	私たちは今年ドイツを訪問するつもりです。	

第14課　名詞と不定冠詞の格変化

> **この課の学習ポイント**
>
> 1冊の本が　　ein Buch
> 1冊の本の　　eines Buches
> 1冊の本に　　einem Buch
> 1冊の本を　　ein Buch
>
> Gibst du dem Kind ein Buch?
> 君はその子どもに 1 冊の本を（4 格）あげるのかい？

　不定冠詞はだいたい英語のa、anにあたり、初めて話題にのぼる名詞や「1 つの（名詞）」「ある（名詞）」を意味します。

　語尾は定冠詞類 dieser とほぼ同じで、dies- の代わりに ein を入れればいいのですが、**3 か所だけ不定冠詞には語尾がつかない**ところがあります。すなわち**男性 1 格と、中性 1・4 格で**、これが定冠詞（類）と不定冠詞（類）の違いといえます。

	男性名詞	女性名詞	中性名詞	複数形
1格	ein Mann	eine Frau	ein Kind	Kinder
2格	eines Mann(e)s	einer Frau	eines Kind(e)s	Kinder
3格	einem Mann	einer Frau	einem Kind	Kindern
4格	einen Mann	eine Frau	ein Kind	Kinder

　不定冠詞に複数形はなく、無冠詞になります。「1 人の子どもたち」とは言いませんよね。「1 人の子ども」を複数にした時、定冠詞をつけて「それらの子どもたち」にしてしまう方がいますが、「不特定の単数の子ども」と「特定の複数の子どもたち」という意味のずれが生じます。

チェック　不定冠詞の格変化を覚えたか確認しましょう。

	男性名詞	女性名詞	中性名詞	複数形
1格	ein Mann	eine Frau	ein Kind	Kinder
2格				
3格				
4格				

例 文　　　　　　　　　　　CD2 – 14

1人の子どもにお礼を言う	**einem Kind danken**
その先生は1人の子どもにお礼を言った。	Der Lehrer dankte einem Kind.
男の友人にメールを1通送る	**dem Freund eine Mail senden**
その友だちにメールを送るの？	Sendest du dem Freund eine Mail?
ある女性の友だちに それらの花を贈る	**einer Freundin die Blumen schenken**
だれに それらの花を贈るのですか？	Wem schenken Sie die Blumen?
ある女友だちに花を贈ります。	Ich schenke einer Freundin die Blumen. Einer Freundin schenke ich die Blumen.
その子どもに1冊の本をあげる	**dem Kind ein Buch geben**
その子どもに何をあげるの？	Was gibst du dem Kind?
1冊の本をあげるの？	Gibst du dem Kind ein Buch?
いや、複数の本をあげるんだよ。	Nein, ich gebe dem Kind Bücher.
いや、3冊の本をあげるんだよ。	Nein, ich gebe dem Kind drei Bücher.
毎晩1本のビールを飲む	**jeden Abend eine Flasche Bier trinken**
彼は毎晩ビールを1本飲みます。	Er trinkt jeden Abend eine Flasche Bier.

練習問題

解答⇒ p.313

1. 空欄に不定冠詞 **ein** と 1 格に挙げてある名詞を入れて、格変化の表を完成させましょう。（1 人の友人が、1 人の友人の、…）

	男性名詞	女性名詞	中性名詞	複数形
1 格	ある男の友人が ein Freund	1 人の女の友人が eine Freundin	1 冊の本が ein Buch	（2 冊以上の）本が Bücher
2 格				
3 格				
4 格				

名詞につけ忘れはありませんか？

2. 左の空欄には日本語を、右の空欄にはドイツ語を入れてみましょう。

1)	その男の友人にメールを 1 通送る	
		Sendest du dem Freund eine Mail?
2)		**einer Freundin die Blumen schenken**
		Wem schenken Sie die Blumen?
	私はある女友だちに それらの花を贈ります。	
	ある女友だちに私はそれらの花を贈るのです。	
	それらの花は ある女友だちに贈るのです。	
3)	その子どもに 1 冊の本をあげる	
	その子どもに何をあげるの？	
		Gibst du dem Kind ein Buch?

いや、複数の本をあげるんだよ。	
いや、3冊の本をあげるんだよ。	

3. 応用文にも挑戦してみましょう。　　　　　　　　CD2 − 15

1)	ある先生にお礼を言う	**einem Lehrer danken**
	その女の人はだれにお礼を言ったのですか？	
	その女の人は1人の先生にお礼を言いました。	
	だれが その先生にお礼を言ったのですか？	
	1人の女の人が その先生にお礼を言いました。	
2)		**jetzt sein**
	彼は今どこですか？	
		eine Firma besuchen
	彼はある会社を訪問しています。	
3)	毎朝1つのりんごを食べる	
		Ich esse jeden Morgen einen Apfel.

第15課　名詞と不定冠詞類の格変化

> **この課の学習ポイント**
>
> 私の本が　　mein Buch
> 私の本の　　meines Buches
> 私の本に　　meinem Buch
> 私の本を　　mein Buch
>
> Gibst du dem Kind dein Buch?
> 君はその子どもに君の本を（4格）あげるのかい？

　不定冠詞と同じ変化をする冠詞を不定冠詞類といいます。たとえば「私の」という意味の所有冠詞 mein（英語 my）は、不定冠詞の前に m- をつけるだけで完成です。この場合「私の男・女」ではなく「私の夫・妻」という意味になります。mein Freund / meine Freundin も異性が使えば、私のボーイフレンド・僕のガールフレンド（恋人・彼女）になります。

　不定冠詞に複数はありませんが、不定冠詞類にはあります。複数形の語尾は第13課の定冠詞類の複数形と同じです。

	男性名詞	女性名詞	中性名詞	複数形
1格	mein Mann	meine Frau	mein Kind	meine Kinder
2格	meines Mann(e)s	meiner Frau	meines Kind(e)s	meiner Kinder
3格	meinem Mann	meiner Frau	meinem Kind	meinen Kindern
4格	meinen Mann	meine Frau	mein Kind	meine Kinder

1. 所有冠詞

所有冠詞には次のものがあります。 (CD)

人称代名詞の1格	所有冠詞	日本語	英　語
ich	mein	私の	my
du	dein	君の	your
er	sein	彼の	his
sie	ihr	彼女の	her
es	sein	それの	its
wir	unser	私たちの	our
ihr	euer	君たちの	your
sie	ihr	彼らの	their
Sie	Ihr	あなた（たち）の	your

　ここに挙げてあるのは男性1格の形で、辞書の見出し語にも代表として男性1格が出ています。そこで気をつけなくてはならないのが、derやdieserのerは語尾で変化しますが、unserやeuerのerは語幹の一部で、これにさらに語尾がつくことです。語尾がつくと長い3音節になってしまうため、真ん中のeを省略することができます。uns(e)res Lehrers、eu(e)re Kinderなど。

	男性名詞	女性名詞	中性名詞	複数形
1格	unser Lehrer	uns(e)re Lehrerin	euer Kind	eu(e)re Kinder
2格	uns(e)res Lehrers	uns(e)rer Lehrerin	eu(e)res Kind(e)s	eu(e)rer Kinder
3格	uns(e)rem Lehrer	uns(e)rer Lehrerin	eu(e)rem Kind	eu(e)ren Kindern
4格	uns(e)ren Lehrer	uns(e)re Lehrerin	euer Kind	eu(e)re Kinder

チェック　不定冠詞の格変化を覚えたか確認しましょう。

	男性名詞	女性名詞	中性名詞	複数形
1格	mein Mann	meine Frau	unser Kind	uns(e)re Kinder
2格				
3格				
4格				

例　文

私の子どもに礼を言う	**meinem Kind danken**
その男の人は私の子どもに礼を言った。	Der Mann dankte meinem Kind.
私たちの子どもたちに礼を言う	**unseren Kindern danken**
その男の人は私たちの子どもたちに礼を言った。	Der Mann dankte unseren Kindern.
妻に1着のドレスを買う	**meiner Frau ein Kleid kaufen**
妻に1着のドレスを買った	**meiner Frau ein Kleid gekauft haben**
奥さんに何を買ったのですか？	Was kauften Sie Ihrer Frau? Was haben Sie Ihrer Frau gekauft?
妻に1着のドレスを買いました。	Ich kaufte meiner Frau ein Kleid. Ich habe meiner Frau ein Kleid gekauft.
ソニーに勤めている	**bei Sony arbeiten**
だんなさんはどこにお勤めですか？	Wo arbeitet Ihr Mann?
主人はソニーに勤めています。	Mein Mann arbeitet bei Sony.
私の兄と兄嫁を訪問する	**meinen Bruder und meine Schwägerin besuchen**
私たちは きのう兄と兄嫁を訪問しました。	Wir besuchten gestern meinen Bruder und meine Schwägerin.

2. 否定冠詞

否定冠詞 kein も不定冠詞と同じ変化です。英語の no problem の no にあたりますが、使い方は日本語はもちろん、英語とも違うので、次の課で詳しく説明します。

	男性名詞	女性名詞	中性名詞	複数形
1格	kein Mann	keine Frau	kein Kind	keine Männer
2格	keines Mann(e)s	keiner Frau	keines Kind(e)s	keiner Männer
3格	keinem Mann	keiner Frau	keinem Kind	keinen Männern
4格	keinen Mann	keine Frau	kein Kind	keine Männer

練習問題

解答 ⇒ p.315

1. 空欄に不定冠詞類 **Ihr** と 1 格に挙げてある名詞を入れて、格変化の表を完成させましょう。（あなたのご主人が、あなたのご主人の、…）

	男性名詞	女性名詞	中性名詞	複数形
1 格	Ihr Mann	Ihre Frau	Ihr Buch	Ihre Bücher
2 格				
3 格				
4 格				

くどいようですが、つけ忘れはありませんか？

2. 左の空欄には日本語を、右の空欄にはドイツ語を入れてみましょう。

1)	私の子どもに礼を言う 私の子どもに礼を言った	
		Sie dankte meinem Kind. Sie hat meinem Kind gedankt.
		unseren Kindern danken **unseren Kindern gedankt haben**
	彼女は私たちの子どもたちに礼を言った。（過去形と現在完了）	
2)	妻に 1 着のドレスを買う 妻に 1 着のドレスを買った	
		Was kauften Sie Ihrer Frau? Was haben Sie Ihrer Frau gekauft?
	妻に 1 着のドレスを買いました。	

3）		**bei Sony arbeiten**
	だんなさんは どこにお勤めですか？	
		Mein Mann arbeitet bei Sony.

3. 応用文にも挑戦してみましょう。　　　　　CD2 － 20

1）	私たちの母に花を贈る	**unserer Mutter Blumen schenken**
		Was schenkt ihr eu(e)rer Mutter?
	私たちは母に花を贈るよ。	
2）	私の姉と姉の夫（私の義理の兄）を訪問する	**meine Schwester und meinen Schwager besuchen**
	私たちは きのう姉と姉の夫を訪問しました。	.
3）	私の父においては いい調子だ	**meinem Vater gut gehen**
	お父様はお元気ですか？	
	ありがとう、元気です。	
		Es geht meinem Vater nicht gut.

第16課　否定のしかたと否定疑問文の答え方

> **この課の学習ポイント**
>
> 本を買わない　kein Buch kaufen
> その本は買わない　nicht das Buch kaufen
> テニスをしない　nicht Tennis spielen

否定のしかたは日本語とドイツ語で大きく違うので、注意が必要です。

日本語の文は動詞が最後に来て、普通その動詞を否定します。

たとえば、
あした　東京で　その本を　買わない

ところが**ドイツ語では否定する語や語句の前に nicht を入れます**。
nicht A sondern B（A ではなくて B）という熟語を補うこともできます。

1. nicht を使った否定

肯定文
　あした　　東京で　　その本を　　買う
　morgen　　in Tokyo　das Buch　　kaufen
に対して

　あしたは　　　東京で　　その本を　　買わない（別の日に買う）
　nicht morgen　in Tokyo　das Buch　　kaufen
　nicht morgen sondern übermorgen in Tokyo das Buch kaufen
　（あしたでなく　あさって）

あした　東京では　　　その本を　買わない（別の場所で買う）
morgen　nicht in Tokyo　das Buch　kaufen
morgen nicht in Tokyo sondern in Chiba das Buch kaufen
（東京でなく千葉で）

あした　東京で　その本は　　　買わない（別の本または物を買う）
morgen　in Tokyo　nicht das Buch　kaufen
morgen in Tokyo nicht das Buch sondern die Zeitschrift kaufen
（その本でなく　その雑誌を）

あした　東京で　その本を　買わない（買うか買わないかというと、買わない）
morgen　in Tokyo　das Buch　nicht kaufen
morgen　in Tokyo　das Buch　nicht kaufen sondern stehlen
（買うのでなく盗む？）

実際に使う時は今までと同様に、最後の動詞を主語や時制に合わせて、所定の位置に所定の形で移動させます。

私は　あしたは　　　東京で　その本を　　買わない（あさって買う）
Ich kaufe nicht morgen（sondern übermorgen）in Tokyo das Buch.

あなたは　あした　東京では　　　その本を　買わないのですか？
（千葉で買うのか）
Kaufen Sie morgen nicht in Tokyo（sondern in Chiba）das Buch?

彼は　きのう　東京で　その本は　買わなかった
（その雑誌を買った）
Er kaufte gestern in Tokyo nicht das Buch（sondern die Zeitschrift）.

あした　東京で　その本を　買うな！（買うか買わないかというと、買うな。盗めとか拾えなど、別の動詞を念頭に置くこともあります）
Kaufe morgen in Tokyo das Buch nicht（sondern stiehl）!

補足　nicht A sondern B = A ではなくて B　のほかにも次のようなセットがあります。

sowohl A als auch B = A も B も　　　　　　CD2 − 23
　　Ich kaufe sowohl ein Buch als auch eine Zeitschrift.
　　私は本も雑誌も買う。
entweder A oder B = A または B
　　Ich kaufe entweder ein Buch oder eine Zeitschrift.
　　私は本か雑誌を買う。
weder A noch B = A でもないし B でもない
　　Er hat weder Zeit noch Geld.
　　彼は暇も金もない。
zwar A, aber B =（なるほど）A ではあるが、しかし B
　　辞書にはたいてい「なるほど」と書いてありますが、納得する「なるほど」とは違います。zwar はあとに相反する aber が来るぞという単なる注意信号です。
　　Er ist zwar reich, aber dumm.
　　彼は金持ちだが愚かだ。

2. 否定冠詞 kein を使った否定

ところが**不定冠詞を否定する時は nicht ではなく、否定冠詞を使います。**

肯定文　　　　　　　　　　　　　　　　　　CD2 − 24
　あした　東京で　　１冊の本（ある本）を　　買う
　morgen　in Tokyo　ein Buch　　　　　　　kaufen

　あした　　東京で　１冊の本は　買わない（別の物を買うか、何も買わない）
　morgen　in Tokyo　**nicht ein** Buch　kaufen ではなく
　　　　　　　　　　　　↓
　morgen　in Tokyo　　**kein** Buch（sondern eine Zeitschrift）kaufen
になります。

特に動詞 haben は日本語では「…を持っている / 持っていない」と動詞を否定しますが、ドイツ語では何を持っていないのか、持っていないもの＝名詞を否定します。車はなくても自転車を、家はなくてもどこかに住むところを…など、何かしら持っているだろうという前提があるのでしょう。

車を持っていない	**kein Auto haben**
車をお持ちですか？	Haben Sie ein Auto?
いいえ、持っていません。	Nein, wir haben kein Auto.

　「空腹」や「時間」など数えられない（＝複数形がない）名詞および複数形には不定冠詞は使いませんが、否定冠詞は使えます。

● 例　文

空腹を持っていない	**keinen Hunger haben**
おなかすいた？	Hast du Hunger?
ううん、まだすいていない。	Nein, ich habe noch keinen Hunger.
時間を持っていない	**keine Zeit haben**
きょうお暇ですか？	Haben Sie heute Zeit?
いいえ、暇ではないです。	Nein, ich habe keine Zeit.
お金を持ち合わせていない	**kein Geld haben**
君は今 100 ユーロ持っている？	Hast du jetzt 100 Euro?
ううん、今お金ない。	Nein, ich habe jetzt kein Geld.
子どもがいない	**keine Kinder haben**
お子さんはいらっしゃいますか？	Haben Sie Kinder?
いいえ、いません。	Nein, wir haben keine Kinder. Nein, wir haben kein Kind.

3．熟語　es gibt 4 格

非人称の es を使って

　es gibt 4 格 = 4 格がある・いる・存在する（英語の there is/are ...）という熟語があります。

　1 格と sein を使って「1 格がある」という場合とたいてい同じ意味になります。「ない」場合は、いずれも否定冠詞を使って名詞を否定します。

例　文　　　　　　　　　　　　　　　　　　　　CD2 − 25

駐車場がある	**ein Parkplatz sein**
ここに駐車場があります。	Hier ist ein Parkplatz.
ここに駐車場があります。	Es gibt hier einen Parkplatz. Hier gibt es einen Parkplatz.
駐車場がない	**kein Parkplatz sein**
ここには駐車場はありません。	Hier ist kein Parkplatz.
ここには駐車場はありません。	Es gibt hier keinen Parkplatz. Hier gibt es keinen Parkplatz.
このへんにトイレはありますか？	Ist hier eine Toilette?
このへんにトイレはありますか？	Gibt es hier eine Toilette?
トイレはどこですか？	Wo ist eine Toilette?
トイレはどこですか？	Wo gibt es eine Toilette?

haben を使って同じことを表現できる場合もあります。

あしたテストがある	**morgen ein Test sein**
あしたテストがあるの？	Ist morgen ein Test?
あしたテストがあるの？	Gibt es morgen einen Test?
あしたテストがあるの？	Hast du morgen einen Test? Haben wir morgen einen Test?
あしたテストがない	**morgen kein Test sein**
あしたはテストがない。	Morgen ist kein Test.
あしたはテストがない。	Es gibt morgen keinen Test. Morgen gibt es keinen Test.
あしたはテストがない。	Ich habe morgen keinen Test. Wir haben morgen keinen Test.

4．熟語の否定のしかた

　kein を使って名詞を否定する場合以外は、否定する語や語句の前に nicht を入れますが、その語句というのはバラバラにできない（バラバラにすると意味不明になる）語のセット、つまり文成分のことです。たとえば冠詞と名詞（das Buch）、前置詞と名詞（in Tokyo）など。これらの間に nicht を入れることはできません。

同様に熟語の間にも nicht は入れられず、熟語の前に置いてまとめて否定します。

たとえば、
テニスをする
Tennis spielen
は熟語です。名詞 Tennis の前に冠詞がないのが、熟語の目安となります。

そのため、
テニスを「しない」と動詞を否定する時も、熟語全体を否定します。
（正） nicht Tennis spielen
（誤） Tennis nicht spielen
と熟語の間に割って入って、動詞だけを否定することはできません。

私たちはきょうテニスを「しない」。も、
（正） Wir spielen heute nicht Tennis.
（誤） Wir spielen heute Tennis nicht. とは言えません。

私たちは きょうはテニスをしない。（別の日にする）
Wir spielen nicht heute Tennis.

「第3課　動詞編」に出てくる他動詞は、すべて冠詞なしで使われる熟語ばかりです。
Deutsch lernen ドイツ語を勉強する、Klavier spielen ピアノを弾く、など。

また、詳しくは第20課・21課の前置詞で扱いますが、方向と動詞も熟語だと思ってください。町へ行く、ヨーロッパへ旅行する、ボールを壁に投げる、など。

従って、
　きょう　彼女と　電車で　　　町へ　　　　行く
　heute　mit ihr　mit dem Zug　in die Stadt　fahren
の否定の可能性と、そのニュアンスの違いを考えてみましょう。

きょうは　彼女と　電車で　　町へ　　　行かない（別の日に行く）
nicht heute mit ihr mit dem Zug in die Stadt fahren

きょう　彼女とは　　電車で　　　町へ　　　行かない（別の人といっ
　　　　　　　　　　　　　　　　　　　　　　しょか、1人で行く）
heute　　nicht mit ihr mit dem Zug in die Stadt fahren

きょう　彼女と　電車では　　　　町へ　　　行かない（ほかの乗り
　　　　　　　　　　　　　　　　　　　　　　物か、歩いて行く）
heute　　mit ihr nicht mit dem Zug in die Stadt fahren

きょう　彼女と　電車で　　町へは　　　　行かない（ほかの場
　　　　　　　　　　　　　　　　　　　　　　所へ行く）
heute　　mit ihr mit dem Zug nicht in die Stadt fahren

きょう　　彼女と　電車で　　町へ　　　　行かない（行くか行かな
　　　　　　　　　　　　　　　　　　　　　　いかというと、行かない）
(誤) heute mit ihr mit dem Zug in die Stadt nicht fahren
(正) heute mit ihr mit dem Zug nicht in die Stadt　fahren

つまり、町へは行かない（ほかの場所へ行く）場合も、町へ行かない（行くか行かないかというと、行かない）場合もこうなります。
　　heute　　mit ihr　　mit dem Zug　　nicht in die Stadt　　fahren

同じことは、形容詞と使われる sein にもあてはまります。

日本語では「A さんは若くない／ここにいない」などと動詞を否定します。しかし、ドイツ語で動詞 sein を否定すると、存在自体が否定され、この世に存在しないことになってしまいます。

nicht jung sein（若くはない＝年をとっているか、それに近い）、nicht hier sein（ここにはいない＝ほかのところにいる）が正しく、jung nicht sein や hier nicht sein とは言いません。

161

病気ではない	**nicht krank sein**
バルバラは病気ですか？	Ist Barbara krank?
いいえ、病気ではありません。	Nein, sie ist nicht krank.
疲れていて眠くはない	**nicht müde sein**
疲れた？	Bist du müde?
ううん、まだだいじょうぶ。	Nein, ich bin noch nicht müde.

nicht のほかに英語の never にあたる nie（決してない）や、kaum（ほとんどない）なども、使い方は nicht と同じです。

5. 否定疑問文の答え方

否定疑問文は、答え方が日本語とも英語とも違うので注意してください。

肯定疑問文は ja か nein で答えますが、否定疑問文に ja の答えはなく、答えに否定が入る場合は肯定疑問文と同じ nein で、答えに否定が入らない場合、すなわち質問者の仮定が間違っている場合は doch で答えます。

フランス語をじょうずに話す	**Französisch sprechen**
フランス語を話すのはおじょうずですか？	Sprechen Sie gut Französisch?
はい、うまいです。	Ja, ich spreche gut Französisch.
いいえ、うまくありません。	Nein, ich spreche nicht gut Französisch.
ドイツ語を話さない	**nicht Deutsch sprechen**
彼はドイツ語を話さないのですか？	Spricht er nicht Deutsch?
はい、話しません。	Nein, er spricht nicht Deutsch.
いいえ、話します。	Doch, er spricht Deutsch.
熱がない	**kein Fieber haben**
熱はないの？	Hast du kein Fieber?
うん、ない。	Nein, ich habe kein Fieber.
ううん、ある。	Doch, ich habe Fieber.

ドイツ語は日本語と違って、答えに否定が入る場合は nein で、否定が入らない場合は英語とも違い ja ではなく doch を使います。その時、頭の振り方に気をつけてください。nein の場合は肯定疑問文の時と同様に首は横に振り、doch は縦にうなずきます。確かに日本語では「熱はないのか？」「はい、あなたの想像は正しい、熱はない」ですが、ドイツ語では否定で「い

いえ、ない」です。かなりドイツ語が堪能な日本人でも、うなずきながら nein と言っているのをよく見かけます。ドイツ人にとっては肯定と否定を同時にしていることになってしまいます。

練習問題

解答⇒ p.316

1. 否定冠詞の格変化の表を完成させてください。

	男性名詞	女性名詞	中性名詞	複数形
1格	kein Mann	keine Frau	kein Kind	keine Männer
2格				
3格				
4格				

2. 左の空欄には日本語を、右の空欄にはドイツ語を入れてみましょう。

1)	空腹を持っていない	
		Hast du Hunger?
	ううん、まだすいていない。	
		Hast du keinen Hunger?
	うん、まだすいていない。	
2)		**kein Auto haben**
	車をお持ちではないんですか？	
	いいえ、1台持っていますよ。	
	いいえ、2台持っていますよ。	
3)		**nicht Deutsch sprechen**
	彼はドイツ語を話さないのですか？	

はい、話しません。	
いいえ、話します。	

3. 応用文にも挑戦してみましょう。　　　　　　　　　CD2 － 28

1)	時間を持っていない	
		Haben Sie keine Zeit?
	いいえ、時間はあるんです。	
	お金を持っていない	
		Aber ich habe kein Geld.
2)		**Ihnen nicht kalt sein**
	あなたは寒くないですか？	
	はい、私は寒くないです。	
		Doch, es ist mir kalt. Doch, mir ist kalt.
3)	魚を好まない 野菜を好まない	**keinen Fisch mögen** **kein Gemüse mögen**
	私の妻は魚が嫌いで、私は野菜が嫌いです。	

第17課　男性弱変化名詞

> **この課の学習ポイント**
>
> その学生が　der Student
> その学生の　des Studenten
> その学生に　dem Studenten
> その学生を　den Studenten

　ここでもう一度、たとえば Mann という語がどんな形に変化するか復習してみましょう。冠詞はどれがついても、何もつかなくても名詞の変化は同じですが、比較がわかりやすいようにすべて定冠詞をつけておきます。

	単数形	複数形
1格	der Mann	die Männer
2格	des Mann(e)s	der Männer
3格	dem Mann	den Männern
4格	den Mann	die Männer

　Mann　　　　単数 1・3・4 格
　Mann(e)s　　単数 2 格
　Männer　　　複数 1・2・4 格
　Männern　　 複数 3 格

というふうに Mann は 4 つの形を持っています。

　辞書の表記は「Mann 男 -s/Männer 男の人」です。

　単数形と複数形が同じ Japaner は 3 つの形（Japaner、Japaners、Japanern）を持っています。

　それに対し、たとえば Student は「男 -en/-en 大学生」と辞書に表記してあります。この 男 -en/-en は単数 1 格以外全部 -en の語尾がつくことを意味します。

	単数形	複数形
1格	der Student	die Studenten
2格	des Studenten	der Studenten
3格	dem Studenten	den Studenten
4格	den Studenten	die Studenten

Student 　　　単数 1 格
Studenten 　　単数 2・3・4 格、複数 1・2・3・4 格

というふうに Student は 2 つの形しか持っていません。

このように男性名詞の中には普通より変化が少ない語があり、男性弱変化名詞と呼ばれています。ほかに Polizist 警察官、Prinz 王子、Mensch 人間、Patient 患者などが、これに該当します。

また、たとえば Junge は「男 -n/-n 少年」と辞書に表記してあります。この 男 -n/-n も男性弱変化名詞を意味します。

	単数形	複数形
1格	der Junge	die Jungen
2格	des Jungen	der Jungen
3格	dem Jungen	den Jungen
4格	den Jungen	die Jungen

-e で終わる Kollege 同僚、Franzose フランス人、Löwe ライオン、Affe 猿などが、これに該当します。

これらは普通より単純で簡単なのですが、うっかり忘れやすいので気をつけてください。男性弱変化名詞の数は多くありませんが、けっこうよく使う単語や忘れたころに現れる語があります。

> **チェック** **Student** 男 -en/-en 大学生の格変化の表を完成させてください。

	単数形	複数形
1格	der Student	
2格		
3格		
4格		

男性弱変化名詞には若干例外があります。

　紳士・氏（英語 Mr.）にあたる Herr は Herr 男 -n/-en と表記され、単数2格と複数1格の語尾が一致していません。その変化は次のようになります。

	単数形	複数形
1格	der Herr	die Herren
2格	des Herrn	der Herren
3格	dem Herrn	den Herren
4格	den Herrn	die Herren

名前 Name は 男 -ns/-n と、2格に s もついています。

	単数形	複数形
1格	der Name	die Namen
2格	des Namens	der Namen
3格	dem Namen	den Namen
4格	den Namen	die Namen

例 文　　　　　　　　　　　　　　　CD2 − 31

1人の少年にお礼を言う。	**einem Jungen danken** **einem Jungen gedankt haben**
その紳士は1人の少年にお礼を言った。	Der Herr dankte einem Jungen. Der Herr hat einem Jungen gedankt.

その大学生にメールを1通送る	**dem Studenten eine Mail senden**
その大学生にメールを送るの？	Sendest du dem Studenten eine Mail?
ミュラー氏に花を贈る	**Herrn Müller Blumen schenken**
ミュラー氏に何を贈りますか？	Was schenken Sie Herrn Müller?
私はミュラー氏に花を贈ります。	Ich schenke Herrn Müller Blumen.
ミュラー氏には花を贈ります。	Herrn Müller schenke ich Blumen.
花をミュラー氏に贈ります。	Blumen schenke ich Herrn Müller.
あした私の同僚を訪問する	**morgen meinen Kollegen besuchen**
私はあした同僚を訪問します。	Ich besuche morgen meinen Kollegen.

練習問題

解答⇒ p.317

1. Herr の格変化の表を完成させてください。

	単数形	複数形
1格	der Herr	
2格		
3格		
4格		

2. 左の空欄には日本語を、右の空欄にはドイツ語を入れてみましょう。

1)	あした私の同僚を訪問する	**morgen meinen Kollegen besuchen**
	私はあした同僚を訪問します。	
2)		**dem Studenten eine Mail senden**
	その大学生にメールを送るの？	
3)	ミュラー氏に花を贈る	

ミュラー氏に何を贈りますか？	
	Ich schenke Herrn Müller Blumen.
ミュラー氏には花を贈ります。	
花をミュラー氏に贈ります。	

3. 応用文にも挑戦してみましょう。　　　　　🔵 CD2 − 32

1)	彼の名前を忘れる 彼の名前を忘れた	**seinen Namen vergessen** **seinen Namen vergessen haben**
	僕は彼の名前を忘れた。	
		Vergaßest du auch seinen Namen? Hast du auch seinen Namen vergessen?
2)	シュルツ氏にメールを1通書 かねばならない	**Herrn Schulz eine Mail schreiben** **müssen**
	私はシュルツ氏にメールを1 通書かねばならない。	
3)	その少年の母親に感謝する	**der Mutter des Jungen danken**
	私たちはその少年の母親にお 礼を言いました。	
	言う	**sagen**
	その少年の母親は何と言いま したか？	

第18課　人称代名詞（3・4格）

> **この課の学習ポイント**
>
> 私に mir・私を mich、君に dir・君を dich
>
> 私は君を愛している。　Ich liebe dich.
> 君は私を愛している。　Du liebst mich.

1. 人称代名詞

　人称代名詞の1格（主語）は動詞の最初にやりましたが、2・3・4格もあります。ただし、2格はあまり使われないうえに所有冠詞と混同されがちなので、初級文法ではほとんどやりません。英語の I - my - me の I（私は）にあたるのは1格の ich、my（私の）にあたるのは2格ではなくて所有冠詞の mein、me に相当するのはドイツ語では3格 mir（私に）と4格 mich（私を）です。

　完璧を期する方のために2格も挙げておきますが、それ以外の方は2格を覚える必要はありません。人称代名詞の2格は、2格支配の動詞や形容詞の目的語などとしてしか使いません。2格には「私の、君の、…」という意味はないのです。よくわからない方、自信のない方は、2格は無視してください。→ 181 ページの2格支配の前置詞補足参照。

	単　数					複　数			敬称
	1人称	2人称	3人称			1人称	2人称	3人称	2人称
1格	ich	du	er	sie	es	wir	ihr	sie	Sie
(2格	meiner	deiner	seiner	ihrer	seiner	unser	euer	ihrer	Ihrer)
3格	mir	dir	ihm	ihr	ihm	uns	euch	ihnen	Ihnen
4格	mich	dich	ihn	sie	es	uns	euch	sie	Sie

　ここで重要なのは3格と4格です。

1人称と2人称の3・4格は似ているか同じなのでセットで覚えるとよく、3人称はすべて最後の文字が定冠詞の最後と同じなのが目安になるでしょう。例：

dem → ihm、die → sie など。

ここでも2人称（敬称）は3人称複数を大文字にして転用しています。

また1格同様、男性名詞をさす時は ihm、ihn、女性名詞をさす時は ihr、sie、中性名詞をさす時は ihm、es を使います。特に他動詞の4格目的語は、ドイツ語では決して省略できないので、名詞を繰り返したくない時、省エネしたい時は人称代名詞を使うことになります。

2. 目的語3格と4格の語順

文中に3格と4格が登場する場合、両方名詞だと3格・4格の順ですが、両方代名詞だと逆で4格・3格の順です。名詞と代名詞が交じっている場合は、軽いインフォメーションが先、重要な語があとの原則どおり、代名詞が先で名詞があとに来ます。

名詞³格＋名詞⁴格　　Ich schenke meinem Mann die Krawatte.
　　　　　　　　　　　私は　　　夫に　　　　そのネクタイをプレゼントする。

代名詞⁴格＋代名詞³格　Ich schenke sie　　ihm.
　　　　　　　　　　　　　　　　それを　彼に
　　　　　　　　　　　Krawatte は女性名詞なので、直訳すると彼女を

代名詞³格＋名詞⁴格　　Ich schenke ihm　　die Krawatte.
　　　　　　　　　　　　　　　　彼に　そのネクタイを

代名詞⁴格＋名詞³格　　Ich schenke sie　　meinem Mann.
　　　　　　　　　　　　　　　　それを　夫に

● 例　文

妻にそのドレスを買う	**meiner Frau das Kleid kaufen**
私は妻にそのドレスを買います。	Ich kaufe meiner Frau das Kleid.
彼女にそのドレスを買う	**ihr das Kleid kaufen**

私は彼女にそのドレスを買います。	Ich kaufe ihr das Kleid.
それを妻に買う	**es meiner Frau kaufen**
私はそれを妻に買います。	Ich kaufe es meiner Frau.
それを彼女に買う	**es ihr kaufen**
私はそれを彼女に買います。	Ich kaufe es ihr.
ボーイフレンドにそのチョコレートをあげる	**meinem Freund die Schokolade geben**
だれに そのチョコレートをあげるの？	Wem gibst du die Schokolade?
それは彼氏にあげるのよ。	Ich gebe sie meinem Freund.
恋人には何をあげるの？	Was gibst du deinem Freund?
彼には このチョコレートをあげるの。	Ich gebe ihm die Schokolade.

■ 練習問題 ■

解答⇒ p.318

1. 空欄に人称代名詞を入れて、表を完成させましょう。

	単　　数			複　　数			敬称
	1人称	2人称	3人称	1人称	2人称	3人称	2人称
1格	ich			es		ihr	sie
3格		dir			uns		
4格			ihn	sie				Sie

2. 左の空欄には日本語を、右の空欄にはドイツ語を入れてみましょう。

1)	彼女にそのドレスを買う	
		Ich kaufe ihr das Kleid.
2)		**es meiner Frau kaufen**
	私はそれを妻に買います。	
3)	ボーイフレンドに そのチョコレートをあげる	
	だれに そのチョコレートをあげるの？	
		Ich gebe sie meinem Freund.

	Was gibst du deinem Freund?
彼には そのチョコレートをあげるの。	

3. 応用文にも挑戦してみましょう。　　　　　　　　　　🔘 CD2 － 36

1)	その本を贈る	
	だれに その本を贈るのですか？	
	それをある女性の友だちに贈る	
		Ich schenke es einer Freundin.
2)	その子どもに贈る	
		Was schenkst du dem Kind?
	それに1冊の本を贈る	
		Ich schenke ihm ein Buch.
3)	好んでサッカーをする	
	彼女の子どもたちはサッカーが好きです。	
	彼らに1つのボールを贈る	
		Ich schenkte ihnen einen Ball. Ich habe ihnen einen Ball geschenkt.

第19課 再帰代名詞と再帰動詞

> この課の学習ポイント
>
> 私はすわる。　Ich setze mich.
> 彼はすわる。　Er setzt sich.

1. 再帰代名詞と再帰動詞

　再帰代名詞は英語の oneself（myself や yourself など）に似た品詞で、3格と4格があり、直訳すると「自分自身に」「自分自身を」という意味です。形は3人称以外は人称代名詞と同じで、3人称と敬称の2人称はすべて sich（小文字）となります。表にまとめると次のとおりです（1格に挙げてあるのは人称代名詞です）。

	単　　　　数		
	1人称	**2人称（親称）**	**3人称**
1格	私は　　　ich	君は　　　du	彼・彼女・それは　　er、sie、es
3格	私自身に　mir	君自身に　dir	彼・彼女・それ自身に　sich
4格	私自身を　mich	君自身を　dich	彼・彼女・それ自身を　sich

	複　　　　数		
	1人称	**2人称（親称）**	**3人称**
1格	私たちは　　　wir	君たちは　　　ihr	彼らは　　sie
3格	私たち自身に　uns	君たち自身に　euch	彼ら自身に　sich
4格	私たち自身を　uns	君たち自身を　euch	彼ら自身を　sich

2人称（敬称）	
単数・複数	
1格	あなた（方）は　Sie
3格	あなた（方）自身に　sich
4格	あなた（方）自身を　sich

人称代名詞と再帰代名詞の違いは、主語と同じ人ならば再帰代名詞、主語と違う人ならば人称代名詞です。

 Du ärgerst mich. 君は私を怒らせる。
  主語 du と違う人＝人称代名詞

 Ich ärgere mich. 私は私自身を怒らせる→私は怒っている。
  主語 ich と同じ人＝再帰代名詞

再帰代名詞とともに使われる動詞を再帰動詞といい、不定詞は sich[4] ärgern と表記します。「自分自身を怒らせる」が「怒る・怒っている」と自動詞のような意味になる語がよくあります。

それに対して上の文の、他の人を「怒らせる」ärgern は他動詞で、辞書には人[4]（＝ jn.）ärgern などと不定詞が書いてあります。

チェック では、次の2文の代名詞と意味の違いはわかりますか？

 Er ärgert ihn.
 Er ärgert sich.

正　解

 Er ärgert ihn. 彼は別の男の人を(たとえばA氏がB氏を)怒らせる。
  主語と違う人＝人称代名詞
 Er ärgert sich. 彼は彼自身を怒らせる→彼は怒っている。
  主語と同じ人＝再帰代名詞

1人称と2人称には別の私やあなたがふつう存在しないのに対して、彼や彼女は別人の可能性が大いにあるので、3人称だけは人称代名詞と再帰代名詞には別の語が必要なのです。

3格の場合も同じです。

 Ich kaufe dir ein Buch. 私は君に本を買ってあげる。
  主語 ich と違う人＝人称代名詞

 Du kaufst dir ein Buch. 君は君自身に（自分用に）本を買う。
  主語 du と同じ人＝再帰代名詞

チェック 次の2文の代名詞と意味の違いはわかりますか？

Er kauft ihm ein Buch.
Er kauft sich ein Buch.

正 解

Er kauft ihm ein Buch. 彼は別の彼に（たとえばA氏がB氏に）本を買ってあげる。

主語と違う人＝人称代名詞

Er kauft sich ein Buch. 彼は彼自身に（自分用に）本を買う。

主語と同じ人＝再帰代名詞

例 文

中には他動詞は（もう）なかったり、他動詞とは全く違う意味・用法の語もあります。

CD2 − 39

私を傷つける 私を傷つけた	**mich verletzen** **mich verletzt haben**
彼女は私を傷つけた。（精神的な意味にも用いられる）	Sie verletzte mich. Sie hat mich verletzt.
自分自身を傷つける（けがをする） 自分自身を傷つけた（けがをした） （意図的な場合も、うっかりの場合もある）	**sich⁴ verletzen** **sich⁴ verletzt haben**
けがをしたのですか？	Verletzten Sie sich? Haben Sie sich verletzt?
いいえ、していません。	Nein, ich verletzte mich nicht. Nein, ich habe mich nicht verletzt.
急ぐ	**sich⁴ beeilen**
君は急いでいるの？	Beeilst du dich?
うん、急いでいる。	Ja, ich beeile mich.
急げ！（du と ihr と Sie に）	Beeile dich! Beeilt euch! Beeilen Sie sich!

練習問題

解答 ➡ p.319

1. 空欄に再帰代名詞を入れて、表を完成させましょう（ただし 1 格は人称代名詞）。

	単数				複数			敬称
1 格			er	sie	es			sie	Sie
3 格		dir				uns			
4 格	mich						euch		

2. 左の空欄には日本語を、右の空欄にはドイツ語を入れてみましょう。

1)	自分自身を傷つける（けがをする）	sich⁴ verletzen
	自分自身を傷つけた（けがをした）	sich⁴ verletzt haben
		Verletzten Sie sich?
		Haben Sie sich verletzt?
	いいえ、していません。	
2)	だれかに 1 冊の本を買う	人³ ein Buch kaufen
	彼は私に本を買ってくれた。	
	自分自身に 1 冊の本を買う	
	私は自分のために本を買った。	
3)	急ぐ	
		Beeilst du dich?
	うん、急いでいる。	
	急げ！（du と ihr と Sie に）	

3. 応用文にも挑戦してみましょう。　　　　　　CD2 − 40

| 1) | ひげを そらねばならない | sich⁴ rasieren müssen |
| | 彼はひげをそらなくてはならない。 | |

177

2)	シャワーを浴びたい	**sich⁴ duschen wollen**
		Willst du dich duschen?
	うん、僕はシャワーを浴びたい。	
3)	落ち着く	**sich⁴ beruhigen**
	落ち着け！（du と ihr と Sie に）	

2. 体の部分を表す語と使う3格

3格にはドイツ語独特の使い方があります。
たとえば「私は私の歯をみがく」を、

　　Ich putze <u>meine</u> Zähne.　と言わずに

　　Ich putze <u>mir die</u> Zähne.　と言うのです。

「だれそれの体の部分」は「人³またはsich³におけるその部分」になります。

「私は私の子どもの歯をみがいてあげる」は、

　　Ich putze die Zähne meines Kindes.　と言わずに

　　Ich putze <u>meinem Kind die</u> Zähne.　と言います。

● 例　文　　　　　　　　　　　　　　　　　　● CD2 － 41

手を洗った	**sich³ die Hände gewaschen haben**
手を洗った？	Hast du dir die Hände gewaschen?
うん、洗った。	Ja, ich habe mir die Hände gewaschen.
髪を切ってもらう	**sich³ die Haare schneiden lassen**
私は髪をカットしてもらう。	Ich lasse mir die Haare schneiden.
足を骨折する	**sich³ das Bein brechen**
彼は足を折ったのですか？	Brach er sich das Bein?
腕を骨折する	**sich³ den Arm brechen**
いいえ、腕を折ったのです。	Nein, er brach sich den Arm.

最後の例文で、Er brach ihm den Arm. というと、
「A氏は他者B氏の腕をへし折った」という別の意味になります。

3. 相互代名詞

他動詞の中には主語が複数の時「互いに～する」「～し合う」という意味が成り立つものがあります。

たとえば「憎む hassen」は他動詞で、
　　A hasst B.　　AさんはBさんを憎んでいる。
と使いますが、

　　A und B hassen sich.　　AさんとBさんは憎み合っている。
とも使えます。

この sich は再帰代名詞と同一なのですが、使用は主語が複数の時に限られているので相互代名詞と呼ばれ、hassen は再帰動詞とは認められていません。再帰動詞・再帰代名詞ならば、主語が単数でも複数でも同じように使えなければならないのです。

● 例　文　　　　　　　　　　　　　　　　　　　　　　　● CD2 － 42

彼を知っている	**ihn kennen**
私は彼を知っている。	Ich kenne ihn.
私たちは知り合いだ。	Wir kennen uns.
君を愛している	**dich lieben**
彼は君を愛している。	Er liebt dich.
君たちは相思相愛だ。	Ihr liebt euch.
Bさんをなぐる	**B schlagen**
AさんはBさんをなぐった。	A schlug B.
AさんとBさんはなぐり合った。	A und B schlugen sich.

練習問題

解答 ➡ p.320

4. 左の空欄には日本語を、右の空欄にはドイツ語を入れてみましょう。

1)	彼を知っている	**ihn kennen**
	私は彼を知っている。	
	私たちは知り合いだ。	
2)	足を骨折する	
	彼は足を折ったのですか？	Brach er sich das Bein?
		sich³ den Arm brechen
	いいえ、腕を折ったのです。	
3)	君を愛している	**dich lieben**
	僕は君を愛している。	
	僕たちは相思相愛だ。	

5. 応用文にも挑戦してみましょう。　　　　　🔴 CD2 − 43

1)	歯をみがいた	**sich³ die Zähne geputzt haben**
		Hast du dir die Zähne geputzt?
	うん、みがいた。	
2)	君とあした再会する	**dich morgen wieder|sehen**
	私は君とあした再会する。	
	私たちは互いに あした再会する。	
	あした また会いましょう！	Sehen wir uns morgen wieder!
3)	B さんをほめる	**B loben**
	A さんは B さんをほめている。	
	A さんと B さんは ほめ合っている。	

第20課 前置詞（1）

> **この課の学習ポイント**
>
> 雨にもかかわらず　trotz des Regens
> 母のために　für meine Mutter

　これまで語順は日本語と同じだと強調してきましたが、前置詞は日本語にはない「前に置く品詞」なので、**前置詞句の中の語順は日本語と違い、英語と同じ**になります。

　それに加えて**ドイツ語の場合、前置詞によって次に何格が来るか決まっていて、意味だけでなくそれも知らないと使えません。次に1格が来る前置詞はありません**。次に2格が来る前置詞を「2格支配の前置詞」、3格が来る前置詞を「3格支配の前置詞」、4格が来る前置詞を「4格支配の前置詞」と呼んでいます。

　主な前置詞の主な意味のみ紹介します。

1. 2格支配の前置詞

innerhalb	以内に	1週間以内に	innerhalb einer Woche
statt	の代わりに	私の父の代わりに	statt meines Vaters
trotz	にもかかわらず	雨にもかかわらず	trotz des Regens
während	の間ずっと	夏休みの間ずっと	während der Sommerferien
wegen	の理由で	病気のために	wegen der Krankheit

補足　人称代名詞の2格は、たとえば2格支配の前置詞とともに使います。

私の代わりに	statt meiner	私たちの代わりに	statt unser
君の代わりに	statt deiner	あなたの代わりに	statt Ihrer
彼の代わりに	statt seiner		

> **チェック1** （　）の中に前置詞を、下線部に冠詞（類）の語尾を入れて、前置詞句を完成させてください。d＿＿＿は定冠詞で、最後のヒントはその名詞の性です。

私の父の代わりに	（　　　　　　　　） mein＿＿ Vaters 男
1週間以内に	（　　　　　　　　） ein＿＿ Woche 女
雨にもかかわらず	（　　　　　　　　） d＿＿ Regens 男
病気のために	（　　　　　　　　） d＿＿ Krankheit 女
夏休みの間ずっと	（　　　　　　　　） d＿＿ Sommerferien 複

不定詞句の中で、さらに実際の文の中で前置詞句を使ってみましょう。前置詞句は全部で1つの意味のかたまり（＝1文成分）なので、文頭に置かれる時は次に動詞が来ます。

2格支配の前置詞の例文　　　　CD2－45

それを1週間以内に返す	**das innerhalb einer Woche zurück|geben**
それを1週間以内に返してね！	Gib mir das innerhalb einer Woche zurück!
それを私の父の代わりに修理する	**es statt meines Vaters reparieren**
父の代わりに それを修理した。	Ich reparierte es statt meines Vaters. Statt meines Vaters reparierte ich es.
雨にもかかわらず開催される	**trotz des Regens statt|finden**
運動会は雨だったのに開催された。	Das Sportfest fand trotz des Regens statt.
雨だったのに運動会は開催された。	Trotz des Regens fand das Sportfest statt.
夏休みの間ずっとアルバイトするつもりだ	**während der Sommerferien jobben wollen**
夏休み中アルバイトするつもりだ。	Ich will während der Sommerferien jobben. Während der Sommerferien will ich jobben.
病気のために来られない	**wegen der Krankheit nicht kommen können**
彼女は病気のために来られません。	Sie kann wegen der Krankheit nicht kommen.
病気のために彼女は来られないのです。	Wegen der Krankheit kann sie nicht kommen.

2. 3格支配の前置詞

　　　　　　　　　　　　　　　　　　　　　　CD2 — 46

aus	の中から	窓の中から	aus dem Fenster
außer	を除いて	私を除いて	außer mir
bei	の時に	旅行に立つ時に	bei der Abreise
bei	のうち（家）に	おじのうちに	bei meinem Onkel
gegenüber	の向かいに	郵便局の向かいに	gegenüber der Post
mit	といっしょに	友だちといっしょに	mit einem Freund
mit	（方法）で	地下鉄で	mit der U-Bahn
nach	（中性の地名）へ	ドイツへ	nach Deutschland
seit	から現在まで	2年前から	seit zwei Jahren
von	から	日本から	von Japan
von	の	父の	von meinem Vater ＝ meines Vaters
zu	（建物・施設）へ	駅へ	zu dem（＝zum）Bahnhof
zu	（人のところ）へ	医者へ	zu einem Arzt
zu	（催し物）へ	パーティーへ	zu der（＝zur）Party

　zu はふつう「～へ」と方向を表しますが、家 Haus の場合だけ例外です。zu Haus は「家にある・いる」「家で…する」と場所を表し、家へ行く・帰るなど方向を表す場合は、地名ではないのに nach Haus といいます。

　前置詞と定冠詞が融合して1語になる場合があります。von dem ＝ vom、zu dem ＝ zum、zu der ＝ zur など。（　）の中に併記されているのが融合形です。定冠詞以外は融合しません。融合形は数が少なくよく使われるので、慣れてくると自然に覚えられます。それまでは融合していない形で練習しましょう。

チェック2　（　）の中に前置詞を、下線部に冠詞（類）の語尾を入れて、前置詞句を完成させてください。**d**＿＿ は定冠詞で、最後のヒントはその名詞の性です。

窓の中から	(	) d___ Fenster 中
おじのうちに	(	) mein___ Onkel 男
地下鉄で	(	) d___ U-Bahn 女
ドイツへ	(	) Deutschland 中
2年前から	(	) zwei Jahren 複
日本から	(	) Japan 中
旅行に立つ時に	(	) d___ Abreise 女
私を除いて	(	) mir
父の	(	) mein___ Vater 男
駅へ	(	) d___ Bahnhof 男
友だちといっしょに	(	) ein___ Freund 男
医者へ	(	) ein___ Arzt 男
郵便局の向かいに	(	) d___ Post 女
パーティーへ	(	) d___ Party 女

3 格支配の前置詞の例文 CD2 − 47

窓の中から身を乗り出さない	**sich⁴ nicht aus dem Fenster lehnen**
窓から身を乗り出さないでください！	Lehnen Sie sich nicht aus dem Fenster!
私のほかは…である	**außer mir sein**
私以外はドイツ人ばかりだった。	Außer mir waren lauter Deutsche.
旅立つ時に連絡する	**sich⁴ bei der Abreise melden**
旅行に立つ時に連絡します。	Ich melde mich bei der Abreise.
	Bei der Abreise melde ich mich.
おじのうちに住んでいる	**bei meinem Onkel wohnen**
おじのうちに居候しています。	Ich wohne bei meinem Onkel.
	Bei meinem Onkel wohne ich.
郵便局の向かいに停車する	**gegenüber der Post halten**
バスは郵便局の向かいに止まります。	Der Bus hält gegenüber der Post.
郵便局の向かいにバスは止まります。	Gegenüber der Post hält der Bus.
友だちといっしょに旅行する	**mit dem Freund reisen**
どの友だちと旅行するの？	Mit welchem Freund reist du?
よりよく地下鉄で行く	**besser mit der U-Bahn fahren**
地下鉄で行った方がいいですよ。	Sie fahren besser mit der U-Bahn.

もうすぐドイツへ旅行する	**bald nach Deutschland reisen**
もうすぐドイツへ旅行します。	Wir reisen bald nach Deutschland. Bald reisen wir nach Deutschland.
2年前からドイツ語を勉強する	**seit zwei Jahren Deutsch lernen**
2年前からドイツ語を習っています。	Ich lerne seit zwei Jahren Deutsch. Seit zwei Jahren lerne ich Deutsch.
日本からドイツへ飛ぶ	**von Japan nach Deutschland fliegen**
日本からドイツへは飛行機でどれくらいですか？	Wie lange fliegt man von Japan nach Deutschland?
父のネクタイを身につけている	**eine Krawatte von meinem Vater tragen**
父のネクタイをしています。	Ich trage eine Krawatte von meinem Vater = eine Krawatte meines Vaters.
駅へ行く	**zu dem（= zum）Bahnhof gehen**
駅へ行きましょう！	Gehen wir zu dem（= zum）Bahnhof!
よりよく医者へ行く	**besser zu einem Arzt gehen**
医者へ行った方がいいよ！	Du gehst besser zu einem Arzt!
パーティーへ着て行く	**zu der（= zur）Party an|ziehen**
パーティーへ何を着ていらっしゃいますか？	Was ziehen Sie zu der（= zur）Party an?

3．4格支配の前置詞

CD2 － 48

bis	まで	あしたまで	bis morgen
durch	を通って	公園を通って	durch den Park
für	のために	母親のために	für die Mutter
für	にとって	私にとって	für mich
gegen	に反して	期待に反して	gegen meine Erwartung
ohne	なしに	朝食ぬきで	ohne Frühstück

チェック3 （　）の中に前置詞を、下線部に冠詞（類）の語尾を入れて、前置詞句を完成させてください。d＿＿＿は定冠詞で、最後のヒントはその名詞の性です。

私にとって	（　　　　　　　　）mich
あしたまで	（　　　　　　　　）morgen
公園を通って	（　　　　　　　　）d___ Park 男
母親のために	（　　　　　　　　）d___ Mutter 女
期待に反して	（　　　　　　　　）mein___ Erwartung 女
朝食ぬきで	（　　　　　　　　）Frühstück 中

4 格支配の前置詞の例文　　　CD2 − 49

あしたまで	**bis morgen**
あしたまでバイバイ！	Tschüs bis morgen!
公園を通って行く	**durch den Park gehen**
公園を通って行こうか？	Gehen wir durch den Park?
それをお母さんのためにとっておく	**das für die Mutter auflheben**
お母さんのためにとっておこうか？	Soll ich das für die Mutter aufheben?
私にとって難しくない	**für mich nicht schwer sein**
ドイツ語は私にとっては難しくありません。	Deutsch ist für mich nicht schwer.
私の期待に反してよくない	**gegen meine Erwartung nicht gut sein**
期待に反してよくなかったです。	Das war gegen meine Erwartung nicht gut.
朝食ぬきで	**ohne Frühstück**
その部屋は朝食なしでおいくらですか？	Was kostet das Zimmer ohne Frühstück?

練習問題

解答 ⇒ p.322

1. 前置詞句を作ってみましょう。

1)	その雨（Regen 男）にもかかわらず	
2)	私の父の	meines Vaters ＝
3)	私の母親のために	
4)	1 週間（Woche 女）以内に	
5)	その窓（Fenster 中）の中から	
6)	その公園（Park 男）を通って	

2. 左の空欄には日本語を、右の空欄にはドイツ語を入れてみましょう。

1)		**trotz des Regens statt|finden**
		Das Sportfest fand trotz des Regens statt.
	雨だったのに運動会は開催された。	
2)	おじのうちに住んでいる	
		Ich wohne bei meinem Onkel.
	おじのうちに私は居候しているのです。	
3)	公園を通って行く	
	公園を通って行こうか？	

3. 応用文にも挑戦してみましょう。　　　　　　CD2 − 50

1)	私の友だちとヨーロッパへ旅行する	**mit meinem Freund nach Europa reisen**
		Mit wem und wohin reist du?
	親友とヨーロッパへ旅行するんだ。	
2)		**statt meiner Frau für die Familie kochen**
	きょうは私が妻の代わりに家族のために料理します。	
3)		**Kaffee mit Milch und Zucker trinken**
	コーヒーにミルクと砂糖を入れますか？	
		Kaffee ohne Milch und Zucker trinken
	いいえ、ブラックです。	

第21課　前置詞（2）

> **この課の学習ポイント**
>
> 机の上で　auf dem Tisch
> 机の上へ　auf den Tisch

1．3・4格支配の前置詞

次の9つの前置詞はあとに3格が来る場合と4格が来る場合があります。

3格＝存在する場所、行為が行われる場所、wo? に対する答え
4格＝移動する方向、wohin? に対する答え

an	の側面	壁に・で	an der Wand 女 3格
		壁へ	an die Wand 女 4格
auf	の上	机の上に・で	auf dem Tisch 男 3格
		机の上へ	auf den Tisch 男 4格
hinter	の後ろ	私の後ろに・で	hinter mir 3格
		私の後ろへ	hinter mich 4格
in	の中	部屋の中に・で	in dem (= im) Zimmer 中 3格
		部屋の中へ	in das (= ins) Zimmer 中 4格
neben	の隣	スーパーの隣に・で	neben dem Supermarkt 男 3格
		スーパーの隣へ	neben den Supermarkt 男 4格
über	の上方	町の上方に・で	über der Stadt 女 3格
		町の上方へ	über die Stadt 女 4格
unter	の下	橋の下に・で	unter der Brücke 女 3格
		橋の下へ	unter die Brücke 女 4格
vor	の前	家の前に・で	vor dem Haus 中 3格
		家の前へ	vor das Haus 中 4格
	の前（時間）	授業の前に	vor dem Unterricht 男 3格

zwischen	の間	AとBの間に	zwischen A3格 und B3格
		AとBの間へ	zwischen A4格 und B4格
	の間（時間）	3時と4時の間に	zwischen drei (Uhr) und vier Uhr

部屋の中にある・いる、部屋の中で遊ぶ・勉強するは、いずれも場所なので、3格の in dem（= im）Zimmer sein/ spielen/ lernen

部屋の中へ・に行く、来る、投げる、落ちるはいずれも方向なので、4格の in das（= ins）Zimmer gehen/ kommen/ werfen/ fallen

となります。

では「部屋の中で走り回っている」はどうでしょうか？

正解 場所です。「その中でじっとしている・動いている」は関係ありません。それに対して「部屋の中へ駆け込む」「亀が部屋の中へ這ってくる」はいずれも方向です。

時間に使われる時は3格支配です。

チェック （ ）の中に前置詞を、下線部に冠詞（類）の語尾を入れて、前置詞句を完成させてください。**d**___ は定冠詞で、最後のヒントはその名詞の性です。

机の上に・で	(	) d___ Tisch 男
机の上へ	(	) d___ Tisch 男
町の上方に・で	(	) d___ Stadt 女
町の上方へ	(	) d___ Stadt 女
橋の下に・で	(	) d___ Brücke 女
橋の下へ	(	) d___ Brücke 女
家の前に・で	(	) d___ Haus 中
家の前へ	(	) d___ Haus 中
授業の前に	(	) d___ Unterricht 男
私の後ろに・で	(	) mir 3格
私の後ろへ	(	) mich 4格
部屋の中に・で	(	) d___ Zimmer 中

部屋の中へ	(	) d___ Zimmer 中
スーパーの隣に・で	(	) d___ Supermarkt 男
スーパーの隣へ	(	) d___ Supermarkt 男
壁に・で	(	) d___ Wand 女
壁へ	(	) d___ Wand 女
AとBの間に	(	) A^{3格} und B^{3格}
AとBの間へ	(	) A^{4格} und B^{4格}
3時と4時の間に	(	) drei (Uhr) und vier Uhr

3・4格支配の前置詞の例文　　　CD2 − 52

壁に掛かっている	**an der Wand hängen**
たくさんの写真が壁に掛かっています。	Viele Bilder hängen an der Wand.
絵を壁へ掛ける	**das Bild an die Wand hängen**
どの絵を壁へ掛けようか？	Welches Bild wollen wir an die Wand hängen?
すでに机の上に横たわっている	**schon auf dem Tisch liegen**
ナイフ・フォークなどはもう机の上にあります。	Das Besteck liegt schon auf dem Tisch.
ナイフ、フォークなどを机の上へ置く	**das Besteck auf den Tisch legen**
ナイフ、フォークなどを机の上へ置いてください！	Bitte legen Sie das Besteck auf den Tisch!
私の後ろにいる	**hinter mir sein**
私の後ろにいる男の人はだれですか？	Wer ist der Mann hinter mir?
私の後ろへ	**hinter mich kommen**
私の後ろへおいでよ！	Komm doch hinter mich!
部屋の中で遊ぶ	**in dem (= im) Zimmer spielen**
子どもたちは部屋の中で遊んでいます。	Die Kinder spielen in dem (= im) Zimmer.
スーパーの隣へ引っ越す	**neben den Supermarkt umziehen**
彼はスーパーの隣へ引っ越した。	Er zog neben den Supermarkt um. Er ist neben den Supermarkt umgezogen.
町の上方で飛ぶ	**über der Stadt fliegen**
私たちの飛行機は町の上空を旋回した。	Unsere Maschine flog über der Stadt.

町の上方へ向かって飛ぶ	**über die Stadt fliegen**
私たちの飛行機はその町の上空に向かった。	Unsere Maschine flog über die Stadt.
テーブルの下に落ちる	**unter den Tisch fallen**
フォークがテーブルの下に落ちました。	Die Gabel fiel unter den Tisch.
テーブルの下にある	**unter dem Tisch liegen**
フォークはテーブルの下です。	Die Gabel liegt unter dem Tisch.
家の前にある	**vor dem Haus sein**
家の前にバス停があります。	Vor dem Haus ist eine Bushaltestelle.
授業の前に宿題の答え合わせをする	**vor dem Unterricht die Antworten der Hausaufgaben checken**
授業の前に宿題の答え合わせをしよう！	Checken wir vor dem Unterricht die Antworten der Hausaufgaben!
AとBの間に違いがある	**der Unterschied zwischen A^{3格} und B^{3格} sein**
「Wagen」と「Auto」の違いは何ですか？	Was ist der Unterschied zwischen „Wagen" und „Auto"?
3時と4時の間に帰宅する	**zwischen drei und vier Uhr nach Hause kommen**
3時と4時の間に帰宅するよ。	Zwischen drei und vier Uhr komme ich nach Hause.

2．3・4格支配の前置詞と動詞

　ドイツ語には進行形がないので、「勉強する」と「勉強している」はどちらも lernen の現在形で表せますが、「…に（方向）すわる sich setzen」と「…に（場所）すわっている sitzen」は区別し、全く違う言い方をします。3・4格支配の前置詞を使って、場所と方向を厳密に区別するのです。従って「横になる sich legen」と「横たわっている liegen」、「立つ sich stellen」と「立っている stehen」、「ぶらさがる hängen」「ぶらさがっている sich hängen」の使い方も同じように区別します。最後の「ぶらさがる」「ぶらさがっている」は両方とも sich hängen、hängen と同じ形の動詞ですが、左側の他動詞・再帰動詞のグループはすべて規則動詞、右側の自動詞はすべて不規則動詞です。一番下の3基本形を比べてください。

4格支配（方向）		3格支配（場所）	
他動詞	Ich setze ihn auf den Stuhl. 私は彼をいすにすわらせる。	自動詞	Er sitzt auf dem Stuhl. 彼はいすにすわっている。
再帰動詞	Ich setze mich auf den Stuhl. 私はいすにすわる。	自動詞	Ich sitze auf dem Stuhl. 私はいすにすわっている。
他動詞	Ich lege das Kind in das (= ins) Bett. 私は子どもをベッドに横たえる。	自動詞	Das Kind liegt in dem (= im) Bett. その子はベッドで横になっている。
再帰動詞	Ich lege mich in das (= ins) Bett. 私はベッドに横になる。	自動詞	Ich liege in dem (= im) Bett. 私は床に臥している。
他動詞	Ich stelle den Stuhl an das (= ans) Fenster. いすを窓際に置く。	自動詞	Der Stuhl steht an dem (= am) Fenster. そのいすは窓際に置いてある。
再帰動詞	Ich stelle mich an das (= ans) Fenster. 私は窓辺に立つ。	自動詞	Ich stehe an dem (= am) Fenster. 私は窓辺に立っている。
他動詞	Ich hänge das Bild an die Wand. 私は絵を壁に掛ける。	自動詞	Das Bild hängt an der Wand. その絵は壁に掛かっている。
再帰動詞	Sie hängt sich an seinen Hals. 彼女は彼の首にしがみつく。	自動詞	Sie hängt an seinem Hals. 彼女は彼の首にしがみついている。
setzen-setzte-gesetzt		sitzen-saß-gesessen	
legen-legte-gelegt		liegen-lag-gelegen	
stellen-stellte-gestellt		stehen-stand-gestanden	
hängen-hängte-gehängt		hängen-hing-gehangen	

最後に繰り返しになりますが、よく使う時間関係の前置詞と方向を表す前置詞をまとめましょう。

vor	食事（Essen 中）の前に	vor dem Essen
bei	食事の時に	bei dem (= beim) Essen
während	食事の間中ずっと	während des Essens
nach	食後に	nach dem Essen

nach	中性の地名へ （冠詞なしで）	パリへ	nach Paris
		日本へ	nach Japan
in	中性以外の地名へ （定冠詞と）	イランへ	in den Iran 男4格
		スイスへ	in die Schweiz 女4格
		アメリカ合衆国へ	in die USA 複4格
zu	建物・施設へ	銀行へ	zu der (=zur) Bank
zu	人のところへ	友だちのうちへ	zu meinem Freund
zu	催し物へ	コンサートへ	zu dem (=zum) Konzert

学校へ行く／町へ行くなどは in die Schule gehen、zu der（= zur）Schule gehen、in die Stadt fahren、zu der（= zur）Stadt fahren と両方使えます。

海や湖など水のあるところへ行く場合は、きわ・側面（an）または zu を使います。

an den See fahren、zu dem（= zum）See fahren

練習問題

解答⇒ p.324

1．前置詞句を作ってみましょう。

1)	机（Tisch 男）の上に・で（場所）	
2)	私の後ろへ（方向）	
3)	授業（Unterricht 男）の前に（時間）	
4)	町（Stadt 女）の上方へ（方向）	
5)	スーパー（Supermarkt 男）の隣に・で （場所）	
6)	部屋（Zimmer 中）の中へ（方向）	

193

2. 左の空欄には日本語を、右の空欄にはドイツ語を入れてみましょう。

1)	**das Besteck auf den Tisch legen**
ナイフ、フォークなどを机の上へ置いてください！	
	schon auf dem Tisch liegen
ナイフ、フォークなどはもう机の上にあります。	
2) AとBの間に違いがある	
	Was ist der Unterschied zwischen „wa" und „ga"?
3)	**in der Schule sein**
太郎はどこ？	
学校だよ。	
	in die Schule gehen **zu der（= zur）Schule gehen**
太郎はどこへ行くの？	
学校だよ。	

3. 応用文にも挑戦してみましょう。　　　　　CD2 − 54

1)	**den Wein in den Kühlschrank legen**
ワインを冷蔵庫に入れてください！	
すでに冷蔵庫の中に横たわっている	
	Der Wein liegt schon im Kühlschrank.
2) 家の前にある	**vor dem Haus sein**
家の前にバス停があります。	
バス停の前にある	

	うちはバス停の前にあります。	
3)	テーブルの下に落ちる	
		Die Gabel fiel unter den Tisch. Die Gabel ist unter den Tisch gefallen.
		unter dem Tisch liegen
	フォークはテーブルの下です。	

3. 前置詞と疑問詞の融合形、前置詞と代名詞の融合形

　前置詞と疑問詞 was（何）の融合形→ wo + 前置詞になります。この wo は「どこ」という疑問副詞とは関係ありません。womit、wobei、wodurch、wofür など

　　Womit（← mit was）fährst du zur Schule?
　　何であなたは学校へ行くの？

　前置詞と事物をさす代名詞の融合形→ da + 前置詞。この da は副詞や接続詞の da とは別の語です。damit、dabei、dadurch、dafür など

　　Dort ist eine U-Bahn. Ich fahre damit（← mit ihr）zur Schule.
　　あそこに地下鉄がある。それで学校に行くんだ。

　つまり、wobei 何の際に・dabei その際に、wodurch 何を通って・dadurch それを通って、wofür 何のために・dafür それのために、などの単純で覚えやすいペアなのです。

　ただし、人の場合は人称代名詞をそのまま使います。

　　Mit wem fährst du zur Schule? Fährst du mit Taro?
　　だれとあなたは学校へ行くの？　太郎と行くの？

　　Ja, ich fahre mit ihm zur Schule.
　　うん、彼と学校に行く。

前置詞が母音で始まる時は、発音しやすくするために間にrを入れます。

worin-darin、worüber-darüber、worauf-darauf など。

4. 熟語の前置詞

動詞・名詞・形容詞などには特定の前置詞といっしょに使うものもたくさんあります。たとえば「…を待つ」（英語 wait for）はドイツ語では auf 4格 warten と決まっています。前置詞は auf で、この場合は4格支配だと知らないと使えません。auf 4格には「…を期待して」という意味があります。

例：Auf Wiedersehen「再会を期待して＝さようなら」　CD2 − 55

…を待つ	**auf 4格 warten**
ここで何を待っているの？	Worauf wartest du hier?
タクシーよ。	Ich warte auf ein Taxi.
ここでタクシーを待っているの？	Wartest du hier auf ein Taxi?
そうだよ。	Ja, ich warte darauf.
…のことを考える	**an 4格 denken**
だれのことを考えているのですか？	An wen denken Sie?
母のことを考えているのです。	Ich denke an meine Mutter.
…がこわい	**vor 3格 Angst haben**
何がこわいのですか？	Wovor haben Sie Angst?
地震がこわいです。	Ich habe vor einem Erdbeben Angst.
…に満足している	**mit 3格 zufrieden sein**
ホテルにご満足ですか？	Sind Sie mit dem Hotel zufrieden?
はい、それに大満足です。	Ja, ich bin damit sehr zufrieden.

前置詞格の目的語と結びつくものは、他動詞にも再帰動詞にもあります。

人に…を質問する	**人[4] nach 3格 fragen**
君に道を尋ねる	dich nach dem Weg fragen
彼は君に道を尋ねたのかい？	Fragte er dich nach dem Weg?
うん、僕にそれを聞いた。	Ja, er fragte mich danach.
…を喜ぶ	**sich[4] über 4格 freuen**
彼は何を喜んでいるのですか？	Worüber freut er sich?
ガールフレンドからもらったプレゼントがうれしいのですよ。	Er freut sich über das Geschenk von seiner Freundin.

…を楽しみにする	sich⁴ auf 4格 freuen
夏休みが楽しみかい？	Freust du dich auf die Sommerferien?
もちろん楽しみだよ。	Ich freue mich natürlich darauf. Natürlich freue ich mich darauf.

CD2 — 56

5. was für ein- どんな（種類の）？ （＝英語 what kind of）

　この熟語の場合、für は4格支配という規則はあてはまりません。この熟語全体の文中での役割（主語、4格目的語など）によって格が決まります。

　　どんな種類の車を（男性4格）あなたはお望みですか？
　　Was für einen Wagen möchten Sie?

　　どんな種類の車が（男性1格）うちの前に止まっているんですか？
　　Was für ein Wagen steht vor uns?

　　どんな種類の車で（mit 3格）いらっしゃるのですか？
　　Mit was für einem Wagen kommen Sie?

　以上は熟語全体で1つの文成分としてカウントしました。が、別の数え方もあります。was だけでも立派な疑問詞なので、1つの文成分としてカウントすることもでき、意味は同じです。

　　どんな種類の車を（男性4格）あなたはお望みですか？
　　Was möchten Sie für einen Wagen?
　　（この場合、「何をあなたは1台の車のために望んでいますか」と誤解しないように注意！）

　名詞が複数形または数えられない物質名詞（水など）の場合、不定冠詞は入りません。

　　どんな花をお望みですか？
　　Was für Blumen wünschen Sie sich?

　　どんなワインを好んで飲みますか？
　　Was für Wein trinken Sie gern?

練習問題

解答 ⇒ p.325

4. 左の空欄には日本語を、右の空欄にはドイツ語を入れてみましょう。

1)	地下鉄で学校に行く	**mit der U-Bahn zur Schule fahren**
	君は何に乗って学校に行くんだい？	
		Fährst du mit der U-Bahn?
	うん、それに乗って学校に行っている。	
2)	**1台の車を望む**	**einen Wagen möchte(n)**
	どんな車をお望みなんですか？ （2 種類の語順で）	
3)	…を喜ぶ	
	彼は何を喜んでいるのですか？	
		Er freut sich über das Geschenk von seiner Freundin.

5. 応用文にも挑戦してみましょう。　　　　　　　　　CD2 − 57

1)	…に興味がある	
		Wofür interessieren Sie sich?
	音楽に興味があります。	
		Ich interessiere mich auch sehr dafür.
2)		**Ihrer Frau ein Kleid schenken**
	奥さんにどんなドレスをプレゼントなさるんですか？	
3)	…のことを心配する	**sich³ Sorgen um 4格 machen**
	何の心配をしているのですか？	
		Ich mache mir Sorgen um die Prüfung.
	私もそれが心配なんです。	

第22課　形容詞の格変化・名詞化・序数

> **この課の学習ポイント**
>
> その良い子が　das gute Kind
> その良い子の　des guten Kindes
> その良い子に　dem guten Kind
> その良い子を　das gute Kind
>
> 彼はその良い子をほめる。　Er lobt das gute Kind.

1．形容詞の用法

形容詞には3つの用法があります。

1. 述語（sein、werden）とともに＝述語内容詞として
　その少女は美しい。　Das Mädchen ist schön.
　その少女は美しくなる。　Das Mädchen wird schön.

2. それ以外の動詞とともに＝副詞として
　その少女は美しく歌う。　Das Mädchen singt schön.

3. 後ろにある名詞を形容＝名詞の付加語として
　その美しい少女は　das schöne Mädchen　（中性1格）
　1人の美しい少女を　ein schönes Mädchen　（中性4格）
　美しい国々に　schönen Ländern　（複数3格）

　1と2には語尾はつかず、これまでにもたくさん出てきました。しかし、3には必ず形容詞に語尾がつきます。では、どんな語尾がつくのでしょうか？それがこの課のテーマです。
　ひと言で予告しますと、形容詞はサボりたがりやです。だれかがやってくれる時には手を抜きます。が、無責任ではなく、自分しかいないとちゃ

んと仕事をするのです。

2. 定冠詞（類）＋形容詞＋名詞（形容詞の弱変化）

前に定冠詞または定冠詞類がある場合はそれらに変化をまかせて、形容詞はサボります。いわゆるいす型で（左向きにすわってください）、いすの外側が -e、いすの内側が -en の語尾です。2種類だけなので、形容詞の弱変化と呼ばれています。

	男性名詞	女性名詞	中性名詞	複数形
1格	-e	-e	-e	-en
2格	-en	-en	-en	-en
3格	-en	-en	-en	-en
4格	-en	-e	-e	-en

チェック1 表を見ながら語尾を入れてみましょう。　　CD2 − 59

その大きい男の人は（男性1格）	der groß___ Mann
その大きい男の人の（男性2格）	des groß___ Mannes
どの若い女性の（女性2格）	welcher jung___ Frau
この美しい国に（中性3格）	diesem schön___ Land
それらの美しい国々を（複数4格）	die schön___ Länder

チェック2 表を覚えてから形容詞の語尾を入れて、弱変化の表を完成させてください。
　　　　　　　　　　　　　　　　　　　　　　　　　　　CD

	男性名詞	女性名詞	中性名詞
1格	der groß___ Mann	welche jung___ Frau	das schön___ Land
2格	des groß___ Mannes	welcher jung___ Frau	des schön___ Landes
3格	dem groß___ Mann	welcher jung___ Frau	dem schön___ Land
4格	den groß___ Mann	welche jung___ Frau	das schön___ Land

	複数形
1格	diese schön___ Länder
2格	dieser schön___ Länder
3格	diesen schön___ Ländern
4格	diese schön___ Länder

3. 無冠詞＋形容詞＋名詞（形容詞の強変化）

　前に冠詞がないと形容詞が性や格を表さなくてはなりません。この場合形容詞の語尾はほとんど定冠詞類（たとえば **dieser**）の語尾と同じになります。が、名詞に -s か -es がつく 2 か所（男性と中性の 2 格）は名詞で性や格が明らかなので形容詞はサボリ、弱変化の男性と中性の 2 格と同じ -en になります。（サボる時には、名詞の -s か -es をお忘れなく！）こうしてできあがった表は形容詞の強変化といいます。

	男性名詞	女性名詞	中性名詞	複数形
1 格	-er	-e	-es	-e
2 格	-en	-er	-en	-er
3 格	-em	-er	-em	-en
4 格	-en	-e	-es	-e

チェック3 表を見ながら語尾を入れてみましょう。　　CD2 − 60

冷たいビールが（中性1格）	kalt＿＿Bier
冷たいビールの（中性2格）	kalt＿＿Biers
新鮮な空気に（女性3格）	frisch＿＿Luft
熱いコーヒーを（男性4格）	heiß＿＿Kaffee
小さな子どもたちに（複数3格）	klein＿＿Kindern

チェック4 表を覚えてから形容詞の語尾を入れて、強変化の表を完成させてください。

	男性名詞	女性名詞	中性名詞	複数形
1 格	heiß＿＿Kaffee	frisch＿＿Luft	kalt＿＿Bier	klein＿＿Kinder
2 格	heiß＿＿Kaffees	frisch＿＿Luft	kalt＿＿Biers	klein＿＿Kinder
3 格	heiß＿＿Kaffee	frisch＿＿Luft	kalt＿＿Bier	klein＿＿Kindern
4 格	heiß＿＿Kaffee	frisch＿＿Luft	kalt＿＿Bier	klein＿＿Kinder

　これが日常の挨拶にもよく使われます。すべて4格で「…をお持ちください！」(Haben Sie ...!) または「私はあなたに…を祈ります！」(Ich wünsche Ihnen ...!) が省略されていると考えられます。

よい朝を！（おはようございます！）	Guten Morgen!
よい日を！（こんにちは！）	Guten Tag!
よい晩を！（こんばんは！）	Guten Abend!
よい夜を！（おやすみなさい！）	Gute Nacht!
よい旅行を！（行ってらっしゃい！）	Gute Reise!
よい飛行を！（同上　飛行機で立つ人に）	Guten Flug!
よいドライブを！ （同上　車・電車・船などで立つ人に）	Gute Fahrt!
よい回復を！（お大事に！）	Gute Besserung!
たくさんの感謝を！（どうもありがとう！）	Vielen Dank!
心からの感謝を！（どうもありがとう！）	Herzlichen Dank!
たくさんの親愛なる挨拶を！ （手紙の結びなど）	Viele liebe Grüße!
奥さんにたくさんの挨拶を！ （奥さんによろしく！）	Viele Grüße an deine/Ihre Frau!
よい食欲を！ （いただきます・召し上がれ！）	Guten Appetit!
すばらしいアフターファイブを！ （仕事を終えた時）	Schönen Feierabend!
このあともよい日を！（日中に別れる時）	Schönen Tag noch!

viel は語尾がつかない場合もあります。

たくさんの幸福・幸運を！（お幸せに！）	Viel Glück!
たくさんの成功を！（がんばってください！）	Viel Erfolg!
たくさんの楽しみを！（楽しんできてください！）	Viel Spaß!

　それに対して、Danke! は動詞 danken の現在人称変化 Ich danke の主語が省略されているもので、いろいろな副詞とも使えます。

（Ich）danke schön/ herzlich/ sehr/ verbindlichst!　など。

練習問題

解答 ⇒ p.328

1. 空欄に 1 格に挙げてある形容詞と名詞を入れて、強変化（無冠詞＋形容詞＋名詞の場合）の表を完成させましょう。

	男性名詞	女性名詞	中性名詞	複数形
1格	guter Wein	frische Luft	kaltes Bier	kleine Kinder
2格				
3格				
4格				

名詞の 3 箇所につけ忘れはありませんか？

2. ドイツ語に訳してみましょう。

1)	その大きい（groß）男の人は	
2)	その大きい男の人の	
3)	この美しい国（Land 中）に	
4)	それらの美しい国々（Länder 複）を	
5)	よい回復（Besserung 女）を！（お大事に！）	
6)	心からの（herzlich）感謝を！（どうもありがとう！）	
7)	奥さんにたくさんの挨拶（Grüße 複）を！（奥さんによろしく！）	

3. 応用の名詞句にも挑戦してみましょう。　　　CD2 – 61

1)	その大きい男の人に	
2)	その美しい女性が・を	
3)	その冷たいビールが・を	
4)	小さな子どもたちの	
5)	よい成功（Erfolg 男）を！ （がんばってください！）	
6)	親愛なる（lieb）クラウス（Klaus 男 1 格 手紙の冒頭）	

4. 不定冠詞（類）＋形容詞＋名詞（形容詞の混合変化）

　不定冠詞（類）と定冠詞（類）の違いを覚えていますか？　不定冠詞（類）には3か所語尾がありません。男性1格と中性1・4格です。この3か所は形容詞はがんばって変化し（＝強変化）、性・格を表します。それ以外はサボります（＝弱変化）。こうしてできあがった表が形容詞の混合変化です。

	男性名詞	女性名詞	中性名詞	複数形
1格	**-er**	-e	**-es**	-en
2格	-en	-en	-en	-en
3格	-en	-en	-en	-en
4格	-en	-e	**-es**	-en

チェック5 表を見ながら語尾を入れてみましょう。

1人の小柄な日本人女性が（女性1格）	eine klein____ Japanerin
彼の強い奥さんの（女性2格）	seiner stark____ Frau
1冊の厚い本に（中性3格）	einem dick____ Buch
私たちの大きい車を（男性4格）	unseren groß____ Wagen
彼らのかわいい子どもたちの（複数2格）	ihrer süß____ Kinder

チェック6 表を覚えてから形容詞の語尾を入れて、混合変化の表を完成させてください。

	男性名詞	女性名詞	中性名詞
1格	unser groß__ Wagen	eine klein__ Japanerin	ein dick__ Buch
2格	unseres groß__ Wagens	einer klein__ Japanerin	eines dick__ Buchs
3格	unserem groß__ Wagen	einer klein__ Japanerin	einem dick__ Buch
4格	unseren groß__ Wagen	eine klein__ Japanerin	ein dick__ Buch

	複数形
1格	ihre süß____ Kinder
2格	ihrer süß____ Kinder
3格	ihren süß____ Kindern
4格	ihre süß____ Kinder

● 例文

大きい空腹を持っている	**großen Hunger haben**
ああ、おなかペコペコだ！	Ach, ich habe großen Hunger!
好んで熱いブラックコーヒーを飲む	**gern heißen, schwarzen Kaffee trinken**
熱いブラックコーヒーを飲むのが好きです。	Ich trinke gern heißen, schwarzen Kaffee.
あす ある古い友人を訪問する	**morgen einen alten Freund besuchen**
あす私たちは1人の旧友を訪問します。	Morgen besuchen wir einen alten Freund.
大きな家に住んでいる	**in einem großen Haus wohnen**
その旧友は豪邸に住んでいます。	Der alte Freund wohnt in einem großen Haus.

1冊の厚い本を買う	ein dickes Buch kaufen
きのう1冊のぶ厚い本を買った。	Ich kaufte gestern ein dickes Buch. Gestern kaufte ich ein dickes Buch. Ich habe gestern ein dickes Buch gekauft.
その厚い本の中に書いてある	in dem (= im) dicken Buch stehen
その厚い本にはたくさんの興味深い話が載っている。	Im dicken Buch stehen viele interessante Geschichten.

■■■■■■■■■■ 練習問題 ■■■■■■■■■■

解答➡ p.329

4. 空欄に1格に挙げてある不定冠詞（類）・形容詞・名詞を入れて、形容詞の混合変化の表を完成させましょう。

	男性名詞	女性名詞	中性名詞	複数形
1格	ein großer Wagen	seine schöne Frau	ein dickes Buch	ihre süßen Kinder
2格				
3格				
4格				

名詞につけ忘れはありませんか？

5. 左の空欄には日本語を、右の空欄にはドイツ語を入れてみましょう。

1)	1人の小柄な日本人女性が	
	1冊の厚い（dick）本を読む	
	1人の小柄な日本人女性が1冊のぶ厚い本を読んでいる。	

	1人の小柄な日本人女性に	
	1冊の厚い（dick）本を買う	
	彼はある小柄な日本人女性にぶ厚い本を買ってあげる。	
2)		**großen Hunger haben**
	ああ、おなかペコペコだ！	Ach,
3)		**morgen einen alten Freund besuchen**
	あす私たちは1人の旧友を訪問します。	
	1軒の大きな家に住んでいる	
		Der alte Freund wohnt in einem großen Haus.

6. 応用文にも挑戦してみましょう。　　　CD2 − 62

1)		**gern roten Wein trinken**
	彼は赤ワインが好きです。	
2)	**あすある若い女友だちを訪問する**	
		Morgen besuchen wir eine junge Freundin.
		in einer kleinen Wohnung wohnen
	その若い友だちは小さなアパートに住んでいます。	

3)	einen alten japanischen Film sehen
私たちはある古い邦画を見ました。	
その古い映画の中で演じている	**in dem alten Film spielen**
その古い映画には三船が出ています。	

5. 形容詞の名詞化

ドイツ語には日本人（der Japaner/die Japanerin）やアメリカ人（der Amerikaner/die Amerikanerin）といった語はあるのに、「ドイツ人」という名詞は存在しません。この非常によく使う語は、形容詞に前述の語尾をつけて作るのです。そして、その形容詞の最初を大文字にして、最後の名詞を省略します。こうして「ドイツ人」という名詞ができあがります。

1人のドイツの男の人が（男性1格）ein deutscher Mann
　　　　　　　→ ein Deutscher　1人のドイツ人男性が
そのドイツの女の人の（女性2格）der deutschen Frau
　　　　　　　→ der Deutschen　そのドイツ人女性の
ドイツの人々に（複数3格）deutschen Leuten
　　　　　　　→ Deutschen　ドイツ人たちに
ドイツのものを（中性4格）deutsches Ding
　　　　　　　→ Deutsches　ドイツのものを

これを形容詞の名詞化といいます。

CD2 － 63

チェック7　ほかにもよく使う語があります。語尾を入れてみましょう。

ある病気の女性が（女性1格）	eine krank＿＿＿ Frau
＝ある病人（女）が	eine Kranke
そのけがをした男性を（男性4格）	den verletzt＿＿＿ Mann
＝そのけが人（男）を	den Verletzten
私の知っている男性の（男性2格）	meines bekannt＿＿＿ Mannes
＝私の知り合い（男）の	meines Bekannten

私の親戚の人々に（複数3格）	meinen verwandt＿＿ Leuten
＝私の親戚（複）に	meinen Verwandten
新しいことが（中性1格）	neu＿＿ Ding
何かニュースが	etwas Neues
重要なことを（中性4格）	wichtig＿＿ Ding
何か重要なことを	etwas Wichtiges

etwas や nichts は代名詞であり冠詞ではないので、形容詞は強変化します。

形容詞の名詞化も挨拶や会話によく使われます。

● 例　文

すべてのいいことを！（お幸せに！）	Alles Gute!
新年おめでとう！	Alles Gute zum Neujahr!
お誕生日おめでとう！	Alles Liebe zum Geburtstag！
何かニュースがありますか？	Gibt es etwas Neues?
いいえ、何もありません。	Nein, nichts Neues.
新聞に何か重要なことが書いてありますか？	Steht in der Zeitung etwas Wichtiges?
悪いことばかり書いてあります。	Es steht lauter Schlechtes.

6. 序　数

…番目という語にも必ず最後に形容詞の語尾がつきます。序数は1番目から19番目までは基数に語尾 -t を、20番目以上は -st をつけますが、若干不規則なものもあります。算用数字で書く時は、あとに点をつけると序数になります。

● CD2 − 64

1. **erst**	2. zweit	3. **dritt**	4. viert	5. fünft
6. sechst	7. sieb(en)t	8. **acht**	9. neunt	10. zehnt
11. elft	12. zwölft	13. dreizehnt	14. vierzehnt	15. fünfzehnt
16. sechzehnt	17. siebzehnt	18. achtzehnt	19. neunzehnt	20. zwanzigst
21. einundzwanzigst		32. zweiunddreißigst		
100. hundertst		1000. tausendst		

序数を無冠詞で使うことはほとんどないので、あとにつける形容詞の語尾は弱変化か混合変化です。

彼の最初の奥さんが（女性1格）	seine erste Frau
左から2番目の男性が（男性1格）	der zweite Mann von links
4台目の車の（男性2格）	des vierten Wagens
（中性2格）	des vierten Autos
彼女の3人目の子どもに（中性3格）	ihrem dritten Kind
彼女は(妊娠)5か月目です。(男性3格)	Sie ist im fünften Monat (schwanger).

チェック8 日付も定冠詞と序数を使います（＝弱変化）。あとに **Tag**（男性名詞）が省略されていると思ってください。語尾を入れてみましょう。

1番目の日が（男性1格）	der erst＿＿＿（Tag）
2番目の日に（男性3格）	dem zweit＿＿＿（Tag）
3番目の日を（男性4格）	den dritt＿＿＿（Tag）
何番目の日が（男性1格）	der wievielt＿＿＿（Tag）
何番目の日を（男性4格）	den wievielt＿＿＿（Tag）

● **例　文**　月名は補足にあります。→ 277ページ

きょうは何日ですか？	Der Wievielte ist heute? Den Wievielten haben wir heute?
きょうは5月25日です。	Heute ist der fünfundzwanzigste Mai. Heute haben wir den fünfundzwanzigsten Mai.
いつ来日なさるのですか？	Wann kommen Sie nach Japan?
7月4日に大阪に到着します。	Ich komme am (= an dem) vierten Juli in Osaka an.
お誕生日はいつですか？	Wann haben Sie Geburtstag?
私の誕生日は8月6日です。	Ich habe am sechsten August Geburtstag.
いつお生まれになったのですか？	Wann sind Sie geboren?
私の生年月日は1987年3月10日です。	Ich bin am 10.3.1987 geboren. Ich bin am zehnten März (= dritten) neunzehnhundertsiebenundachtzig geboren.

■ 練習問題 ■

解答⇒ p.330

7. ドイツ語に訳してみましょう。

1)	あるドイツの女性が（女性1格）	eine deutsche Frau
	＝あるドイツ人女性が	
2)	そのけがをした男性を（男性4格）	
	＝そのけが人（男）を	den Verletzten
3)	私の親戚の人々に（複数3格）	meinen verwandten Leuten
	＝私の親戚（複）に	
4)	10番目の日が（男性1格）	（Tag）
	20番目の日を（男性4格）	（Tag）

8. 左の空欄には日本語を、右の空欄にはドイツ語を入れてみましょう。

1)		**nach Japan kommen**
	いつ来日なさるのですか？	
		am siebten April in Osaka an|kommen
	4月7日に大阪に到着します。	
2)	**誕生日をもっている**	
		Wann hast du Geburtstag?
	6月12日に誕生日を持っている	
		Ich habe am zwölften Juni Geburtstag.
3)	きょうは何日ですか？（2種類）	
		Heute ist der achtzehnte Februar.
		Heute haben wir den achtzehnten Februar.

9. 応用文にも挑戦してみましょう。　　　　　　　　CD2 − 65

1)	日本へ飛行機で帰る	
		Wann fliegst du nach Japan zurück?
	8月16日に飛行機で帰る	
		Ich fliege am sechzehnten August zurück.
2)	あるドイツ人男性を訪問する	
	私たちは きのう あるドイツ人男性を訪ねました。	
		Gestern besuchten wir einen Deutschen.
		in Japan arbeiten
	そのドイツ人男性は日本で働いています。	
3)	お誕生日はいつですか？	
	私の誕生日は　月　日です。 （自分の誕生日を入れましょう）	

第23課 形容詞・副詞の比較級・最上級

> **この課の学習ポイント**
>
> AよりBの方がいい。　B ist besser als A.
> Cが一番いい。　C ist am besten.

　原級に -er をつけると比較級、-st をつけると最上級になるのが原則ですが、中には発音しやすくするために e をはさんだり、不規則なものもあります。また、1音節の短い語で、a、o、u の母音がある語は Umlaut がついて ä、ö、ü になるのが普通です。

特　徴	意　味	原　級	比較級	最上級
原　則	美しい	schön	schöner	schönst
	小さい	klein	kleiner	kleinst
Umlaut がつく	長い	lang	länger	längst
Umlaut がつかない	ゆっくり	langsam	langsamer	langsamst
e が入る	短い	kurz	kürzer	kürzest
	年とった	alt	älter	ältest
e を省く	（値段が）高い	teuer	teurer	teuerst
例　外	大きい	groß	größer	größt
	（高さが）高い	hoch	höher	höchst
	多い	viel	mehr	meist
	良い	gut	besser	best
	好んで	gern	lieber	liebst

　形容詞の 3 つの用法を復習しましょう。
1. 述語（sein、werden）とともに＝述語内容詞として
2. それ以外の動詞とともに＝副詞として
3. 後ろにある名詞を形容して＝名詞の付加語として

このすべてに比較級と最上級があります。

3 番目の用法には比較級にも最上級にも原級と同じ形容詞の語尾がつきます。

	（男性 1 格の場合）	意　味
原級	mein alter Bruder	私の年寄りの兄または弟
比較級	mein älterer Bruder	私の年上の兄弟＝兄
最上級	mein ältester Bruder	私の一番年とった兄＝長兄

	（女性 1 格の場合）	意　味
原級	die alte Frau	その年寄りの女性＝おばあさん
比較級	die ältere Frau	その比較的年をとった女性＝中年女性
最上級	die älteste Frau	その一番年上の・きわめて年寄りの女性

下のグループは絶対比較級・絶対最上級の場合の意味です。

1 番目と 2 番目の用法の比較級の使い方は同じで、英語の than にあたるのは als です。

A さんは B さんより美しい（美しくなる）。	A ist (wird) schöner als B.
A さんは B さんより美しく歌う。	A singt schöner als B.

原級を使って比較することもできます。
so 原級 wie 〜 （〜と同じくらい…だ）

B さんは A さんと同じくらい美しい。	B ist so schön wie A.
B さんは A さんと同じくらい美しく歌う。	B singt so schön wie A.

これに否定を入れると、さっきの比較級の文とほとんど同じ意味になります。

A さんは B さんより美しい。	A ist schöner als B.
B さんは A さんと同じくらい美しくはない。	B ist nicht so schön wie A.
A さんは B さんより美しく歌う。	A singt schöner als B.
B さんは A さんほど美しく歌わない。	B singt nicht so schön wie A.

最後は 1 番目と 2 番目の用法の最上級の使い方ですが、共通であり簡単なのは am 最上級 -en という形です。

C さんが一番美しい（美しくなる）。	C ist（wird） am schönsten.

Cさんが一番美しく歌う。	C singt am schönsten.

1番（述語内容詞）は、定冠詞と形容詞の弱変化で表すこともできます。

C（男性名詞）が一番美しい（美しくなる）。	C ist（wird）der schönste.
C（女性名詞）が一番美しい（美しくなる）。	C ist（wird）die schönste.
C（中性名詞）が一番美しい（美しくなる）。	C ist（wird）das schönste.
CとD（複数）が一番美しい（美しくなる）。	C und D sind（werden）die schönsten.

副詞には、この最上級の表現はありません。また述語内容詞でも、同一のものがいろいろ変化してある条件の時「一番…」の場合も、この言い方ではなく am 最上級 -en を使います。

日光は秋が一番美しい。	（正）Nikko ist im Herbst am schönsten. （誤）Nikko ist im Herbst das schönste.
彼女は試験の前に一番勤勉になる。	（正）Sie wird vor der Prüfung am fleißigsten. （誤）Sie wird vor der Prüfung die fleißigste.

● 例文

私よりうまく歌うことができる	**besser als ich singen können**
あなたは私より歌うのがおじょうずです。	Sie können besser als ich singen.
一番うまく歌うことができる	**am besten singen können**
歌は彼女が一番うまい。	Sie kann am besten singen.
ビールよりワインを好んで飲む	**lieber Wein als Bier trinken**
私はビールよりワインの方が好きです。	Ich trinke lieber Wein als Bier.
ビールをワインほど好まないで飲む	**Bier nicht so gern wie Wein trinken**
ビールはワインほど好きではありません。	Ich trinke Bier nicht so gern wie Wein.
一番好んで日本酒を飲む	**am liebsten Reiswein trinken**
酒が一番好きです。	Ich trinke am liebsten Reiswein.
英語をドイツ語よりうまくできる	**Englisch besser als Deutsch können**
彼はドイツ語より英語の方がうまいです。	Er kann Englisch besser als Deutsch.
一番うまく日本語ができる	**am besten Japanisch können**
彼は日本語が一番じょうずです。 彼が日本語は一番うまい。	Er kann am besten Japanisch.

練習問題

解答⇒ p.331

1. 空欄に形容詞・副詞を入れて、原級・比較級・最上級の表を完成させましょう。

特　徴	意　味	原　級	比較級	最上級
原　則	美しい	schön		
	小さい		kleiner	
Umlaut がつく	長い	lang		
Umlaut がつかない	ゆっくり	langsam		
e が入る	短い		kürzer	
	年とった	alt		
e を省く	（値段が）高い	teuer		
例　外	大きい			größt
	（高さが）高い	hoch		
	多い			meist
	良い	gut		
	好んで	gern		

2. 左の空欄には日本語を、右の空欄にはドイツ語を入れてみましょう。

1)		**lieber Wein als Bier trinken**
	私はビールよりワインの方が好きです。	
	ビールをワインほど好まないで飲む	
		Ich trinke Bier nicht so gern wie Wein.
2)		**am liebsten Reiswein trinken**
	酒が一番好きです。	
3)		**Englisch besser als Deutsch können**
	彼はドイツ語より英語の方がうまいです。	
	一番うまく日本語ができる	
		Er kann am besten Japanisch.

3. 応用文にも挑戦してみましょう。 CD2－67

1)	そばよりうどんを好んで食べる	
		Ich esse lieber Udon als Soba.
		Soba nicht so gern wie Udon essen
	そばはうどんほど好きではありません。	
		am liebsten Spaghetti essen
	でもスパゲッティが一番好きです。	
2)	好んで音楽を聴く	
	私は音楽を聴くのが好きです。	
	より好んでサッカーをする	
		Ich spiele lieber Fußball.
	一番好んで旅行する	
		Aber ich reise am liebsten.
3)		**länger als der Ishikari sein**
	利根川は石狩川より長い。	
	一番長い（川だ）	**am längsten sein** **der längste（Fluss）sein**
	しかし信濃川が一番長い（川だ）。	

文章編

(複雑な文)

第24課　接続詞

> **この課の学習ポイント**
>
> きょう雨が降っているので、weil es heute regnet,
> もしあした雨ならば、wenn es morgen regnet,

　接続詞は動詞の位置によって3種類に分けられます（意味による分類ではありません）。

a）動詞の位置に影響を与えない＝接続詞は 0 と数える＝「並列の接続詞」

　　aber　　しかし
　　denn　　なぜならば…だからだ
　　oder　　または
　　sondern　そうではなくて
　　und　　そして
など

b）動詞は倒置される＝接続詞は 1 と数える＝副詞

　　also　　従って
　　dann　　その時／それから／その場合
　　darum = deshalb = deswegen　　だから
　　trotzdem　それにもかかわらず
など

c）動詞は後置される＝接続詞は全語数分の1語と数える＝「従属の接続詞」

　　als　　…した時
　　bevor　…する前に
　　da　　…だから
　　damit　…するように／せんがために
　　dass　　…ということ

```
nachdem    …したあとで
ob         …かどうか
obwohl     …にもかかわらず
weil       …なので
wenn       もし…するなら／…する時
```
など

(CD)

次の 2 文を 3 種類の接続詞で結んで、具体的に説明しましょう。**動詞の位置に注意**してください。

Ich habe seit gestern Fieber. Ich bleibe heute zu Hause.
私はきのうから熱がある。私はきょう家にいる（＝出かけない）。
の 2 文を、3 種の接続詞でつなぎます。

a) 並列の接続詞 denn = 0

Ich bleibe heute zu Hause, denn ich **habe** seit gestern Fieber.
　　　　　　　　　　　　　　　0　 1　　 2

私はきょう家にいる、というのはきのうから熱があるからだ。

b) 副詞 darum = 1

Ich habe seit gestern Fieber, darum **bleibe** ich heute zu Hause.
　　　　　　　　　　　　　　　　1　　　2

私はきのうから熱がある、だからきょうは家にいる。

c) 従属の接続詞 weil ＝ここでは 6 語分の 1 語

Ich bleibe heute zu Hause, weil ich seit gestern Fieber **habe**.
= Weil ich seit gestern Fieber **habe**, **bleibe** ich heute zu Hause.
　└──────1──────┘　　2

私はきのうから熱があるので、きょうは家にいる。

weil ich seit gestern Fieber **habe** のように動詞が最後に来る文のことを「副文」といいます。副文は全体で 1 つの文成分に数えます。

副文の反対語は「主文」で、定動詞（＝人称変化した動詞）は 1 番目か 2 番目にあります。従って、副文のあとの主文は「2」で始まるため、動詞で始まります。

本書では動詞編と名詞編に出てきた文はすべて主文です。

従属の接続詞の中には weil と似た意味の da があります。da も理由を表しますが、weil と違って相手が当然知っているはずの理由、納得するだろう理由の時に使います。従って warum で聞かれた時は、相手は理由を知らないのですから da ではなくて weil で答えます。

　Warum kommt Maria nicht? – Weil sie seit gestern Fieber hat.
　なぜマリアは来ないの？－きのうから熱があるから。

　Bleib heute zu Hause, da du Fieber hast!
　熱があるんだから、きょうはうちにいなさいよ。

また、従属の接続詞 wenn と als も似ていますが違います。

　英語の if にあたる「もし…ならば」という意味は wenn にしかありません。
　Wenn du auch morgen Fieber hast, sollst du zu Hause bleiben.
　もしあしたも熱があるなら、君は家にいるべきだ。

英語の when にあたる「…する時」という意味では、wenn は未来・現在のことすべてのほか、過去の繰り返されたことに使い、als は過去の 1 回きりのことだけに使います。

　Wenn ich Fieber hatte, bin ich meistens zu Hause geblieben.
　熱があった時、私はたいてい家にいた。（繰り返し）

　Als ich Fieber hatte, besuchte mich Herr Müller.
　私が熱があった時、ミュラーさんが見舞いに来た。（1 回だけ）

　Wenn du Fieber hast, siehst du müde aus.
　熱がある時、君は眠そうに見える。（過去のことではない）

副文中の分離動詞は基礎動詞が文末に戻り、また 1 語にくっつきます。
　Ich gehe schon ins Bett. Ich **stehe** morgen früh **auf**.
　→ Ich gehe schon ins Bett, weil ich morgen früh **aufstehe**.
　= Weil ich morgen früh **aufstehe**, **gehe** ich schon ins Bett.
　　私はあした早く起きるので、もう寝ます。

助動詞構文の場合も、人称変化している助動詞が一番後ろに移動します。
　Ich gehe schon ins Bett. Ich **muss** morgen früh **aufstehen**.
　→ Ich gehe schon ins Bett, weil ich morgen früh **aufstehen muss**.
　= Weil ich morgen früh **aufstehen muss**, **gehe** ich schon ins Bett.
　　私はあした早く起きなければならないので、もう寝ます。

間接疑問文

間接疑問文においてすべての疑問詞は従属接続詞に変身し、定動詞はそのままの形で文末に移動します。

直接疑問文　Wo wohnt er jetzt?
　　　　　　　彼は今どこに住んでいるのですか？
間接疑問文　Ich weiß nicht, wo er jetzt wohnt.
　　　　　　　 = Wo er jetzt wohnt, weiß ich nicht.
　　　　　　　彼は今どこに住んでいるのか私は知らない。
直接疑問文　Warum **spricht** sie so gut Japanisch?
　　　　　　　なぜ彼女は日本語を話すのがそんなにうまいのですか？
間接疑問文　Er fragte mich, warum sie so gut Japanisch **spricht**.
　　　　　　　 = Warum sie so gut Japanisch **spricht**, fragte er mich.
　　　　　　　なぜ彼女はそんなにうまく日本語を話すのか、彼は私に聞いた。

疑問詞のない疑問文（＝決定疑問文）は、間接疑問文にするのには従属の接続詞 ob を使います。

直接疑問文　**Spricht** sie gut Japanisch?
　　　　　　　彼女は日本語を話すのがうまいですか？
間接疑問文　Er fragte mich, ob sie gut Japanisch **spricht**.
　　　　　　　彼女はうまく日本語を話すのか、彼は私に聞いた。

チェック 1　**Er fragte mich.** のあとに **Wann spielen wir Baseball?** を間接疑問文にしてつけて、1 文にしてください。**Wann spielen wir Baseball?** を間接疑問文にして **Er fragte mich.** の前に置くことはできますか？

チェック2 Er wollte wissen. のあとに Spielen wir morgen Baseball? を間接疑問文にしてつけて、1文にしてください。Spielen wir morgen Baseball? を間接疑問文にして Er wollte wissen. の前に置くこともできますか？

チェック3 Wissen Sie? のあとに Wo wohnt Peter jetzt? を間接疑問文にしてつけて、1文にしてください。Wo wohnt Peter jetzt? を間接疑問文にして Wissen Sie? の前に置くことはできますか？ それはなぜですか？

チェック4 Weißt du? のあとに Spricht Peter gut Japanisch? を間接疑問文にしてつけて、1文にしてください。Spricht Peter gut Japanisch? を間接疑問文にして Weißt du? の前に置くことはできますか？ それはなぜですか？

練習問題

1. Es geht ihm nicht gut. Er ist nach Hause gegangen. の2文を a) denn b) deshalb c) weil を使って1文にしてみましょう。

a) 彼は帰宅しました。というのは体の具合が悪いからです。

b) 彼は体の具合が悪いのです。だから帰宅しました。

c) 彼は体の具合が悪いので、帰宅しました。（2通り）

2. Es geht ihm nicht gut. Er arbeitet Tag und Nacht. の2文を a) aber b) trotzdem c) obwohl を使って1文にしてみましょう。

a) 彼は体の具合が悪いです。しかし日夜働いています。

b) 彼は体の具合が悪いです。それにもかかわらず日夜働いています。

c) 彼は体の具合が悪いにもかかわらず、日夜働いています。（2通り）

3. Ich hatte schnell Hausaufgaben gemacht. Ich ging mit dem Hund spazieren. の2文を a) dann b) nachdem c) bevor を使って1文にしてみましょう。

a) 私はさっさと宿題をしてしまった、それから犬と散歩した。

b) 私はさっさと宿題をしたあとで、犬と散歩した。（2通り）

c) 私は犬と散歩する前に、さっさと宿題をすませた。（2通り）

CD2 − 70

第25課　zu 不定詞（句）

> **この課の学習ポイント**
>
> 私の望みは、ヨーロッパへ旅行することです。
> Mein Wunsch ist, nach Europa zu reisen.

1. zu 不定詞句の作り方

　不定詞や不定詞句の最後にある動詞の前に zu を入れたものを zu 不定詞や zu 不定詞句といいます。

 zu singen　歌うこと
 Deutsch **zu** sprechen　ドイツ語を話すこと
 mit Ihnen in die Stadt **zu** gehen　あなたと町へ行くこと

　分離動詞の場合は前つづりと基礎動詞の間に入って1語になり、助動詞がある場合は最後の助動詞の前に zu が入ります。

 morgen um sechs Uhr auf**zu**stehen　あした6時に起きること
 ihn an**zu**rufen　彼に電話すること
 dich gesehen **zu** haben　君と会ったこと
 dich sehen **zu** können　君と会えること

2. zu 不定詞（句）の用法

1. 主語として

CD2 − 71

 Deutsch zu sprechen(,) ist nicht schwer.
 ドイツ語を話すのは難しくない。

 英語の it のように、仮主語の es を文頭に置くこともできます。
 = Es ist nicht schwer, Deutsch zu sprechen.

2. 述語内容詞として

Mein Wunsch ist, nach Europa zu reisen.
私の望みは、ヨーロッパへ旅行することです。

これも仮主語の es を文頭に置くことができます。
= Es ist mein Wunsch, nach Europa zu reisen.
= Nach Europa zu reisen(,) ist mein Wunsch.

3. 4格の目的語として

Ich verspreche Ihnen, morgen um sechs Uhr aufzustehen.
あした6時に起きることを約束します。

zu 不定詞句も、主語はありませんが副文の一種なので、先に来ると全体で1文成分に数え、あとに続く主文は動詞で始まります。
= Morgen um sechs Uhr aufzustehen, verspreche ich Ihnen.

この文は前の課に出てきた従属の接続詞 dass を使って書き換えることもできます。
= Ich verspreche Ihnen, dass ich morgen um sechs Uhr aufstehe.
= Dass ich morgen um sechs Uhr aufstehe, verspreche ich Ihnen.

前半と後半の主語が違う場合、zu 不定詞句は使えませんが、従属の接続詞 dass ならば主語が入れられるので表現できます。

Ich verspreche Ihnen, dass mein Kind morgen um sechs Uhr aufsteht.
うちの子があした6時に起きることを、私はお約束します。

4. 前置詞格の目的語として

Ich freue mich sehr darüber, dich gesehen zu haben.
君と会えてとてもうれしい。

Ich freue mich sehr darauf, dich sehen zu können.
君と会えるのをとても楽しみにしている。

zu 不定詞句を先に置く場合は、da ＋前置詞と zu 不定詞句をセットで1に数えます。
= Darüber, dich gesehen zu haben, freue ich mich sehr.
そのこと、つまり君と会えたことを、私はとても喜んでいる。

= Darauf, dich sehen zu können, freue ich mich sehr.
そのこと、つまり君と会えることを、私はとても楽しみにしている。

5．名詞の付加語として

Wir hatten große Lust zu singen.
私たちは おおいに歌う気になった。

Ich habe heute keine Zeit, mit Ihnen in die Stadt zu gehen.
私はきょう あなたと町へ行く暇はありません。

そのほかに熟語もあります。

6．um ... zu 不定詞 …するために（英語 in order to）

Ich fahre nach Berlin, um dich sehen zu können.
君と会うためにベルリンへ行く。

この熟語も副文の一種なので、先に来ると1つの文成分に数えられます。
= Um dich sehen zu können, fahre ich nach Berlin.

これは前の課に出てきた従属の接続詞 damit を使ってもほぼ同じ意味になります。

Ich fahre nach Berlin, damit ich dich sehen kann.
君と会えるようにベルリンへ行く。
= Damit ich dich sehen kann, fahre ich nach Berlin.

7．ohne ... zu 不定詞　…しないで

Er fliegt nach Deutschland, ohne Deutsch zu lernen.
ドイツ語を勉強しないで、彼はドイツに行く。
= Ohne Deutsch zu lernen, fliegt er nach Deutschland.

8．statt ... zu 不定詞　…する代わりに

Ich schreibe ihm eine Mail, statt ihn anzurufen.
彼に電話する代わりに、私は彼にメールを書く。
= Statt ihn anzurufen, schreibe ich ihm eine Mail.

9. ふつう不定詞に 1 語でも加わった不定詞句はコンマ（**Komma** = ,）で区切りますが、語によってはコンマを入れずに 1 文で書くものもあります。たとえば **scheinen**（のように見える　英語 **seem**）や **brauchen**（英語 **need**）です。ただし後者は必ず否定語や **nur** と使われ、「…する必要がない／…しさえすればよい」の意味になります。

Er scheint schwer krank zu sein.
彼は重病のように見える。

Er scheint fleißig Deutsch zu lernen.
彼は一生懸命ドイツ語を勉強しているらしい。

Du brauchst nicht Deutsch zu lernen.
君はドイツ語を勉強する必要はない。

Sie brauchen morgen nur zu kommen.
あなたはあした来さえすればいい。

10. 英語の **have to** のように、ドイツ語の **müssen** も **haben ... zu** 不定詞に書き換えられます。ただし英語と違って、**zu** 不定詞はあくまでも文末です。

Was musst du heute noch tun?
きょうは あと何をしなくてはいけないの？
= Was hast du heute noch zu tun?

Was musstest du gestern kaufen?
きのう何を買わなくてはいけなかったの？
= Was hattest du gestern zu kaufen?

11. 同じ **haben ... zu** 不定詞で、…することをたくさん（**viel**）もっている・何も（**nichts**）持っていないという言い回しもあります。

Ich habe viel zu tun.
私はすることがたくさんある＝忙しい。

Wir haben nichts zu essen.
うちには食べ物が何もない。

sein ... zu 不定詞という用法もありますが、これは「第 27 課　受動態」で説明します。

🔘 CD2 － 72
■■■■■■ 練習問題 ■■■■■■
解答➡ p.334

1. 右の文を zu 不定詞句にして左の文に結んで、できあがった 1 文の意味を考えてください。注 zu 不定詞句には主語は入れられません。

　例) Es ist nicht schwer. Man spricht Deutsch.
　　→ Es ist nicht schwer, Deutsch zu sprechen.
　　= Deutsch zu sprechen (,) ist nicht schwer.
　　ドイツ語を話すのは難しくない。

　1) Ich verspreche (es) Ihnen. Ich stehe morgen um sechs Uhr auf.

　2) Ich freue mich sehr darauf. Ich kann dich sehen.

　3) Ich schreibe ihm eine Mail. Ich rufe ihn an.（statt を使って）

2. 次は応用文です。同じように、右の文を zu 不定詞句にして左の文に結んで、できあがった 1 文の意味を考えてください。

　1) Ich rate (es) Ihnen. Sie essen nicht so viel.（人^3 事^4 raten …に〜を助言する、勧める）

　2) Ich bitte dich darum. Du lässt mich nicht lange warten.（人^4 um 事^4 bitten …に〜を頼む）

　3) Sie ging nach Hause. Sie sagt mir (nicht) „auf Wiedersehen".（ohne を使って）

第26課　関係代名詞と指示代名詞

> **この課の学習ポイント**
>
> 私はきょう、ドイツへ旅行した友人を訪問する。
> Ich besuche heute den Freund, der nach Deutschland reiste.

1．定関係代名詞

関係代名詞には定関係代名詞と不定関係代名詞があります。定関係代名詞と指示代名詞には同じ表が使えます。しかもその表は定冠詞と似ています。違うのは2格全部と複数3格です。

	男 性	女 性	中 性	複 数
1格	der	die	das	die
2格	dessen	deren	dessen	deren
3格	dem	der	dem	denen
4格	den	die	das	die

チェック1　定関係代名詞の表を完成させてください。

	男 性	女 性	中 性	複 数
1格				
2格				
3格				
4格				

関係代名詞の使い方をまとめると、
1．関係代名詞で始まる文は副文＝定動詞は最後。
2．関係代名詞の性・数は先行詞で決まり、格は関係文中の役割で決まる。
3．関係文の前後に文がある時は、英語と違って必ず（Komma＝,）で区切る。

具体的に次の2文を、関係代名詞を使って結んでみましょう。 (CD)

Ich besuche heute den **Freund**. Der **Freund** reiste nach Deutschland.
私はきょう その友だちを訪問する。その友だちはドイツに旅行した。

1) 左の文の **Freund** を先行詞にした場合

Ich besuche heute den Freund, |der| nach Deutschland reiste.
　　　　　　　　　　先行詞 男性　関係代名詞1格　　　　　　動詞後置＝副文

私はきょう ドイツへ旅行した友人を訪問する。

2) 右の文の **Freund** を先行詞にした場合

Der Freund, |den| ich heute besuche, reiste nach Deutschland.
先行詞 男性　　関係代名詞4格　　動詞後置＝副文

私がきょう訪問する友人は、ドイツに旅行した。

前置詞句の場合は、前置詞と関係代名詞はセットになります。

Ich besuche heute den **Freund**. Ich reiste mit dem **Freund** nach Deutschland.
私はきょう その友だちを訪問する。私はその友だちとドイツに旅行した。

1) 左の文の **Freund** を先行詞にした場合

Ich besuche heute den Freund, |mit dem| ich nach Deutschland reiste.
　　　　　　　　　　先行詞 男性　mit と関係代名詞3格　　　　動詞後置＝副文

私はきょう 私がいっしょにドイツへ旅行した友人を訪問する。

2) 右の文の **Freund** を先行詞にした場合

Ich reiste mit dem Freund, |den| ich heute besuche, nach Deutschland.
　　　　　先行詞 男性　　関係代名詞4格　　動詞後置＝副文

私は きょう訪問する友人と、ドイツに旅行した。

最後は2格の使い方です。

Ich besuche heute den **Freund**. Die Schwester des **Freundes** reiste nach Deutschland. = Seine Schwester reiste nach Deutschland.
私はきょう その友だちを訪問する。その友だちの（＝彼の）お姉さんはドイツに旅行した。
の2文を関係代名詞を使って結んでみましょう。

左の文の Freund を先行詞にした場合

Ich besuche heute den Freund, dessen Schwester nach Deutschland reiste.
　　　　　　　　　　先行詞 男性　　関係代名詞2格　　　　　　　　　動詞後置＝副文

私はきょう お姉さんがドイツへ旅行した友人を訪問する。

Die Schwester の定冠詞は入れられず、dessen die Schwester は間違いです。

従って、ドイツに旅行したのが友だちのお兄さん（男性名詞）でも子ども（中性名詞）でも子どもたち（複数形）でも関係代名詞 dessen は変わりません。

Ich besuche heute den Freund, dessen Bruder nach Deutschland reiste.
　　　　　　　　　　　　　　　　dessen Kind nach Deutschland reiste.
　　　　　　　　　　　　　　　　dessen Kinder nach Deutschland reisten.

チェック2　2) 右の文の **Freund** を先行詞にした場合はどうなるでしょうか？ドイツ語にしてください（ヒント　友人本人が旅行した場合と似ています）。私がきょう訪問する友人のお姉さんは、ドイツに旅行した。

■ 練習問題 ■

解答⇒ p.335

1. **Ich besuche heute die Freundin. Ich reise mit der Freundin nach Europa.** の2文を関係代名詞 を使って1文にしてみましょう。

   1) 私はきょう、私がいっしょにヨーロッパへ旅行した女友だちを訪問します。

   2) 私は、きょう訪問する女友だちと、ヨーロッパ旅行しました。

2. **Das Lied hatte Schubert in Wien komponiert. Er sang gestern das Lied.**
   その歌はシューベルトがウィーンで作曲した。彼がきのうその歌を歌った。
   の2文を関係代名詞 を使って1文にしてみましょう。

   1) 彼がきのう歌った歌は、シューベルトがウィーンで作曲した。

   2) 彼はきのう、シューベルトがウィーンで作曲した歌を歌った。

3. **Du trinkst mit der Tasse Kaffee. Ich habe die Tasse in Meißen gekauft.**
   君はそのカップでコーヒーを飲む。私はそのカップをマイセンで買った。の2文を関係代名詞 を使って1文にしてみましょう。

   1) 君は、僕がマイセンで買ったカップで、コーヒーを飲んでいる。
   2) 君がコーヒーを飲んでいるカップは、僕がマイセンで買ったものだ。

2. 関係副詞

先行詞が時または場所の場合、関係副詞 wo も使える場合があります。

Ich besuchte gestern das Haus. Goethe hatte in dem Haus gewohnt.
私はきのうその家を訪ねた。ゲーテがその家に住んでいた。

→ Ich besuchte gestern das Haus, in dem Goethe gewohnt hatte.

in と関係代名詞3格

= Ich besuchte gestern das Haus, |wo| Goethe gewohnt hatte.
　　　　　　　　　　　　　　　関係副詞

私はきのう、ゲーテが住んでいた家を訪ねた。

Ich denke oft an den Tag. Wir haben uns an dem Tag kennen gelernt.
私はよくその日のことを考える。私たちはその日に知り合った。
→ Ich denke oft an den Tag, |an dem| wir uns kennen gelernt haben.
　　　　　　　　　　　　　　anと関係代名詞3格
= Ich denke oft an den Tag, |wo| wir uns kennen gelernt haben.
　　　　　　　　　　　　　関係副詞

私は私たちが知り合った日のことをよく考えます。

関係副詞は、先行詞が副詞の場合にも使えます。

Ich habe mich auch dort verletzt. Du hast dich dort verletzt.
僕もそこでけがをした。君はそこでけがをした。
→ Ich habe mich auch dort, |wo| du dich verletzt hast, verletzt.
= Ich habe mich auch dort verletzt, |wo| du dich verletzt hast.
僕も、君がけがをしたところでけがをした。

最後の例文のように、先行詞と関係代名詞・関係副詞の間に若干の語が入ることは許されています。

3. 指示代名詞

Was ist **das**? の das が指示代名詞です。和訳すると「それは何ですか？」ですが、人称代名詞の es は、相手に注目して答えてほしいのに指示性が弱すぎるので、ここでは使いません。わかりきっている名詞の繰り返しを避けるだけの人称代名詞との違いは、その指示性の強さにあります。それは語の位置にも表れます。

🔘 CD2 − 77

Ich kenne **ihn**. （人称代名詞）　私は彼を知っています。
Den kenne ich. （指示代名詞）　あいつのことなら知っていますよ。

Taro spielt mit seinem Bruder und **seiner** Frau Tennis. （所有冠詞）
太郎は太郎の兄と太郎の妻とテニスをする。

Taro spielt mit seinem <u>Bruder</u> und **dessen** Frau Tennis.（指示代名詞 男性2格＝直前の男性名詞 Bruder をさす）
太郎は太郎の兄とお兄さんの妻とテニスをする。

そのほか、定冠詞類は名詞を省略すればそのまま指示代名詞になります。

Wir möchten einen Wagen kaufen, aber wir wissen nicht **welchen**.
=Wir möchten einen Wagen, aber wir wissen nicht, welchen Wagen wir kaufen sollen.
車を買いたいのだか、どれをだか（＝どれを買ったらいいか）わからない。

不定冠詞と不定冠詞類も名詞を省略して不定代名詞にできますが、その場合、語尾のなかった3か所（男性1格、中性1・4格）に定冠詞類と同じ語尾がつきます。

Das Zimmer meines Bruders ist größer als **mein(e)s**（＝ mein Zimmer）.
私の兄の部屋は私の（部屋）より大きい。
Haben Sie einen Wagen? Nein, wir haben **keinen**.
車お持ちですか？　いいえ、持っていません。

チェック3　1) 2) 3) の文中の **der/die** はすべて品詞が違います。**der/ die/ das** にはこの3種類の品詞しかなく、もうすべて登場しました。それぞれの品詞名とその見分け方（ほかとの違い）を考えてください。

1) Es war einmal ein König, <u>der</u> König hatte drei schöne Töchter.
2) Es war einmal ein König, <u>der</u> hatte drei schöne Töchter.
3) Es war einmal ein König, <u>der</u> drei schöne Töchter hatte.

（Es war einmal ... は典型的な Märchen の出だしで、「昔々（あるところに）…がいました」と訳されています）

1) Er hat eine junge Freundin, <u>die</u> Freundin arbeitet in Düsseldorf.
2) Er hat eine junge Freundin, <u>die</u> arbeitet in Düsseldorf.
3) Er hat eine junge Freundin, <u>die</u> in Düsseldorf arbeitet.

4. 不定関係代名詞

　定関係代名詞には先行詞となる名詞や指示代名詞が必要ですが、先行詞がない場合や先行詞が不定代名詞など限られた語の場合には不定関係代名詞を使います。
　不定関係代名詞は疑問詞と同じ形です。

	人	物
1格	wer	was
2格	wessen	なし
3格	wem	なし
4格	wen	was

先行詞がない場合

　Wer gezahlt hat,　　　**(der)** bekommt eine Quittung.
　不定関係代名詞1格　指示代名詞1格→同じ格なので省略できる。
　支払った人は、領収書を得る。

　Wer gezahlt hat,　　　**dem** gebe ich eine Quittung.
　不定関係代名詞1格　指示代名詞3格→違う格なので省略できない。
　支払った人には、私は領収書をあげます。

先行詞が代名詞の場合

　Ich gebe dir **etwas**, **was** ich zu Haus habe.
　私は君に、私が家に持っているものを何かあげる
　　　　　　　alles　　　　　　すべてあげる
　　　　　　　nichts　　　　　何もあげない
　Ich gebe dir(**das**), was ich zu Haus habe.
　私は君に、私が家に持っているものをあげる。

　物をさす was と使われる指示代名詞 das は、同じ格だけでなく違う格（1格と4格）でも省略できます。

　Ich gebe dir(**das**), was jetzt im Kühlschrank liegt.
　私は君に、今冷蔵庫に入っているものをあげる。

練習問題

解答⇒ p.336

4. Es gab in der Stadt ein großes Erdbeben. Meine Groß-
mutter wohnt in der Stadt.
その町で大きな地震があった。私の祖母がその町に住んでいる。

の 2 文を、右側の文に 1）関係代名詞、2）関係副詞を使って、1 文に書き換えてください。

1）も 2）も、できあがった文の意味は同じです。
私の祖母が住んでいる町で大きな地震がありました。

5. 買い物をする人が次のように言っています。（　）の中に指示代名詞を入れましょう。

1) Der Pullover gefällt mir. （　）nehme ich.
   このセーターが気に入りました。これをいただきます。

2) Die Jacke gefällt mir. （　）nehme ich.
   このジャケットが気に入りました。これをいただきます。

3) Das Kleid gefällt mir. （　）nehme ich.
   このドレスが気に入りました。これをいただきます。

4) Die Schuhe gefallen mir. （　）nehme ich.
   この靴が気に入りました。これをいただきます。

6. 次のことわざの意味になるように、（　）の中に不定関係代名詞を入れましょう。

1) （　）nicht arbeitet, soll auch nicht essen.
   働かざる者食うべからず。

2) （　）zwei Hasen auf einmal jagt, fängt keinen.
   二兎を追うものは一兎をも得ず。

3) （　）von Herzen kommt, geht zu Herzen.
   心から来たものは心に響く。以心伝心。

4) (　　) lügt, der stiehlt auch.
うそをつく人は、盗みもする。うそつきは泥棒の始まり。

5) (　　) zuerst kommt, mahlt zuerst.
最初に来た人が、粉をひく。早い者勝ち。

6) (　　) nichts hat, kann nichts geben.
何も持たぬ者は、何もあげられない。ない袖は振れぬ。

7) (　　) die Rute spart, verzieht das Kind.
鞭を惜しむ者は、子どもをだめにする。かわいい子には旅をさせよ。

8) (　　) nichts weiß, zweifelt an nichts.
知らない者は疑わない。知らぬが仏。

第27課 受動態

> **この課の学習ポイント**
>
> その歌はシューベルトによって作曲された。
> Das Lied wurde von Schubert komponiert.

1. 受動態の原則

　受動態の不定詞句「…される」は、本動詞の過去分詞と助動詞 werden で作ります。実際の文では、最後の助動詞が所定の位置（1番目か2番目か最後）に所定の形になって移動します。

　だれだれによって（英語 by）が必要な時は von + 3格です。

例 文

よく先生にほめられる	**oft von dem（= vom）Lehrer gelobt werden**
太郎はよく先生にほめられます。	Taro wird oft vom Lehrer gelobt.
あなたはよく先生にほめられますか？	Werden Sie oft vom Lehrer gelobt?
シューベルトに作曲される	**von Schubert komponiert werden**
その歌はだれの作曲ですか？	Von wem wurde das Lied komponiert?
その歌はシューベルトの作曲だ。	Das Lied wurde von Schubert komponiert.

　なされたのが意思をもつ人によるのではない場合は、原因を表す durch + 4格を使います。ここで von + 3格を使うと擬人化された童話のようになってしまうのです。

台風で壊される	**durch den Taifun zerstört werden**
その家は台風で壊された。	Das Haus wurde durch den Taifun zerstört.

以上の文を能動態に書き換えてみると、

 Der Lehrer lobt oft Taro.　先生はよく太郎をほめる。
 Schubert komponierte das Lied.　シューベルトがその歌を作曲した。
 Der Taifun zerstörte das Haus.　台風がその家を壊した。
となります。以上が受動態の骨格です。

次に能動態と受動態を比較して、ケース別の応用を説明しましょう。

能動文の4格が受動文の1格（主語）になり、能動文の1格が人なら受動文で von + 3 格に、意思を持たない事物なら durch + 4 格になります。大切なのはその際、2 格・3 格・前置詞格・副詞などは能動文と受動文で同じです。変わりません。たとえば、能動文の 3 格が受動文の 1 格になることは決してありません。

                Ⓒ𝐷

能動　Mein Mann **komponierte** gestern für mich das Lied.
    1格   4格

  私の夫は きのう 私のために その歌を作曲した。

受動　Das Lied **wurde** gestern für mich von meinem Mann **komponiert**.
    1格   von + 3 格

  その歌は きのう 私のために 私の夫によって作曲された。

動詞・助動詞以外の順番は日本語同様だいたい自由で、強調したい語は1番目か本動詞の直前（熟語がある場合は、さらにその前）に置かれます。

受動　Gestern **wurde** das Lied für mich von meinem Mann **komponiert**.
  きのう その歌は 私のために 夫によって作曲された。

 Für mich **wurde** gestern das Lied von meinem Mann **komponiert**.
  私のために きのう その歌は 夫によって作曲された。

 Für mich **wurde** gestern von meinem Mann das Lied **komponiert**.
  私のために きのう 夫によって その歌が作曲された。

 Von meinem Mann **wurde** gestern das Lied für mich **komponiert**.
  夫によって きのう その歌は 私のために作曲された。

Von meinem Mann **wurde** gestern für mich das Lied **komponiert**.
夫によって きのう 私のために その歌が作曲された。

本動詞の過去分詞を文頭に置いて強調することもできます。
Komponiert wurde das Lied gestern von meinem Mann für mich.
作曲されたんですよ、その歌は きのう 夫によって 私のためにね。

等々きりがないので、以降こういったバリエーションは省略します。

能動　Die Freunde **schenkten** mir zum Geburtstag den Computer.
　　　　1格　　　　　　　　　　　　　　　　　　4格
　　　友人たちが 私に 誕生日に そのコンピュータを贈った。

受動　Der Computer **wurde** mir von den Freunden zum Geburtstag **geschenkt**.
　　　1格　　　　　　　　　　von + 3格
　　　そのコンピュータは 私に 友人たちから 誕生日に贈られたものだ。

gestern、für mich、mir、zum Geburtstag などは、そのまま変わっていませんね。

2. 自動詞の受動など

4格目的語をとらない自動詞も受動態にすることができます。でも、4格がないと受動態の1格（主語）がないことになってしまいます。そこで自動詞の受動態は「それは」という意味のない es を主語にします。この es は文頭に来ない場合は省略されます。

🔘 CD2 − 81

能動　Wir **tranken** gestern den Wein.（この trinken は他動詞）
　　　1格　　　　　　　　4格
　　　私たちは きのう そのワインを飲んだ。

受動　Der Wein **wurde** gestern von uns **getrunken**.
　　　1格　　　　　　　　von + 3格
　　　そのワインは きのう 私たちによって飲まれた。

242

能動　Wir **tranken** gestern viel.（この trinken は自動詞）
　　　1格　　　　　　　　　4格なし！

　　　私たちは きのう たくさん 飲んだ。

受動　Es **wurde** gestern von uns viel **getrunken**.
　　　　　　　　　　　　　von + 3格

　　　きのう 私たちによって たくさん 飲まれた。

　　　Gestern wurde（es は省略）von uns viel **getrunken**.
　　　きのうは 私たちによって たくさん 飲まれた。

受動態の von + 3 格がない場合、能動態の主語は man

受動態で「だれによって」なのかが不明な場合やどうでもいい場合、能動態の主語は不特定多数の人をさす不定代名詞 man になります。

受動　Das Kaufhaus wird um 20 Uhr geschlossen.
　　　　　　　　　　　　　von + 3格なし！

　　　そのデパートは 20 時に閉められる。

能動　Man schließt das Kaufhaus um 20 Uhr.
　　　主語

　　　人はそのデパートを 20 時に閉める。

3.　受動態の時制

また不定詞句の出番です。受動の完了では、助動詞 werden が過去分詞になり sein 支配ですが、助動詞 werden の過去分詞は ge- がつかない worden という形です。

受動の不定詞	ほめ られる	**gelobt werden**
現在形	彼は…にほめられる。	Er wird von ... gelobt.
過去形	彼は…にほめられた。	Er wurde von ... gelobt.
完了不定詞	ほめ られ た	**gelobt worden sein**
現在完了形	彼は…にほめられた。	Er ist von ... gelobt worden.
過去完了形	彼は…に（過去より以前に）ほめられた。	Er war von ... gelobt worden.

未来不定詞	ほめ られる だろう	**gelobt werden werden**
未来形	彼は…にほめられるだろう。	Er wird von ... gelobt werden.
未来完了不定詞	ほめ られ た だろう	**gelobt worden sein werden**
未来完了形	彼は…にほめられただろう。	Er wird von ... gelobt worden sein.

gelobt　worden　sein　werden
ほめ　　られ　　　た　　だろう

と分解解釈できるのです。

　過去形は現在形同様、主語が決まって移動する時に初めて使えます。従って、不定詞句の中にあって移動しない語の「…た」は完了で表すしかありません。

4. 状態受動

　以上は正確には動作受動といわれる構文でした。本動詞の過去分詞といっしょに使う助動詞を sein に変えると状態受動になり、「…された状態にある」という意味になります。

状態受動＝本動詞の過去分詞 と 助動詞 sein
　　　　…された状態にある

● 例　文　　　　　　　　　　　　　　　　　　　　● CD2－82

5 分間ゆでられる（動作受動）	**fünf Minuten gekocht werden**
その卵は 5 分ゆでられた。	Das Ei wurde fünf Minuten gekocht.
柔らかくゆでられた状態にある（状態受動）	**weich gekocht sein**
その卵は半熟です。	Das Ei ist weich gekocht.
20 時に閉められる（動作受動）	**um 20 Uhr geschlossen werden**
そのデパートは 20 時閉店です。	Das Kaufhaus wird um 20 Uhr geschlossen.

あした閉められた状態にある（状態受動）	**morgen geschlossen sein**
そのレストランはあした休みです。	Das Restaurant ist morgen geschlossen.
10 時から 20 時まで開けられた状態にある（状態受動）	**von zehn Uhr bis 20 Uhr geöffnet sein**
その店の営業時間は 10 時から 20 時です。	Das Geschäft ist von zehn Uhr bis 20 Uhr geöffnet.

Ⓒ CD

「第 22 課　形容詞の格変化・名詞化・序数　6. 序数」の説明に使った例文

いつお生まれになったのですか？	Wann sind Sie geboren?
生年月日は 1987 年 3 月 10 日です。	Ich bin am 10.3.1987 geboren.
	Ich bin am zehnten März（＝ dritten）neunzehnhundertsiebenundachtzig geboren.

にも実は状態受動が使われています。日本語には「産む」という他動詞と「生まれる」という自動詞がありますが、ドイツ語には「産む」gebären という他動詞しか存在しません。3 基本形 = gebären-gebar-geboren
そのため、すでに亡くなった歴史上の人物は動作受動の過去形で、まだ生きている人は状態受動の現在形で「出産されて存在している」と表すことが多いのです。

Ⓒ CD

母親によって出産される	**von der Mutter geboren werden**
1749 年に出産される	**(im Jahre) 1749 geboren werden**
ゲーテは 1749 年に生まれて、1832 年に死んだ。	Goethe wurde (im Jahre) 1749 geboren und starb 1832.
1962 年に出産された状態にある	**(im Jahre) 1962 geboren sein**
私は 1962 年に生まれました。	Ich bin (im Jahre) 1962 geboren.

年号は 277 ページ参照。

5. sein ... zu 不定詞

「第 25 課　zu 不定詞（句）」で、haben ... zu 不定詞の説明は終えましたが、sein ... zu 不定詞は先延ばししました。それは受動態がわかると理解しやすいからです。

sein ... zu 不定詞の意味は、　…されることができる
　　　　　　　　　　　　　…されねばならない
　　　　　　　　　　　　　（まれに）…されるべきだ

で、いずれも受動が含まれています。このうちのどれなのかはケースや文脈で判断されます。

CD2 － 83

Sein Buch ist nur schwer zu verstehen.
彼の本はむずかしくのみ理解されることができる。

＝彼の本を理解するのはむずかしい。

＝ Sein Buch kann nur schwer verstanden werden.（受動態）

＝ Man kann sein Buch nur schwer verstehen.（能動態）

Das Problem ist bis morgen zu lösen.
この問題はあしたまでに解決されねばならない。

＝ Das Problem muss bis morgen gelöst werden.（受動態）

＝ Man muss das Problem bis morgen lösen.（能動態）

■ 練習問題 ■

解答⇒ p.336

1. 左の空欄には日本語を、右の空欄にはドイツ語を入れてみましょう。

1)	よくその女の先生にほめられる	
		Taro wird oft von der Lehrerin gelobt.
	太郎はよく先生にほめられた。（過去形）	
	よくその女の先生にほめられた	**oft von der Lehrerin gelobt worden sein**
	太郎はよく先生にほめられた。（現在完了）	
	おそらく その先生にほめられるだろう	**wohl von der Lehrerin gelobt werden werden**
	太郎はおそらく その先生にほめられるだろう。	
2)		**durch den Taifun zerstört werden**
	その家は台風で壊された。（過去形）	
	台風で壊された（完了不定詞）	
	その家は台風で壊された。（現在完了）	
3)		**hart gekocht sein**
	その卵はかたゆでです。	

2. 次は応用文です。　　　　　　　　　　　　CD2 − 84

1)	ゲーテによって書かれる	
		„Faust" wurde von Goethe geschrieben.
2)	洗われる	
		Wann werden die Socken gewaschen?
		schon gewaschen sein
	それらはもう洗ってあります。 （洗われた状態にある）	
3)	私は　　　年に生まれました。 （自分の生まれた年を入れましょう）	

3. 慣れた方は **sein ... zu** 不定詞にも挑戦してみましょう。（　　　）に **1** 語ずつ入れて文を完成させてください。　　　　　　　CD

1) その質問は簡単には答えられない。
　　Die Frage（　　　　　）nicht leicht（　　　　　）beantworten.
　　= Die Frage（　　　　　）nicht leicht（　　　　　）（　　　　　）.
　　（受動態）
　　= Man（　　　　　）die Frage nicht leicht（　　　　　）.（能動態）

2) 犬たちはリードで連れて歩かねばならない。
　　Hunde（　　　　　）an der Leine（　　　　　）führen.
　　= Hunde（　　　　　）an der Leine（　　　　　）（　　　　　）.
　　（受動態）
　　= Man（　　　　　）Hunde an der Leine（　　　　　）.（能動態）

3) その子どもはまだ救えるか？
　　（　　　　　）das Kind noch（　　　　　）retten?
　　=（　　　　　）das Kind noch（　　　　　）（　　　　　）?
　　（受動態）
　　=（　　　　　）man das Kind noch（　　　　　）?（能動態）

第28課 分　詞

> **この課の学習ポイント**
>
> 現在分詞　singend　歌いながら
> 過去分詞　gesungen　歌われて
> 未来分詞　zu singend　歌われねばならない

　ドイツ語には現在進行形や過去進行形はないのに、現在分詞はあります。では、どのように作り、どのように使うのでしょうか。

1. 現在分詞と未来分詞の作り方

　現在分詞の作り方は単純で、不定詞に -d をつけます。singen → singend

　例外は次の 2 語で、間に e が入ります。sein → seiend、tun → tuend

　過去分詞は動詞編の第 8 課にあるとおり、規則動詞は ge- 語幹 -t でできますが、不規則動詞は個々に調べないとわかりません。

　未来分詞は「第 27 課　sein ... zu 不定詞」のいわば仲間で、zu と現在分詞（＝不定詞に -d）で作ります。singen → zu singend

チェック　3 つの分詞の表を完成させてください。

不定詞	singen	loben	lächeln	bewegen
現在分詞				
過去分詞				
未来分詞				

2. 現在分詞の用法

どの分詞も使い方は基本的には形容詞と同じです。そこで形容詞の用法を復習しましょう。

1. 述語（sein、werden）とともに＝述語内容詞として
2. それ以外の動詞とともに＝副詞として
3. 後ろにある名詞を形容して＝名詞の付加語として

3から形容詞の名詞化もできました。→ここでは3′にします。

まず、現在分詞から、それらの用法の説明をしましょう。

1. 現在分詞は述語（sein、werden）とともに、述語内容詞としては使えません。もしこれができれば、ドイツ語にも進行形が存在することになるのですが、ご存知のとおり、ドイツ語には進行形、すなわち現在分詞の1の使い方はありません。

 逆にこの用法が存在する語は、現在分詞本来の意味を失って形容詞になったとみなされます。辞書にも形容詞として記載され、比較級や最上級も作れます。

    Der Film war aufregend/ spannend.
    その映画はハラハラドキドキした/手に汗をにぎった。

2. 現在分詞を語尾なしで副詞として使う時は、たいてい「…しながら」という意味になります。

    Das Mädchen kommt laut singend.
    その少女は大声で歌いながらやって来る。

    Sie grüßte mich lächelnd.
    彼女は私にほほえみながら挨拶した。

3. 名詞の付加語として後ろにある名詞を修飾する時は、「名詞編　第22課」でやったのとそっくり同じ形容詞の語尾がつきます。

    die singende Frau（女性1・4格）その歌っている女性が・を
    einem lächelnden Mann（男性3格）1人のほほえんでいる男性に
    das glänzende Ding（中性1・4格）その輝いているものが・を

3′. 3番の現在分詞を大文字で書いて名詞を省略すれば、形容詞の名詞化のできあがりです。

die Singende（女性1・4格）その歌っている女性が・を
einem Lächelnden（男性3格）1人のほほえんでいる男性に
das Glänzende（中性1・4格）その輝いているものが・を

3. 過去分詞の用法

　過去分詞の作り方は規則動詞と不規則動詞で違いますが、意味は自動詞と他動詞で異なります。

1. 過去分詞が sein と使われるのは状態受動か sein 支配の動詞の完了形であり、werden と使われる時は動作受動です。それ以外で述語と使えるのは、現在分詞同様、形容詞になったものに限られます。

   Er ist geschickt.　彼は器用だ。

2. 副詞として使われる場合、自動詞はたいてい「…して」、他動詞は「…されて」と訳されます。

   Er verließ aufgeregt das Zimmer.　彼は興奮して部屋を出た。
   　　　　　aufregen 自動詞　興奮する

   Er verließ gekränkt das Zimmer.　彼は気分を害されて部屋を出た。
   　　　　　人⁴ kränken 他動詞　…の気分を害する

   Wir saßen tief bewegt im Zimmer.　私たちは深く感動して部屋にすわっていた。
   　　　　　人⁴ bewegen 他動詞　…を動かす、感動させる

3. 付加語的用法も、自動詞は「…した名詞」、他動詞は「…されている／された名詞」と訳すと、たいてい意味が通じます。

   die angekommenen Gäste　到着したお客たち
   ein weich gekochtes Ei　1つの柔らかくゆでられている／ゆでられた卵

3′. 3番の過去分詞を大文字で書いて名詞を省略すれば、形容詞の名詞化のできあがりです。

die Angekommenen　到着した人たち
ein weich Gekochtes　1つの柔らかくゆでられている／ゆでられたもの

4. 未来分詞の用法

　未来形同様、未来分詞も未来のことに使うわけではありません。

1. 未来分詞が述語 sein と使われるのが「第27課　5. sein ... zu 不定詞」です。従って、

    Ein Zimmer ist noch zu vermieten.　は状況によって、
    あと1部屋貸されることができる。（旅行者が部屋を探している）
    あと1部屋貸されねばならない。（そうしないと大家が生活できない）
    あと1部屋貸されるべきだ。（他者が人助けしろと意見している）

などと受動 + können、müssen、sollen の意味になります。

　未来分詞が述語 werden と使われることはありません。

2. 未来分詞が副詞として使われることもありません。

3. 付加語として後ろにある名詞を修飾する時は、やはり形容詞の語尾がつきます。

    die zu operierende Stelle　手術されねばならない・されることができる箇所
    der zu lobende Schüler　賞賛されることができる・されるべき生徒

3′. ふつう未来分詞は名詞化しません。

5. 冠飾句

　3の付加語としての用法で、さらに目的語など修飾する語句が加わったものを冠飾句といいます。冠飾句は少ない紙面で多くの情報を与えられるので、新聞や専門書など書き言葉に多く見られます。同じことは関係文を使っても表現でき、話し言葉はこちらの方が好まれます。この双方が理解できる方は、ドイツ語にかなり堪能な方といえますので、初心者の方はあ

せらないでください。

現在分詞   CD2 − 87

ein ihr nicht gut passendes Kleid
1着の彼女によく合わないドレス

= ein Kleid, das ihr nicht gut passt

das im Garten mit seinen Freunden spielende Kind
庭で友人たちと遊んでいる子ども

= das Kind, das im Garten mit seinen Freunden spielt

過去分詞

ein aus dem Krankenhaus entflohener Patient
病院から逃げ出した患者

= ein Patient, der aus dem Krankenhaus entflohen ist

der von einem jungen Schriftsteller geschriebene Roman
若い作家によって書かれた長編小説

= der Roman, der von einem jungen Schriftsteller geschrieben wurde

未来分詞

ein nicht zu verachtender Feind
軽視できない／するべきではない敵

= ein Feind, der nicht zu verachten ist
= ein Feind, der nicht verachtet werden kann/soll
= ein Feind, den man nicht verachten kann/soll

ein noch heute an den Mann zu vermietendes Haus
今日中にその男に貸さねばならない家

= ein Haus, das noch heute an den Mann zu vermieten ist
= ein Haus, das noch heute an den Mann vermietet werden muss
= ein Haus, das man noch heute an den Mann vermieten muss

練習問題

解答⇒ p.337

1. 3つの分詞の表を完成させてください。

不定詞	spielen			
現在分詞		passend		
過去分詞			aufgeregt	
未来分詞				zu operierend

2. （　）の中に **1)** は現在分詞、**2)** は過去分詞、**3)** は未来分詞を入れてください。語尾がつく場合もあります。

1)	いつも歌いながら料理する	**immer（　　　　　）kochen**	
	母は歌いながら料理します。	Meine Mutter kocht immer（　　　　　）.	
	その歌っている母は	die（　　　　　）Mutter	
	その歌っている母の	der（　　　　　）Mutter	
	その歌っている母に	der（　　　　　）Mutter	
	その歌っている母を	die（　　　　　）Mutter	
2)	1つのゆでられた卵が	ein（　　　　　）Ei	
	1つのゆでられた卵の	eines（　　　　　）Eis	
	1つのゆでられた卵に	einem（　　　　　）Ei	
	1つのゆでられた卵を	ein（　　　　　）Ei	
3)	その賞賛されうる子どもが	das（　　　　　）（　　　　　）Kind	
	その賞賛されうる子どもの	des（　　　　　）（　　　　　）Kindes	
	その賞賛されうる子どもに	dem（　　　　　）（　　　　　）Kind	
	その賞賛されうる子どもを	das（　　　　　）（　　　　　）Kind	

254

3. 完成させてください。　　　　　　　　　　　　　CD2 − 88

1) それらの到着したお客さんたち
 = (　　　　　) (　　　　　　　) (　　　　　　　)
 ができた方は、冠飾句に挑戦してみましょう。

 それらの1時間前に大阪に到着したお客さんたち
 =
 = die Gäste, die vor einer Stunde in Osaka angekommen sind/waren

2) 私の眠っている子ども
 = (　　　　　) (　　　　　　　) (　　　　　　　)
 ができた方は、冠飾句に挑戦してみましょう。

 私の居間でぐっすり眠っている子ども
 =
 = mein Kind, das im Wohnzimmer tief schläft

3) その救われることができる男性
 = (　　　　　) (　　　　　　) (　　　　　　　)
 　 (　　　　　　)
 ができた方は、冠飾句に挑戦してみましょう。

 その残念ながら もはや救われることのできない男性
 =
 = der Mann, der leider nicht mehr zu retten ist
 = der Mann, der leider nicht mehr gerettet werden kann
 = der Mann, den man leider nicht mehr retten kann

第29課　接続法

> **この課の学習ポイント**
>
> 私にもっと暇があればなあ！
> Wenn ich doch mehr Zeit hätte!
>
> 私を助けていただけますでしょうか？
> Könnten Sie mir bitte helfen?

1.「法」とは？

　言語学で「法」は、動詞の変化形の分類に使われます。不定詞句を所定の位置に所定の「形」にして移動する場合、この「法」の人称変化形のどれかにしていたのです。それ以外の「形」は存在しません。それぞれの「法」によって同じ動詞にも異なった意味ニュアンスが加わります。「法」は全部で3種類あり、それがさらに2つに分けられます。すべての動詞がこれらの変化形を持っていて、たとえばkommenで主語がerの場合の例で示すと、

```
       ┌ 直説法(事実をそのまま述べる) ┬ 現在形　er kommt（彼は来る）
       │                              └ 過去形　er kam　　（彼は来た）
       │
法 ────┼ 命令法(相手に命令やお願い) ┬ du に対して　komm(e)（来い）
       │                              └ ihr に対して　kommt（来なさい）
       │
       └ 接続法(下記のニュアンスが加わる) ┬ 第1式　er komme
                                           └ 第2式　er käme
```

となります。

ご覧のとおり接続法には第1式と第2式があります。どんなニュアンスが加わるかというと、

1）要求話法　　　　第1式
2）間接話法　　　　第1式（若干第2式）
3）非現実話法　　　第2式
4）外交的接続法　　第2式

と分類できます。

　要求話法は、たとえば神社仏閣で手を合わせてお願いする時のニュアンス「…しますように」が加わります。Er komme bald. は「彼がじきに来ますように」という願いを表します。

　間接話法は「だれかが《彼は来る》と言っている」「彼は来るそうだ」というニュアンスを加えるため、発話の真実性に責任を持たずに述べることができます。いちいち引用符を使って直接話法で表す必要がなくなるのです。

　非現実話法は英語の仮定法にあたり、「もし彼が来れば、…するんだが」、でも「実際は来ないから…しない」ことを意味します。

　外交的接続法は、英語の Would you mind ... や Could you please ... にあたり、「…していただけますでしょうか？」とこのうえなく丁寧なお願いなどが表現できます。

2. 基本形の作り方

　接続法第1式の基本形は、語幹 -e で簡単です。しかも例外は sein 1 語だけです。

CD2 － 90

不定詞	語　幹	接続法第1式基本形
lernen	lern-	lerne
spielen	spiel-	spiele
machen	mach-	mache
werden	werd-	werde
haben	hab-	habe

mögen	mög-	möge
können	könn-	könne
kommen	komm-	komme

接続法第 2 式の基本形は、規則動詞は過去基本形と同じで、語幹 -te です。不規則動詞は過去基本形に Umlaut のつく母音がある場合はつけて ä、ö、ü にします。

人称変化の語尾を同じにするために、不規則動詞も -e で終わっていない場合は -e をつけます。

		不定詞	過去基本形	接続法第 2 式基本形
規則動詞		lernen	lernte	lernte
		spielen	spielte	spielte
		machen	machte	machte
不規則動詞		werden	wurde	würde
		haben	hatte	hätte
		sein	war	wäre
		mögen	mochte	möchte
		können	konnte	könnte
		kommen	kam	käme

接続法第 1 式と接続法第 2 式の人称変化は同じで、過去人称変化（＝直説法過去）とほぼ同じです。入れる基本形だけが、それぞれ異なります。

		単　　数		複　　数	
1 人称	私は	基本形 - △	私たちは	基本形 -n	
2 人称（親称）	君は	基本形 -st	君たちは	基本形 -t	
3 人称	彼は	基本形 - △	彼らは	基本形 -n	
2 人称（敬称）	あなたは	基本形 -n	あなた方は	基本形 -n	

不定詞 = werden　接続法第 1 式基本形 = werde		
	単　　数	複　　数
1 人称	ich werde	wir werden
2 人称（親称）	du werdest	ihr werdet
3 人称	er werde	sie werden
2 人称（敬称）	Sie werden	Sie werden

不定詞＝ werden　接続法第 2 式基本形＝ **würde**

	単　　数	複　　数
1 人称	ich würde	wir würden
2 人称（親称）	du würdest	ihr würdet
3 人称	er würde	sie würden
2 人称（敬称）	Sie würden	Sie würden

接続法第 1 式唯一の例外 sein の表は次のようになります。

単数 1 人称・3 人称で語尾 -e がつかないのが、例外たるゆえんです。

不定詞＝ **sein**　接続法第 1 式基本形＝ **sei（e）**

	単　　数	複　　数
1 人称	ich **sei**	wir seien
2 人称（親称）	du sei(e)st	ihr seiet
3 人称	er **sei**	sie seien
2 人称（敬称）	Sie seien	Sie seien

チェック 1　次の動詞の接続法第 1 式と第 2 式の基本形を作ってください。

不定詞	接続法第 1 式基本形	接続法第 2 式基本形
spielen		
machen		
werden		
sein		
haben		
mögen		
können		
kommen		

チェック2 haben の接続法第1式と第2式の表を完成させましょう。

不定詞＝ haben　接続法第1式基本形＝（　　　　　　　）		
	単　　数	複　　数
1人称	ich habe	wir
2人称（親称）	du	ihr
3人称	er	sie
2人称（敬称）	Sie	Sie

不定詞＝ haben　接続法第2式基本形＝（　　　　　　　）		
	単　　数	複　　数
1人称	ich hätte	
2人称（親称）		
3人称		
2人称（敬称）		

作り方がわかったら、それぞれの使い方について説明しましょう。

3．接続法第1式の用法

1）要求話法

特に3人称の人が「…しますように」と祈る時、願う時に使います。本動詞をそのまま接続法第1式にして使うこともできますし、話法の助動詞 mögen を接続法第1式にして使うこともできます。

CD2－91

健康に暮らす	**gesund leben (mögen)**
私の家族が健康に暮らせますように！	Meine Familie lebe gesund! Meine Familie möge gesund leben!
試験に合格する	**die Prüfung bestehen (mögen)**
太郎が試験に受かりますように！	Taro bestehe die Prüfung! Taro möge die Prüfung bestehen!
すてきなボーイフレンドを見つける	**einen netten Freund finden mögen**
私にすてきな彼氏ができますように！	Ich möge einen netten Freund finden!
あなたに挨拶する	**Sie grüßen**
神があなたに挨拶しますように！	Gott grüße Sie!

*これが南部の挨拶「こんにちは！」に使われています	Grüß(e)(Sie) Gott!
	Grüß(e)(dich) Gott!
	Grüß(e)(euch) Gott!

2人称のためには別に命令法があります。が、命令法はduとihrに対するものだけで、Sieに対するものが入っていません。実はSieに対する命令形は、まさにこの接続法第1式の要求話法だったのです。主語をwirに変えると「しましょう」（英語Let's）になります。

家に行く	**nach Haus gehen**
家に帰りなさい！	Gehen Sie nach Haus!
どうか家に帰ってください！	Bitte gehen Sie nach Haus! Gehen Sie bitte nach Haus! Gehen Sie nach Haus bitte!
家に帰りましょう！	Gehen wir nach Haus!
その歌を歌う	**das Lied singen**
その歌を歌いなさい！	Singen Sie das Lied!
その歌を歌いましょう！	Singen wir das Lied!
達者に暮らす	**wohl leben**
お達者で！（別れの挨拶）	Leben Sie wohl!

2）間接話法

間接話法で一番重要なのは、英語のような「時制の一致」がないことです。ですからここでも英語ではなく、日本語で考えた方が手っ取り早いのです。

　彼女は…した（完了形）と言っている。（現在形）
　彼女は…している（現在形）と言っていた。（完了形または過去形）

と、日本語と同じように表します。gestern（きのう）やjetzt（今）などの語も、そのまま間接話法に使えます。

平叙文

aとbを比べてみてください。

a 直接話法　Taro sagte: „Ich bin schwer krank. Ich kann dich heute nicht besuchen."
　間接話法　Taro sagte, er sei schwer krank. Er könne mich heute nicht besuchen.
　　　　　　　　　　　　　　　接続法第1式　　　　　　　　　　接続法第1式

b 直接話法　Taro sagte: „Ich bin schwer krank." Er kann mich heute nicht besuchen.
　間接話法　Taro sagte, er sei schwer krank. Er kann mich heute nicht besuchen.
　　　　　　　　　　　　　　　接続法第1式　　　　　　　　　　直説法現在形

a 太郎は「僕は重い病気だ。きょう君のうちに行けない」と言った。
b 太郎は「僕は重い病気だ」と言った。彼はきょう僕のうちに来られない。

「きょう訪問できない」という文・判断・責任がaでは言った人（ここでは太郎）によるものであり、bでは文を作った人（ここでは太郎の話を聞いた訪問先の人）になります。間接話法は新聞や雑誌でよく使われ、どこまでが接続法か、どこからが直説法かを注意する必要があります。それによって、文の責任者が言った人（たとえば政府のスポークスマン）か書いた人（＝ジャーナリスト）か、はっきりするのです。

過去のことは直接話法では過去形・現在完了・過去完了の3時制で表せますが、間接話法は完了形の助動詞を接続法で表すので1種類しかできません。

直接話法
Maria schreibt:　„Ich reiste nach München und trank viel Bier."
　　　　　　　　„Ich bin nach München gereist und habe viel Bier getrunken."
　　　　　　　　„Ich war nach München gereist und hatte viel Bier getrunken."

間接話法　Maria schreibt, sie sei nach München gereist und habe viel Bier getrunken.
　　　　　　　　　　　　　　　接続法第1式　　　　　　　　　　接続法第1式

マリアは「私はミュンヒェンに旅行して、たくさんビールを飲んだ」と書いている。

疑問詞のある疑問文（補足疑問文）

　直接話法に使われている疑問詞は間接話法にも使います。ただし、間接疑問文になるので疑問文は副文になり、動詞は文末に移動します。

直接話法　　Ich fragte ihn: „Wo wohnen Sie jetzt?"
間接話法　　Ich fragte ihn, wo er jetzt wohne.
　　　　　　　　　　　　　　　　　　　　　接続法第1式

私は彼に「今どこにお住まいですか？」と尋ねた。

疑問詞のない疑問文（決定疑問文）

　間接話法には従属接続詞 ob を使い、動詞は文末に移動します。

直接話法　　Ich fragte ihn: „Fährst du in die Stadt mit?"
間接話法　　Ich fragte ihn, ob er in die Stadt mitfahre.
　　　　　　　　　　　　　　　　　　　　　　　　接続法第1式

私は彼に「あなたもいっしょに町へ行く？」と聞いた。

bitte のない命令文

　話法の助動詞 sollen を接続法第1式にして「…すべきだ」と使います。

直接話法　　Meine Mutter sagt mir immer: „Lerne fleißig!"
間接話法　　Meine Mutter sagt mir immer, ich solle fleißig lernen.

母は私に「一生懸命勉強しなさい！」といつも言う。

bitte のある命令文

　bitte のある命令文はお願い口調なので「すべきだ」だと強すぎます。そのため話法の助動詞 mögen の接続法第1式を使って「…してほしい」にします。

直接話法　　Meine Mutter bat mich: „Bitte hilf mir!"
間接話法　　Meine Mutter bat mich, ich möge ihr helfen.

母は私に、手伝ってほしいと頼んだ。

以上が間接話法です。

が、先ほどの文をちょっと変えてみましょう、

直接話法　Er fragte mich: „Kommst du in die Stadt mit?"
間接話法　Er fragte mich, ob ich in die Stadt mitkomme.
接続法第1式

彼は私に「君もいっしょに町へ行く？」と聞いた。

　間接話法で接続法第1式を使っているつもりなのに現在形（＝直説法現在）と同じ形になってしまっているのにお気づきでしょうか？　このように接続法第1式と現在形（＝直説法現在）が同じ形になっている場合、誤解を避けたければ接続法第2式を使います。

間接話法　Er fragte mich, ob ich in die Stadt mitkäme.
接続法第2式

　このように同じ形になる可能性のあるのは主語が ich、wir、sie（彼ら）、Sie の場合です。

━━━━━━━━━━━━━　練習問題　━━━━━━━━━━━━━

解答⇒ p.339

1. 空欄に人称代名詞と動詞を入れて、**werden** の接続法第1式の人称変化表を完成させましょう。接続法第1式基本形＝（　　　　　　　　）

	代名詞	動詞		代名詞	動詞
私は			私たちは	wir	werden
君は（親称）			君たちは（親称）		
彼は					
彼女は			彼らは		
それは					
あなたは（敬称）			あなた方は（敬称）		

2. 左の空欄には日本語を、右の空欄にはドイツ語を入れてみましょう。

1)	家に行く	nach Haus gehen
	家に帰りなさい！	Gehen Sie nach Haus!
	どうか家に帰ってください。	
	家に帰りましょう！	
2)		das Lied singen
	その歌を歌いなさい！	
	その歌を歌いましょう！	
3)		gesund leben (mögen)
	私の家族が健康に暮らせますように！	

CD2 − 92

3. 次の大臣の談話を、ジャーナリストになったつもりで間接話法で記事にしてください。

1) Der Minister sagte: „Ich fliege im März nach Japan. Dort spreche ich mit meinen japanischen Kollegen. Ich fahre auch nach Kyoto, wo ich eine japanische Familie besuchen kann. Ich freue mich schon darauf."

2) Der Minister sagt: „Ich flog im März nach Japan. Dort sprach ich mit meinen japanischen Kollegen. Ich fuhr auch nach Kyoto, wo ich eine japanische Familie besuchen konnte. Es war sehr interessant."

4. 接続法第 2 式の用法

3）非現実話法

接続法第 2 式で英語の仮定法を表します。ドイツ語では非現実話法といいます。

私はじゅうぶんお金がない。　私は車を買わない。（現実）
Ich habe nicht genug Geld.　　Ich kaufe kein Auto.
→もし私にじゅうぶんお金があったら、車を買うんだけどなあ。

Wenn ich genug Geld hätte, $\begin{cases} \boxed{\text{kaufte}} \text{ ich ein Auto.} \\ \boxed{\text{würde}} \text{ ich ein Auto } \boxed{\text{kaufen}} . \end{cases}$

　　本動詞の接続法第2式は、助動詞 werden の接続法第2式と本動詞の不定詞に置き換えても同じ意味です。kaufen 1語で意味と文法を担っても、kaufen は意味だけ、werden が文法と、役割分担をすることもできるわけです。
　　また、文頭の wenn を省略することができます。その場合、副文最後にあった（助）動詞が、省略した wenn の位置に移動し、主文の最初に dann または so を使うことが多いです。

Hätte ich genug Geld, $\begin{cases} \text{dann kaufte ich ein Auto.} \\ \text{so würde ich ein Auto kaufen.} \end{cases}$

　過去の非現実は、完了形で表します。
私はあの時じゅうぶんお金がなかった。私は車を買わなかった。（現実）
Ich hatte damals nicht genug Geld.　　　Ich kaufte kein Auto.
Ich habe damals nicht genug Geld gehabt.　Ich habe kein Auto gekauft.
→もしあの時私にじゅうぶんお金があったら、車を買っていたんだけどなあ。（非現実）
　　Wenn ich damals genug Geld gehabt hätte, hätte ich ein Auto gekauft.
　　Hätte ich damals genug Geld gehabt, dann hätte ich ein Auto gekauft.

　　次は、話法の助動詞の入った例です。
彼は今ここにいない。彼は私を助けることができない。（現実）
Er ist jetzt nicht hier. Er kann mir nicht helfen.
→もし今彼がここにいたら、助けてくれるんだけどなあ。（非現実）
　　Wenn er jetzt hier wäre, könnte er mir helfen.
　　Wäre er jetzt hier, so könnte er mir helfen.

　　過去の非現実は、完了形で表します。
彼はあの時ここにいなかった。　彼は私を助けることができなかった。（現実）
Er war damals nicht hier.　　Er konnte mir nicht helfen.
Er ist damals nicht hier gewesen. Er hat mir nicht helfen können.
→もしあの時彼がここにいたら、助けてくれていたんだけどなあ。（非現実）
　　Wenn er damals hier gewesen wäre, hätte er mir helfen können.
　　Wäre er damals hier gewesen, dann hätte er mir helfen können.

もし…ならばなあ！と後半を言わないで使うこともできます。その場合、doch または nur を入れます。

　私にもっと暇があればなあ！
　Wenn ich doch mehr Zeit hätte!
　もしあの時 彼女がここにいてさえくれたらなあ！
　Wenn sie damals nur hier gewesen wäre!

また、後半だけで使うこともできます。
　私だったら その車を買うのに。
　Ich würde das Auto kaufen.（ich にアクセント）
　君がいなかったら その車は買わなかっただろうよ。
　Ohne dich hätte ich das Auto nicht gekauft.

als ob は「まるで…のように、あたかも…のごとく」という意味で、英語の as if にあたります。
　彼はまるでドイツ人のように、ドイツ語を話す。
　Er spricht Deutsch, als ob er Deutscher wäre.
　　　　　　　　　　　　　　　　　　接続法第2式
　彼女はあたかもすべてを知っているかのごとく、ふるまっている。
　Sie tut so, als ob sie alles wüsste.
　　　　　　　　　　　　接続法第2式

同じことを als だけでも表せます。その場合、省略した ob の場所に動詞（接続法第2式）が移動します。

　= Er spricht Deutsch, als wäre er Deutscher.
　　　　　　　　　　　　　　接続法第2式
　= Sie tut so, als wüsste sie alles.
　　　　　　　　　接続法第2式

4）外交的接続法

接続法第 2 式が会話でよく使われるのは丁寧に言う時です。英語の Could you please ... や Would you mind ... にあたります。英語の please にあたる bitte を入れることもよくあります。とても礼儀正しいお願いになります。

🔘 CD2 － 93

私に手を貸すことができる	mir helfen können
私を助けていただけますでしょうか？	Könnten Sie mir（bitte）helfen?
好んで定食 A を持つ	gern das Menü A haben
私は定食 A をいただきます。	Ich hätte gern das Menü A.
ワインを 1 杯いただきたい	(gern) ein Glas Wein möchte(n)

ワインを1杯ください。	Ich möchte (gern) ein Glas Wein.
ヨーロッパに旅行したい	**nach Europa reisen möchte(n)**
ヨーロッパ旅行したいかい？	Möchtest du nach Europa reisen?
うん、ぜひしたいな。	Ja, ich möchte sehr gern dorthin reisen.
私に塩をとって渡す	**mir das Salz reichen**
恐れ入りますが、塩をとっていただけますでしょうか？	Würden Sie mir bitte das Salz reichen?

■■■■■■■■■■■■■■ 練習問題 ■■■■■■■■■■■■■■

解答➡ **p.340**

4. 空欄に人称代名詞と動詞を入れて、**werden** の接続法第2式の人称変化表を完成させましょう。接続法第2式基本形＝（　　　　　　　　）

	代名詞	動　詞		代名詞	動　詞
私は			私たちは		
君は（親称）			君たちは（親称）		
彼は					
彼女は			彼らは	sie	würden
それは					
あなたは（敬称）			あなた方は（敬称）		

5. 左の空欄には日本語を、右の空欄にはドイツ語を入れてみましょう。

1)	今ここにいる	jetzt hier sein
	私に手を貸すことができる	mir helfen können
	今彼がここにいたら、助けてくれるんだけどなあ。（実際はいないから、助けられない）	
		Wenn du jetzt nur hier wärest!

2)	じゅうぶんお金を持っている	**genug Geld haben**
	1台の車を買う	**ein Auto kaufen**
	もし私にじゅうぶんお金があれば、車を買うんだけどなあ。（実際はないから、買わない）	
		Wenn ich doch viel Geld hätte!
3)	じゅうぶんお金を持っていた	
		ein Haus gekauft haben
		Wenn ich genug Geld gehabt hätte, hätte ich ein Haus gekauft.
		Hätte ich genug Geld gehabt, dann hätte ich ein Haus gekauft.
	あの時たくさんお金があったらなあ。	

6. 応用文にも挑戦してみましょう。

CD2 − 94

1)	そのスーツケースを運ぶ	**den Koffer tragen**
	そのスーツケースを運んでいただけますでしょうか？	
	ちょっと私のバッグを持つ	**mal meine Tasche halten**
	ちょっと私のバッグを持っていてくださるかしら？	
2)	健康である	**gesund sein**
	いっしょに旅行に行くことができる	**mitreisen können**
	もし母が健康ならば、いっしょに旅行に行けるのだがなあ。（実際は健康でないから、行けない）	
3)	健康だった	
	いっしょに旅行に行くことができた	
	もし母が健康だったならば、いっしょに旅行に行けたのだがなあ。（実際は健康でなかったから、行けなかった）	

第30課 複雑な助動詞構文

> **この課の学習ポイント**
>
> もう到着したに違いない
> 　schon angekommen sein müssen
>
> ドイツ語が話せるだろう
> 　Deutsch sprechen können werden

　助動詞が2つ以上つく複雑な文は、普通ならば初級文法ではまだほとんど扱わないので、初心者の方が理解できなくても悲観なさらないでください。でも、不定詞句のトレーニングを積んでマスターした方は、ここで力を発揮できるのではないでしょうか。

　そのために助動詞構文を復習しておきましょう。

文法用語	不定詞句の作り方	例　文
話法の助動詞	本動詞の不定詞＋話法の助動詞6語 sprechen können 話す　　ことができる	Er kann Deutsch sprechen. 彼はドイツ語が話せる。
未来形	本動詞の不定詞＋助動詞 werden sprechen werden 話す　　だろう	Er wird Deutsch sprechen. 彼はドイツ語を話すだろう。
現在完了	本動詞の過去分詞＋助動詞 haben または sein gesprochen haben 話し　　　た	Er hat Deutsch gesprochen. 彼はドイツ語を話した。
過去完了	本動詞の過去分詞＋助動詞 haben または sein angekommen sein 到着し　　　た	Er war in Berlin angekommen. 彼はベルリンに到着していた。
(動作)受動	本動詞の過去分詞＋助動詞 werden geschlossen werden 閉め　　　られる	Das Kaufhaus wird um 20 Uhr geschlossen. そのデパートは20時閉店だ。

状態受動	本動詞の過去分詞＋助動詞 sein geschlossen sein 閉められた 状態にある	Das Kaufhaus ist heute geschlossen. そのデパートは きょう閉まっている。

　この中で「本動詞の過去分詞＋助動詞 sein」だけ完了と状態受動に出てきます。この見分けはつきますか？　完了で sein と使われる動詞（＝ sein 支配の動詞）は「自動詞」の一部でしたね。それに対して、動作受動は自動詞もできますが、状態受動は他動詞のみです。

　ドイツ語の助動詞構文は、これしかありません。あとは、これらを組み合わせるだけです。

　複雑な助動詞構文では、本動詞は不定詞句の最初の1語だけで、あとに続くのは全部助動詞です。また、所定の位置に所定の形（前の課でやった3つの法が可能ですが、ここでは直説法に限り、現在人称変化か過去人称変化させます）で移動させるのは、最後の1語だけです。ほかの語の順番と形は一切変わりません。

閉め	られ	た	かもしれない
geschlossen	worden	sein	mögen
本動詞	助動詞	助動詞	助動詞
			人称変化させて移動させるのはこの語のみ

　この例は、最後にもう一度登場します。

　過去形は移動する時のみ使え、移動しない語の「…した」は過去形では表せないので、完了形になります。

話法の助動詞の未来形

＝本動詞の不定詞＋話法の助動詞の不定詞＋助動詞 werden

singen　　　　können　　　　　　werden
歌う　　　　　ことができる　　　　だろう

Er　　wird　　das Lied　　gut　　singen　　können.
彼はその歌をじょうずに歌うことができるだろう。

これは 33 ページ不定詞句の説明にも使われた文です。

完了の未来形

＝本動詞の過去分詞＋助動詞 haben または sein の不定詞＋助動詞 werden

gesprochen	haben	werden
話し	た	だろう

Er wird in Deutschland Deutsch gesprochen haben.
彼はドイツではドイツ語を話しただろう。

＝本動詞の過去分詞＋助動詞 haben または sein の不定詞＋助動詞 werden

angekommen	sein	werden
到着し	た	だろう

Er wird schon in Berlin angekommen sein.
彼はもうベルリンに到着しただろう。

動作受動の現在完了

＝本動詞の過去分詞＋助動詞 werden の過去分詞＋助動詞 sein

geschlossen	worden	sein
閉め	られ	た

Das Kaufhaus ist um 20 Uhr geschlossen worden.
そのデパートは 20 時に閉店した。

動作受動の過去完了

＝本動詞の過去分詞＋助動詞 werden の過去分詞＋助動詞 sein

geschlossen	worden	sein
閉め	られ	た

Das Kaufhaus war um 20 Uhr geschlossen worden.
そのデパートは 20 時に閉店してしまっていた。

話法の助動詞の現在完了

＝本動詞の不定詞＋話法の助動詞の過去分詞＋助動詞 haben

sprechen	können	haben
話す	ことができ	た

Er hat Deutsch sprechen können.
彼はドイツ語が話せた。

話法の助動詞の過去完了

＝本動詞の不定詞＋話法の助動詞の過去分詞＋助動詞 haben

sprechen	können	haben
話す	ことができ	た

Er hatte Deutsch sprechen können.
彼はドイツ語が（過去の時点ですでに）話せていた。

完了と話法の助動詞

＝本動詞の過去分詞＋助動詞 haben または sein の不定詞＋話法の助動詞

gesprochen	haben	können
話し	た	可能性がある

（日本語でも「話した できる」とは言わない）
Er kann in Deutschland Deutsch gesprochen haben.
彼はドイツではドイツ語を話した可能性がある。

＝本動詞の過去分詞＋助動詞 haben または sein の不定詞＋話法の助動詞

angekommen	sein	müssen
到着し	た	に違いない

（日本語でも「到着したねばならない」とは言わない）
Er muss schon in Berlin angekommen sein.
彼はもうベルリンに到着したに違いない。

最後は助動詞 3 語の例です。

動作受動の完了と話法の助動詞

＝本動詞の過去分詞＋助動詞 werden の過去分詞＋助動詞 sein の不定詞＋話法の助動詞

geschlossen	worden	sein	mögen
閉め	られ	た	かもしれない

Das Kaufhaus mag schon geschlossen worden sein.
デパートはもう閉店したかもしれない。

動作受動の完了と未来形

＝本動詞の過去分詞＋助動詞 werden の過去分詞＋助動詞 sein の不定詞＋助動詞 werden

geschlossen	worden	sein	werden
閉め	られ	た	だろう

Das Kaufhaus wird schon geschlossen worden sein.
デパートはもう閉店しただろう。

練習問題

解答⇒ p.341

1. この課の復習です。

1)	もうベルリンに到着しただろう	
	彼女はもうベルリンに到着しただろうか？	
		Ja, sie wird schon in Berlin angekommen sein.
2)	ドイツではドイツ語を話したに違いない	
		Er muss in Deutschland Deutsch gesprochen haben.
	ドイツでは彼はドイツ語を話したに違いない。	
3)	すでに閉められたかもしれない	**schon geschlossen worden sein mögen**
	そのデパートはもう閉店したかもしれない。	

2. 「動詞編 第6課」と「第10課」で先取り説明したことの復習です。これがわからなかった方ができるようになっていれば、たいした進歩です。

1)	完璧に料理できると主張する	
	彼は完璧に料理できると言っている。	Er will perfekt kochen können.
	じょうずに料理できないと言われている	**nicht gut kochen können sollen**
	彼はしかしながら料理がうまくないといううわさだ。	
2)	一生懸命勉強したに違いない	
		Sie muss fleißig gelernt haben.
	一生懸命には勉強しなかったに違いない	**nicht fleißig gelernt haben müssen**
	彼は一生懸命には勉強しなかったに違いない。	

3)	もうとっくに亡くなったそうだ	
		Sie soll schon längst gestorben sein.
	もうとっくに彼女は亡くなったそうだ。	

3. 応用文にも挑戦してみましょう。　　　CD2 − 96

1)	その男をそこで見たと主張する	
	証人はその男をそこで見たと主張している。	Der Zeuge will den Mann dort gesehen haben.
		da zu Haus gewesen sein wollen
	しかしその男はその時家にいたと主張している。	
2)	しばしば先生たちにほめられただろう	**oft von Lehrern gelobt worden sein werden**
		Einstein wird oft von Lehrern gelobt worden sein.
	しょっちゅうアインシュタインは教師にほめられただろう。	
	教師にはアインシュタインはよくほめられただろう。	
3)	地震で壊されたそうだ	**durch das Erdbeben zerstört worden sein sollen**
		Die Stadt soll durch das Erdbeben zerstört worden sein.
	地震によって その町は壊されたそうだ。	

補　足

年号・月名・曜日・時刻・通貨

● 年　号

百の位で分け、英語と違い、間に百を入れます。

654 年 = 6 百 54 = sechshundertvierundfünfzig
1971 年 = 19 百 71 = neunzehnhunderteinundsiebzig

ただし 1000 年から 1099 年まで、2000 年から 2099 年までなどは百の位で分けずに普通に読みます。

1001 年 =（ein）tausendeins
2025 年 = zweitausendfünfundzwanzig

注意が必要なのは年号を文中に使う時で、英語のような「in 年号」は間違いです。ドイツ語では前置詞など何もなしに使うか、または「im Jahr(e) 年号」となります。

私は 1987 年に神戸で生まれました。
Ich bin 1987（= neunzehnhundertsiebenundachtzig）in Kobe geboren.

私たちは 2019 年に札幌へ引っ越します。
Wir ziehen im Jahr(e) 2019(= zweitausendneunzehn) nach Sapporo um.

● 月　名（すべて男性名詞）　…月に = im ...　　　CD2 － 97

1 月	Januar
2 月	Februar
3 月	März
4 月	April
5 月	Mai
6 月	Juni
7 月	Juli

8月	August
9月	September
10月	Oktober
11月	November
12月	Dezember

● 曜　日（すべて男性名詞）　…曜日に = am ...　　CD2 － 98

月曜	Montag
火曜	Dienstag
水曜	Mittwoch
木曜	Donnerstag
金曜	Freitag
土曜	北部 Sonnabend　　南部 Samstag
日曜	Sonntag
週末	Wochenende

● 時　刻

　鉄道の発着時刻など公式な言い方と、日常会話の言い方があります。前者は日本語と同じく0時から24時まで、後者は1時から12時までを使います。

　日常会話では15分ごとに基準となる言い方があり、その何分前・何分過ぎかで表します。…時過ぎ = nach ...　　…時前 = vor ...

CD2 － 99

	公　式	日常会話
1時	ein Uhr/ dreizehn Uhr	**eins**
1時10分	ein Uhr/ dreizehn Uhr zehn	zehn nach **eins**
1時15分	ein Uhr/ dreizehn Uhr fünfzehn	（ein）**Viertel nach eins** 南部（ein）Viertel zwei
1時20分	ein Uhr/ dreizehn Uhr zwanzig	zehn vor **halb zwei**
1時30分	ein Uhr/ dreizehn Uhr dreißig	**halb zwei**
1時40分	ein Uhr/ dreizehn Uhr vierzig	zehn nach **halb zwei**

1時45分	ein Uhr/ dreizehn Uhr fünfundvierzig	（**ein**）**Viertel vor zwei** 南部 drei Viertel zwei
1時50分	ein Uhr/ dreizehn Uhr fünfzig	zehn vor **zwei**
2時	zwei Uhr/ vierzehn Uhr	**zwei**

注 ein Uhr は1時、eine Uhr は1つの時計、eine Stunde は1時間。

時刻を聞く場合は英語の What time is it? のように、非人称の es を使います。

何時ですか？	Wie spät ist es? Wieviel Uhr ist es?
1時です。	Es ist ein Uhr. Es ist eins.

時刻とともに使われる前置詞をまとめましょう。

…時（ぴったり）に	um ...
…時ごろ	gegen ...
…時から	von ...
…時まで	bis ...
…時と〜時の間に	zwischen ... und 〜

● 通 貨

123, 40 Euro = hundertdreiundzwanzig Euro vierzig（Cent は言わない）
0, 50 Euro = fünfzig Cent(s)

● コミュニケーションに関連する習慣の違い

英語圏と同じく、日本の「おいでおいで」の手の動かし方は「バイバイ」を意味する。「私が」と自分を指さす時は、鼻ではなく胸をさす。

話す時や笑う時に、口を手で隠さない。歯並びが悪いコンプレックスだと思われる。食べ物が口の中にある時は、飲み込むまで待ってもらってから話す。口を手でおおうのは、咳やくしゃみの時のみ。

鼻水はわずかでもすすってはならない。ところかまわずチーンとかんでよい。ドレスアップした若い女性が、食事中大音響でビーンとかむのもめずらしくない。

スープなどもすすってはだめ。逆に彼らはラーメンやそばをすするのが苦手で、練習を要する。

おならよりゲップの方がエチケットに反する。

トイレでノックはしない。「早くしろ」とせかす合図になってしまう。黙って開けるだけなので、使用中はしっかり鍵をかけておこう。
　エレベータの乗り降りでも、握手・紹介でも、紳士はレディーファースト。
　敬称 Sie から親称 du への移行の提案は、年上、女性、目上からするのが普通。
　否定疑問文に答える時、首の振り方に注意。日本人は言葉で否定し、しぐさで肯定してしまいがち。「しませんか？」に、しないのなら首は横に、するのなら首は縦に振る。→否定のしかたと否定疑問文の答え方参照
　聞き取れなかった時はすぐに Wie bitte? と聞き返そう。考え込むと相手は答えを考えているのだと思う。日本人はしばらく考えてからやおら聞き返すと、ジョークにも登場する。
　見知らぬ人と体が触れるのを嫌がる。満員電車などもってのほか。たとえば劇場で、同じ列の席にあとから人が来たら、立ち上がって通すのがマナー。また、すれ違いざまに体がぶつかった時は Entschuldigung! と軽くあやまろう。だからこそ、握手で触れ合うのは好意の表現。握りしめ方で気持ちを表現できる。
　逆に、落ち度がない時にはあやまらない。交通事故の直後、日本人が相手を思いやってとっさにあやまってしまったために、「全面的に落ち度を認めた」と誤解され、問題になったことがある。
　乾杯（Prost!）でグラスを打ち合わせる時は、グラスではなく、相手の目を見るのが礼儀。勢いよく突き出さなければ、グラスは割れない。心配だったらグラスをかかげて目を見て待っていれば、相手が打ち合わせてくれる。
　話す時も相手の顔、特に目を見る。運転中などに「そんなに相手を見るな」と言いたくなる人もいる。
　これは日独双方に個人差もあり、一概に決めつけることはできないが、日本人の「美徳」である奥ゆかしさや謙遜は期待しない方がいい。聞いていて恥ずかしくなるような知ったかぶりや自己能力の大風呂敷（「私がだれよりもうまく…できる」「私は何でも知っている」など）は日常茶飯事に遭遇する。特に自信のない人にその傾向が強いようだ。
　逆に間違いを指摘したり反対意見を述べると、日本人の場合「メンツ」をつぶされて気分を害することが多いが、その心配はない。彼らは概して討論がうまい。子どもの時から家庭や学校で自己主張をたたき込まれているのだ。授業中発言しないでおとなしくしているのはマイナス評価され、「いい子」ではない。
　だから日本の「美徳」は理解されないばかりか、誤解されることもある。その狭間でたいへんなのはあちらに住む邦人で、もはや普通の日本人ではなくドイツ人にもなりきれないと、本人も悩んだりする。

解 答

---| 解答例 |---

発音

- **チェック1** Dame（長母音）、dann（短母音）、Ball（短）、Tal（長）
- **チェック2** denken（短）、Leben（長）、Ende（短）、legen（長）、bitte（短）
- **チェック3** Bibel（長）、finden（短）、Kilo（長）、links（短）
- **チェック4** Monat（長）、Post（短）、Morgen（短）、loben（長）
- **チェック5** Mut（長）、Blume（長）、Lunge（短）、Punkt（短）
- **チェック6** Baum、blau、Umlaut
- **チェック7** Maas、Klee、Paar
- **チェック8** Kälte（短）、Fäden（長）、Nägel（長）、Gäste（短）
- **チェック9** Möbel（長）、können（短）、Öfen（長）、Hölle（短）
- **チェック10** Flügel（長）、Brücke（短）、dürfen（短）、Flüsse（短）
- **チェック11** allein、nein、meistens、bleiben
- **チェック12** die、dienen、tief、Brief
- **チェック13** neu、Neues、Leute、läuft
- **チェック14** ohne、Mühe、Nähe
- **チェック15** Kind、Abend、gelb、Freund、Lied、Hamburg
- **チェック16** heftig、nötig
- **チェック17** bringen、Leistung、Übung
- **チェック18** nach、Nacht、Loch、doch、Kuchen、Rauch、rauchen
- **チェック19** Kirche、Küche、deutlich、Milch、China
- **チェック20** Licht [ç]、Macht [x]、mächtig [ç]、Märchen [ç]、Tochter [x]、lachen [x]、lächeln[ç]
- **チェック21** Dachs、Dachshund、wechseln
- **チェック22** jagen、je、Juli
- **チェック23** Pflicht、Dampf、Pfeife
- **チェック24** Quelle、Quittung、Quatsch
- **チェック25** Ring、Reis、Brot
- **チェック26** Tür、grün、Lehrer、Uhr、Werber、mehr = Meer
- **チェック27** Seil、also、Süden、Rucksack
- **チェック28** aß（長）、nass（短）、Messe（短）、groß（長）、fleißig（短）
- **チェック29** Sport、stehen、sprach、Sprache
- **チェック30** Mensch、Tasche、schießen、schließen、schwer
- **チェック31** Tratsch、Kutsche、klatschen
- **チェック32** Stuttgart、lädt、sandte、Humboldt
- **チェック33** Vogel、Vögel、voll
- **チェック34** etwas、Wald、weiß、Wasser
- **チェック35** Zahl、Zoo、Zeitung、tanzen
- **チェック36** Witz、letzt、Katze、plötzlich

練習問題

1. alles、Titel、laut、Fest、Folge、Hut、Datum、Laune、Kinn、Garten、Pudel、offen
2. Hände、Eis、fiel、Hütte、Eule、Höhe、Freiheit、gäbe、biegen、Hügel、Fräulein
3. 1）Fisch、schmutzig、Speise、Schlafsack、ただし deshalb
   2）langweilig, Leipzig, Richtung, Dichter, niedrig, niedlich
   3）fiel = viel, Fase = Phase, ただし Hase
   4）Masse, Maß, außer, Prost, Vaters, ただし Seite = Saite, Stop
   5）Zimmer, Hitze, Landsmann, nichts, Satz
   6）Meier = Maier = Meyer = Mayer
   7）Bein, Wein, Bild, wild, bunt, wund
      Land, Rand, Blut, Brut, leiten, reiten
      auf, auch, Lauf, Lauch, rauf, Rauch

第 1 課

チェック 1

	単 数		複 数	
1 人称	私は（ich）	spiele	私たちは wir	(spielen)
2 人称（親称）	君は du	(spielst)	君たちは（ihr）	spielt
3 人称	彼は（er） 彼女は sie それは（es）	spielt (spielt) spielt	彼らは（sie）	(spielen)
2 人称（敬称）	あなたは Sie	(spielen)	あなた方は（Sie）	spielen

チェック 2

遊ぶ	**spielen**
あなたは遊びますか?	Spielen Sie?
はい、私は遊びます。	Ja, ich spiele.
いいえ、私は遊びません。	Nein, ich spiele nicht.
君が遊んでいるの?	Spielst du?
うん、私が遊んでいるのよ。	Ja, ich spiele.
君たちが遊ぶの?	Spielt ihr?
ううん、僕らは遊ばない。	Nein, wir spielen nicht.
太郎と次郎が遊ぶんだ。	Taro und Jiro spielen.

チェック 3

欠席する	**fehlen**
マリアは欠席しているのかい?	Fehlt Maria?

ええ、休んでいるわ。	Ja, sie fehlt.
うそをつく	**lügen**
あなたうそついてるの?	Lügst du?
ううん、ついてないよ。	Nein, ich lüge nicht.
朝食をとる	**frühstücken**
君たち朝ごはん食べているの?	Frühstückt ihr?
うん、食べている。	Ja, wir frühstücken.

練習問題

1.

	代名詞	動詞		代名詞	動詞
私は	ich	arbeite	私たちは	wir	arbeiten
君は（親称）	du	arbeitest	君たちは（親称）	ihr	arbeitet
彼は	er	arbeitet			
彼女は	sie	arbeitet	彼らは	sie	arbeiten
それは	es	arbeitet			
あなたは（敬称）	Sie	arbeiten	あなた方は（敬称）	Sie	arbeiten

2.

	日本語	ドイツ語
1)	欠席する	**fehlen**
	マリアは欠席しているのかい?	Fehlt Maria?
	ええ、休んでいるわ。	Ja, sie fehlt.
2)	うそをつく	**lügen**
	あなたはうそついてるの?	Lügst du?
	ううん、ついてないよ。	Nein, ich lüge nicht.
3)	働く	**arbeiten**
	君たち働いているの?	Arbeitet ihr?
	うん、僕は働いている、でも彼は働いていない。	Ja, ich arbeite, aber er arbeitet nicht.

3.

1)	朝食をとる	**frühstücken**
	あなた方は朝ごはんを召し上がりますか?	Frühstücken Sie?
	はい、私たちは朝食をとります。	Ja, wir frühstücken.
2)	タバコを吸う	**rauchen**

	君はタバコを吸うかい?	Rauchst du?
	ああ、吸うよ。	Ja, ich rauche.
3)	**泣く**	**weinen**
	マリアは泣いているのですか?	Weint Maria?
	笑う	**lachen**
	いいえ、彼女は笑っているんです。	Nein, sie lacht.

第 2 課

チェック 1

	単　　数	複　　数
1 人称	ich schlafe	wir schlafen
2 人称（親称）	du schläfst	ihr schlaft
3 人称	er schläft sie schläft es schläft	sie schlafen
2 人称（敬称）	Sie schlafen	Sie schlafen

チェック 2

	単　　数	複　　数
1 人称	ich sterbe	wir sterben
2 人称（親称）	du stirbst	ihr sterbt
3 人称	er stirbt sie stirbt es stirbt	sie sterben
2 人称（敬称）	Sie sterben	Sie sterben

チェック 3

	単　　数	複　　数
1 人称	ich lese	wir lesen
2 人称（親称）	du liest	ihr lest
3 人称	er liest sie liest es liest	sie lesen
2 人称（敬称）	Sie lesen	Sie lesen

> チェック4

それを知っている	**es wissen**
私はそれを知っている。	Ich weiß es.
君はそれを知っている。	Du weißt es.
彼女はそれを知っている。	Sie weiß es.
私たちはそれを知っている。	Wir wissen es.
君たちはそれを知っているかい?	Wisst ihr es?
彼らはそれを知っているのですか?	Wissen sie es?
あなたはそれをご存知ですか?	Wissen Sie es?

練習問題

1.

	代名詞	動詞		代名詞	動詞
私は	ich	habe	私たちは	wir	haben
君は(親称)	du	hast	君たちは(親称)	ihr	habt
彼は	er	hat			
彼女は	sie	hat	彼らは	sie	haben
それは	es	hat			
あなたは(敬称)	Sie	haben	あなた方は(敬称)	Sie	haben

2.

1)	大学生である	**Student sein**
	あなたは大学生ですか?	Sind Sie Student?
	はい、そうです。	Ja, ich bin Student.
	働く	**arbeiten**
	いいえ、働いています。	Nein, ich arbeite.
2)	教師(女性)になる	**Lehrerin werden**
	彼女は教師になるのですか?	Wird sie Lehrerin?
	いいえ、私が教師になります。	Nein, ich werde Lehrer(私が男) / Lehrerin(私が女)。
3)	(とても)疲れていて眠い	**(sehr) müde sein**
	疲れている?	Bist du müde?
	うん、とても疲れている。	Ja, ich bin sehr müde.

3.

1)	病気です	**krank sein**
	君は病気なの?	Bist du krank?
	うん、僕は病気だ。	Ja, ich bin krank.
2)	大きくなる	**groß werden**
	シュテファンは大きくなりますか?	Wird Stefan groß?
	はい、彼は大きくなります。	Ja, er wird groß.
3)	読む	**lesen**
	彼は読書をしているのですか?	Liest er?
	眠る	**schlafen**
	いいえ、彼は寝ています。	Nein, er schläft.

第3課

チェック1

(とても) じょうずに歌う	**(sehr) gut singen**
私はうまく歌っている?	Singe ich gut?
君は歌がうまいかい?	Singst du gut?
ハンスは歌うのがじょうずですか?	Singt Hans gut?
私たちはじょうずに歌う。	Wir singen gut.
君たちは歌がすごくうまい。	Ihr singt sehr gut.
彼らは歌がたいへんじょうずだ。	Sie singen sehr gut.
あなたは歌がとてもおじょうずです。	Sie singen sehr gut.

チェック2

じょうずに歌う	**gut singen**
ハンスはじょうずに歌う。	Hans singt gut.
マリアはうまくなく歌う = 歌うのがへた。	Maria singt nicht gut.
好んで歌う	**gern singen**
マリアは好んで歌う = 歌うのが好き。	Maria singt gern.
ハンスは好まないで歌う = 歌うのが嫌い。	Hans singt nicht gern.
しばしば歌う	**oft singen**
マリアはしょっちゅう歌う。	Maria singt oft.
ハンスはしょっちゅうは歌わない = たまに歌う・めったに歌わないなど。	Hans singt nicht oft.

チェック3

小声で話す	**leise sprechen**
僕は声が小さい。	Ich spreche leise.
君は声が小さいね。	Du sprichst leise.
ハンスは小声で話す。	Hans spricht leise.
不明瞭に話す	**nicht deutlich sprechen**
私たちの発音はわかりにくいですか?	Sprechen wir nicht deutlich?
君たちの話し方はわかりにくい。	Ihr sprecht nicht deutlich.
彼らは不明瞭に話す。	Sie sprechen nicht deutlich.
あなたの話し方はわかりにくいです。	Sie sprechen nicht deutlich.

チェック4

好んで(好まないで)テニスをする	**(nicht) gern Tennis spielen**
私はテニスをするのが好きです。	Ich spiele gern Tennis.
君はテニスが好きかい?	Spielst du gern Tennis?
ハンスはテニスが好きです。	Hans spielt gern Tennis.
私たちはテニスをするのが好きではない。	Wir spielen nicht gern Tennis.
君たちはテニスが好きだね。	Ihr spielt gern Tennis.
彼らはテニスが好きだ。	Sie spielen gern Tennis.
あなたはテニスがお好きですか?	Spielen Sie gern Tennis?

練習問題

1.

1)	好んで歌う	**gern singen**
	君、歌うの好き?	Singst du gern?
	とても好んで歌う	**sehr gern singen**
	うん、大好き。	Ja, ich singe sehr gern.
2)	あした勉強する	**morgen lernen**
	勉強はあしたしますか?	Lernen Sie morgen?
	はい、私はあした勉強します。	Ja, ich lerne morgen.
	今勉強している	**jetzt lernen**
	いいえ、今やっています。	Nein, ich lerne jetzt.
3)	心から感謝する	**herzlich danken**
	私たちは心から感謝しています。	Wir danken herzlich.

2.

1)	いい味がする	**gut schmecken**
	それはおいしいですか?	Schmeckt es gut?
	はい、おいしいです。	Ja, es schmeckt gut.
	よくない味がする	**nicht gut schmecken**
	いいえ、おいしくありません。	Nein, es schmeckt nicht gut.
2)	いつも自分で料理する	**immer selbst kochen**
	ご自分で料理しているのですか?	Kochen Sie selbst?
	はい、いつも自分で作ります。	Ja, ich koche immer selbst.
	たいてい外で食べる	**meistens auswärts essen**
	いいえ、たいてい外食です。	Nein, ich esse meistens auswärts.
3)	しばしば飲む	**oft trinken**
	君たちはしょっちゅう飲んでるの?	Trinkt ihr oft?
	たまにだけ飲む	**nur manchmal trinken**
	いや、たまにしか飲まない。	Nein, wir trinken nur manchmal.

3.

1)	深くしっかり眠っている	**tief und fest schlafen**
	フリッツは眠っているの?	Schläft Fritz?
	うん、ぐっすり眠っている。	Ja, er schläft tief und fest.
2)	いつもこんなに速く運転する	**immer so schnell fahren**
	君はいつもこんなに速く運転するの?	Fährst du immer so schnell?
	うん、いつもこれぐらい速く走るよ。	Ja, ich fahre immer so schnell.
	いつもこんなにゆっくり運転する	**immer so langsam fahren**
	いや、いつもこんなにゆっくり運転しているんだよ。	Nein, ich fahre immer so langsam.
3)	悪く見る	**schlecht sehen**
	彼女は目が悪いのかい?	Sieht sie schlecht?
	ええ、彼女は目が悪いんです。	Ja, sie sieht schlecht.
	悪く聞く	**schlecht hören**
	ううん、彼女は耳が悪いんだよ。	Nein, sie hört schlecht.

4.

1)	少しだけ食べる	**nur wenig essen**
	ヨハンナは少ししか食べませんか?	Isst Johanna nur wenig?
	はい、彼女は小食です。	Ja, sie isst nur wenig.

	たくさん食べる	viel essen
	いいえ、彼女はたくさん食べます。	Nein, sie isst viel.
2)	たくさん読む	viel lesen
	君は読書をたくさんするかい?	Liest du viel?
	とても好んで読む	sehr gern lesen
	うん、読書大好き。	Ja, ich lese sehr gern.
3)	そこにいる	da sein
	そこにいるの?	Bist du da?
	うん、いるよ。	Ja, ich bin da.

5.

じょうずに（へたに）ドイツ語を話す	(nicht) gut Deutsch sprechen
私はドイツ語を話すのがへたです。	Ich spreche nicht gut Deutsch.
君はドイツ語を話すのがうまいの?	Sprichst du gut Deutsch?
彼女はドイツ語を話すのがうまい。	Sie spricht gut Deutsch.
私たちはドイツ語を話すのがへたです。	Wir sprechen nicht gut Deutsch.
君たちはドイツ語を話すのがうまいね。	Ihr sprecht gut Deutsch.
彼らはドイツ語を話すのがうまいですか?	Sprechen sie gut Deutsch?
あなたはドイツ語を話すのがおじょうずですか?	Sprechen Sie gut Deutsch?

6.

	空手をする	**Karate machen**
1)	空手をなさっているのですか?	Machen Sie Karate?
	柔道をする	**Judo machen**
	いいえ、柔道です。	Nein, ich mache Judo.
2)	好んでピアノを弾く	**gern Klavier spielen**
	ピアノ弾くの好き?	Spielst du gern Klavier?
	もっと好んでギターを弾く	**lieber Gitarre spielen**
	ううん、ギターの方が好き。	Nein, ich spiele lieber Gitarre.
3)	じょうずにドイツ語を話す	**gut Deutsch sprechen**
	ドイツ語おじょうずですね。	Sie sprechen gut Deutsch.
	とても好んでドイツ語を習う	**sehr gern Deutsch lernen**
	ありがとう、ドイツ語を勉強するのが大好きなんです。	Danke, ich lerne sehr gern Deutsch.

7.

1)

好んですき焼きを食べる	gern Sukiyaki essen
すき焼き（を食べるの）はお好きですか？	Essen Sie gern Sukiyaki?
もっと好んで天ぷらを食べる	lieber Tempura essen
いいえ、天ぷらの方が好きです。	Nein, ich esse lieber Tempura.

2)

しばしば音楽を聴く	oft Musik hören
クラウスはよく音楽を聞きますか？	Hört Klaus oft Musik?
たいていロックを聴く	meistens Rock hören
はい、たいていロックを聴いています。	Ja, er hört meistens Rock.

3)

毎日バイオリンを練習する	jeden Tag Geige üben
毎日バイオリンを練習なさるのですか？	Üben Sie jeden Tag Geige?
そんなにしょっちゅう練習しない	nicht so oft üben
いいえ、そんなにしょっちゅう練習しません。	Nein, ich übe nicht so oft.

第4課

チェック

ドイツ語を勉強する	Deutsch lernen
いつ あなたはドイツ語を勉強するのですか？	Wann lernen Sie Deutsch?
あなたは なぜドイツ語を学んでいるのですか？	Warum lernen Sie Deutsch?
あなたは どれくらい長くドイツ語を勉強していらっしゃるのですか？	Wie lange lernen Sie Deutsch?
あなたは どこでドイツ語を習っているんですか？	Wo lernen Sie Deutsch?
あなたは 何を勉強しているのですか？	Was lernen Sie?
あなたは どうやってドイツ語を勉強しているのですか？	Wie lernen Sie Deutsch?
あなたは いつからドイツ語を習っていらっしゃるのですか？	Seit wann lernen Sie Deutsch?

練習問題

1.

ドイツ語を勉強する	Deutsch lernen
私はいつドイツ語を勉強しようかな？	Wann lerne ich Deutsch?
君はなぜドイツ語を習っているんだい？	Warum lernst du Deutsch?
彼女はどれくらい長くドイツ語を勉強しているのですか？	Wie lange lernt sie Deutsch?
私たちは どこでドイツ語を勉強しようか？	Wo lernen wir Deutsch?
君たちは何を学んでいるの？	Was lernt ihr?

	彼らはどのようにドイツ語を学習しているのですか？	Wie lernen sie Deutsch?
	あなたはいつからドイツ語を習っていらっしゃるのですか？	Seit wann lernen Sie Deutsch?

2.

1)	住んでいる	**wohnen**
	あなたたちはどこにお住まいですか？	Wo wohnen Sie?
	札幌に住んでいる	**in Sapporo wohnen**
	私たちは札幌に住んでいます。	Wir wohnen in Sapporo.
2)	（どこから）来ている	**kommen**
	どこの出身？	Woher kommst du?
	京都から来ている	**aus Kyoto kommen**
	出身は京都よ。	Ich komme aus Kyoto.
3)	カレーを注文する	**Curryreis nehmen**
	何を注文する？	Was nimmst du?
	カレーライスにする。	Ich nehme Curryreis.

3.

1)	（あしたの午後）野球をする	**(morgen Nachmittag) Baseball spielen**
	いつ野球するの？	Wann spielen wir Baseball?
	あしたの午後するんだ。	Wir spielen morgen Nachmittag Baseball.
2)	好んで数学を勉強する	**gern Mathematik lernen**
	好きな科目は何（＝何を好んで勉強するか）？	Was lernst du gern?
	数学よ（＝私は好んで数学を勉強する）。	Ich lerne gern Mathematik.
3)	きょう欠席している	**heute fehlen**
	きょうはだれが欠席ですか？	Wer fehlt heute?
	山田君が休んでいます。	Herr Yamada fehlt.

4.

1)	ヨーロッパに旅行する	**nach Europa reisen**
	どちらにご旅行ですか？	Wohin reisen Sie?
	私たちはヨーロッパに旅行します。	Wir reisen nach Europa.
	ヨーロッパに私たちは旅行するのです。	Nach Europa reisen wir.
2)	ここに3日間滞在する	**hier drei Tage bleiben**

どのくらい ここに滞在するのですか？	Wie lange bleiben Sie hier?
私はここに3日間滞在します。	Ich bleibe hier drei Tage.
ここには私は3日間滞在します。	Hier bleibe ich drei Tage.
3日間私はここに滞在するんですよ。	Drei Tage bleibe ich hier.

5.

1)	今奈良に住んでいる	**jetzt in Nara wohnen**
	私たちは今奈良に住んでいます。	Wir wohnen jetzt in Nara.
	今は私たちは奈良に住んでいます。	Jetzt wohnen wir in Nara.
	奈良に私たちは今住んでいるんです。	In Nara wohnen wir jetzt.
2)	あしたの午後野球をする	**morgen Nachmittag Baseball spielen**
	彼らはあしたの午後野球をする。	Sie spielen morgen Nachmittag Baseball.
	あしたの午後彼らは野球をします。	Morgen Nachmittag spielen sie Baseball.
	野球を彼らはあしたの午後するのです。	Baseball spielen sie morgen Nachmittag.
3)	しばしばクラシック音楽を聴く	**oft Klassik hören**
	私はよくクラシック音楽を聴きます。	Ich höre oft Klassik.
	しょっちゅう私はクラシックを聴いています。	Oft höre ich Klassik.
	クラシックを私はよく聴くんです。	Klassik höre ich oft.

第5課
チェック

		話せ	歌え	働け	眠れ
不定詞		sprechen	singen	arbeiten	schlafen
du に対して		sprich ...	sing(e) ...	arbeite ...	schlaf(e) ...
ihr に対して		sprecht ...	singt ...	arbeitet ...	schlaft ...
Sie に対して		sprechen Sie ...	singen Sie ...	arbeiten Sie ...	schlafen Sie ...

練習問題
1.

		飲め	読め	行け	であれ
不定詞		trinken	lesen	gehen	sein
du に対して		trink(e) ...	lies ...	geh(e) ...	sei ...

ihr に対して	trinkt ...	lest ...	geht ...	seid ...
Sie に対して	trinken Sie ...	lesen Sie ...	gehen Sie ...	seien Sie ...

2.

1)	よく眠る	**gut schlafen**
	ハンスよ、ぐっすりお休み！	Hans, schlaf(e) gut!
	子どもたち、ぐっすりお休み！	Kinder, schlaft gut!
	コールさん、ぐっすりお休みなさい！	Herr Kohl, schlafen Sie gut!
2)	そこを右へ行く	**dort rechts gehen**
	ペーター、そこを右へお行き！	Peter, geh(e) dort rechts!
	ペーターとマリア、そこを右へお行き！	Peter und Maria, geht dort rechts!
	シュナイダーご夫妻、そこを右へお行きなさい！	Herr und Frau Schneider, gehen Sie dort rechts!
3)	それを忘れない	**es nicht vergessen**
	それを忘れるなよ！（3種類）	Vergiss es nicht! Vergesst es nicht! Vergessen Sie es nicht!

3.

1)	一生懸命働く	**fleißig arbeiten**
	君、一生懸命働けよ！	Arbeite fleißig!
	君たち、一生懸命働けよ！	Arbeitet fleißig!
	あなた（たち）、一生懸命働きなさい！	Arbeiten Sie fleißig!
2)	静かにする	**ruhig sein**
	あなた、静かにしなさい（＝あわてるな）！	Seien Sie ruhig!
3)	健勝に暮らす	**wohl leben**
	さようなら、お達者で！（3種類）	Leb(e) wohl! Lebt wohl! leben Sie wohl!

4.

1)	それをもう一度言う	**das noch einmal sagen**
	（親しくない人に）それをもう一度言いなさい！	Sagen Sie das noch einmal!
	（親しくない人に）それをもう一度言ってくださいな。	Bitte sagen Sie das noch einmal! Sagen Sie das bitte noch einmal. Sagen Sie das noch einmal bitte.

2)	そんなに一生懸命働かない	**nicht so fleißig arbeiten**
	（親しい人1人に）そんなに根詰めて働くな！	Arbeite nicht so fleißig!
	（親しい人1人に）どうぞそんなに根詰めて働かないで。	Bitte arbeite nicht so fleißig. Arbeite bitte nicht so fleißig. Arbeite nicht so fleißig bitte.
3)	静かにする	**ruhig sein**
	（親しい人複数に）静粛にしなさい！	Seid ruhig!
	（親しい人複数に）どうか静粛にしてちょうだい。	Bitte seid ruhig. Seid bitte ruhig. Seid ruhig bitte.

5.

1)	それを忘れない	**das nicht vergessen**
	（親しい人1人に）それをどうか忘れないでね！	Bitte vergiss das nicht! Vergiss das bitte nicht! Vergiss das nicht bitte!
2)	いっしょに歌う	**zusammen singen**
	（親しい人複数に）いっしょに歌ってちょうだいな。	Bitte singt zusammen. Singt bitte zusammen. Singt zusammen bitte.
3)	もっとゆっくり話す	**langsamer sprechen**
	（親しくない人に）もっとゆっくり話してください。	Bitte sprechen Sie langsamer. Sprechen Sie bitte langsamer. Sprechen Sie langsamer bitte.

第 6 課　話法の助動詞・未来形

チェック1

不定詞		können	mögen	müssen
代表的な意味		できる／の可能性がある	かもしれない／（本動詞として）を好む	ねばならない／に違いない
単数	1人称	ich kann	ich mag	ich muss
	2人称（親称）	du kannst	du magst	du musst
	3人称	er kann	er mag	er muss
複数	1人称	wir können	wir mögen	wir müssen
	2人称（親称）	ihr könnt	ihr mögt	ihr müsst
	3人称	sie können	sie mögen	sie müssen
単複	2人称（敬称）	Sie können	Sie mögen	Sie müssen

チェック2

	代名詞	動詞		代名詞	動詞
私は	ich	werde	私たちは	wir	werden
君は（親称）	du	wirst	君たちは（親称）	ihr	werdet
彼は	er	wird			
彼女は	sie	wird	彼らは	sie	werden
それは	es	wird			
あなたは（敬称）	Sie	werden	あなた方は（敬称）	Sie	werden

練習問題

1.

	代名詞	動詞		代名詞	動詞
私は	ich	möchte	私たちは	wir	möchten
君は（親称）	du	möchtest	君たちは（親称）	ihr	möchtet
彼は	er	möchte			
彼女は	sie	möchte	彼らは	sie	möchten
それは	es	möchte			
あなたは（敬称）	Sie	möchten	あなた方は（敬称）	Sie	möchten

2.

1)	（少し）ドイツ語を話すことができる	**(ein bisschen) Deutsch sprechen können**
	ドイツ語が話せますか？	Können Sie Deutsch sprechen?

			はい、少しドイツ語が話せます。	Ja, ich kann ein bisschen Deutsch sprechen.
	2）		行かなければならない	**fahren müssen**
			どこへ行かなくてはならないの？	Wohin musst du fahren?
			家へ帰らなければならない	**nach Haus fahren müssen**
			私は帰宅しなくてはならない。	Ich muss nach Haus fahren.
	3）		今晩食べたい	**heute Abend essen möchte(n)**
			君たち今晩何が食べたい？	Was möchtet ihr heute Abend essen?
			ハンバーグが食べたい	**Hacksteak essen möchte(n)**
			私たちはハンバーグが食べたい。	Wir möchten Hacksteak essen.

3.

		そんなにたくさん飲むべきではない	**nicht so viel trinken sollen**
1）		君、そんなにたくさん飲むなよ。	Du sollst nicht so viel trinken.
		もっとたくさん食べるべきだ	**mehr essen sollen**
		もっとたくさん食べろよ。	Du sollst mehr essen.
2）		きょうするつもりだ	**heute machen wollen**
		君きょう何するつもり？	Was willst du heute machen?
		一日中寝ているつもりだ	**den ganzen Tag schlafen wollen**
		一日中寝ているつもり。	Ich will den ganzen Tag schlafen.
3）		ここで喫煙してもよい	**hier rauchen dürfen**
		ここで一服してもいいですか？	Darf ich hier rauchen?
		ここでタバコを吸ってはいけない	**hier nicht rauchen dürfen**
		いいえ、ここは禁煙です。	Nein, Sie dürfen hier nicht rauchen.
			Nein, hier dürfen Sie nicht rauchen.

4.

	代名詞	動　詞		代名詞	動　詞
私は	ich	lasse	私たちは	wir	lassen
君は（親称）	du	lässt	君たちは（親称）	ihr	lasst
彼は	er	lässt			
彼女は	sie	lässt	彼らは	sie	lassen
それは	es	lässt			
あなたは（敬称）	Sie	lassen	あなた方は（敬称）	Sie	lassen

5.

1)	来ないだろう	**nicht kommen werden**
	ローベルトは来ないだろう。	Robert wird nicht kommen.
	まもなく来るだろう	**bald kommen werden**
	クラウスはまもなく来るだろう。	Klaus wird bald kommen.
2)	飲みに行く	**trinken gehen**
	いつ飲みに行こうか?	Wann gehen wir trinken?
	あしたの晩飲みに行く	**morgen Abend trinken gehen**
	あしたの晩行こうよ!	Gehen wir morgen Abend trinken!
3)	コーヒーがほしい	**Kaffee möchte(n)**
	何になさいますか、コーヒーそれとも紅茶?	Was möchten Sie, Kaffee oder Tee?
	コーヒーがいただきたいです。	Ich möchte Kaffee.

6.

1)	たくさん食べないだろう	**nicht viel essen werden**
	彼女はたくさんは食べないだろう。	Sie wird nicht viel essen.
	彼はたくさん食べるだろう。	Er wird viel essen.
2)	私をいつも長い間待たせる	**mich immer lange warten lassen**
	君はいつも長いこと待たせるんだから。	Du lässt mich immer lange warten.
3)	日本語を話すことができるだろう	**Japanisch sprechen können werden**
	クラウスは日本語がじょうずに話せるだろうか?	Wird Klaus Japanisch sprechen können?
	はい、彼は日本語が話せるでしょう。	Ja, er wird Japanisch sprechen können.

第 7 課　分離動詞・非分離動詞

チェック

	代名詞	動詞		代名詞	動詞
私は	ich	sehe ... fern	私たちは	wir	sehen ... fern
君は (親称)	du	siehst ... fern	君たちは (親称)	ihr	seht ... fern
彼は	er	sieht ... fern			
彼女は	sie	sieht ... fern	彼らは	sie	sehen ... fern
それは	es	sieht ... fern			
あなたは (敬称)	Sie	sehen ... fern	あなた方は (敬称)	Sie	sehen ... fern

練習問題
1.

不定詞			**mít|kommen**	**bekómmen**
代表的な意味			いっしょに来る	もらう
単数	1人称		ich komme ... mit	ich bekomme
	2人称（親称）		du kommst ... mit	du bekommst
	3人称		er kommt ... mit	er bekommt
複数	1人称		wir kommen ... mit	wir bekommen
	2人称（親称）		ihr kommt ... mit	ihr bekommt
	3人称		sie kommen ... mit	sie bekommen
単複	2人称（敬称）		Sie kommen ... mit	Sie bekommen

2.

1)	帰ってくる	**zurück|kommen**
	お母さんはいつ帰るの?	Wann kommt Mutter zurück?
	まもなく帰ってくる	**bald zurück|kommen**
	彼女はじきに帰るよ。	Sie kommt bald zurück.
2)	しょっちゅうテレビを見る	**oft fern|sehen**
	お宅ではよくテレビを見ますか?	Sehen Sie oft fern?
	めったにテレビを見ない	**selten fern|sehen**
	いいえ、めったに見ません。	Nein, wir sehen selten fern.
3)	引っ越す	**um|ziehen**
	お宅はいつ引っ越すのですか?	Wann ziehen Sie um?
	4月に札幌へ引っ越す	**im April nach Sapporo um|ziehen**
	うちは4月に札幌に引っ越します。	Wir ziehen im April nach Sapporo um.

3.

1)	乗り換える	**um|steigen**
	私たちはどこで乗り換えるのですか?	Wo steigen wir um?
	新宿で乗り換える	**in Shinjuku um|steigen**
	新宿で乗り換えるのです。	Wir steigen in Shinjuku um.
	新宿で乗り換えなさい!	Steigen Sie in Shinuku um!
2)	これを発音する	**das aus|sprechen**
	これはどう発音するのですか?	Wie spricht man das aus?
		Wie sprechen wir/Sie das aus?
	これをはっきり発音する	**das deutlich aus|sprechen**

		これを はっきり発音してください！	Bitte sprechen Sie das deutlich aus!
		よろしい、はっきり発音しましょう。	Gut, ich spreche das deutlich aus.
	3)	旅立つ	**ab|reisen**
		あなたたち いつ旅行に行くの？	Wann reist ihr ab?
		あさって旅立つ	**übermorgen ab|reisen**
		あさって出発します。	Wir reisen übermorgen ab.

4.

	1)	引っ越したい	**um|ziehen wollen**
		引っ越されるつもりですか？	Wollen Sie umziehen?
		3月に転出しなくてはならない	**im März aus|ziehen müssen**
		はい、私たちは3月に家を引き渡さねばなりません。	Ja, wir müssen im März ausziehen.
	2)	あした早く起きねばならない	**morgen früh auf|stehen müssen**
		あした早く起きなくてはならないの？	Musst du morgen früh aufstehen?
		うん、とても早く起きなくてはならない。	Ja, ich muss sehr früh aufstehen.
	3)	すぐ寝つくことができる	**gleich ein|schlafen können**
		私はすぐに寝つけます。	Ich kann gleich einschlafen.

5.

	1)	乗り換えるべきだ	**um|steigen sollen**
		私はどこで乗り換えたらいいですか？	Wo soll ich umsteigen?
		新宿で乗り換えるべきだ	**in Shinjuku um|steigen sollen**
		新宿で乗り換えなさい！	Sie sollen in Shinjuku umsteigten. Steigen Sie in Shinjuku um!
	2)	きょう いっしょに来ることができる	**heute mit|kommen können**
		きょう いっしょに行かれる？	Kannst du heute mitkommen?
		ううん、いっしょに行けない。	Nein, ich kann nicht mitkommen.
	3)	テレビを見てもいい	**fern|sehen dürfen**
		テレビを見てもいいですか？	Darf ich fernsehen?
		いいえ、テレビを見てはいけません。	Nein, Sie dürfen nicht fernsehen.

第8課　動詞の3基本形

チェック1

主な意味	不定詞	過去基本形	過去分詞
する	machen	machte	gemacht
勉強する	lernen	lernte	gelernt
遊ぶ	spielen	spielte	gespielt
働く	arbeiten	arbeitete	gearbeitet
踊る	tanzen	tanzte	getanzt
着陸する	landen	landete	gelandet

チェック2

	主な意味	不定詞	過去基本形	過去分詞
基礎動詞	買う	kaufen	kaufte	gekauft
非分離動詞	売る	verkáufen	verkaufte	verkauft
分離動詞	買い物をする	éin|kaufen	kaufte ... ein	eingekauft
-ieren	予約する	reservieren	reservierte	reserviert
基礎動詞	来る	kommen	kam	gekommen
非分離動詞	得る	bekómmen	bekam	bekommen
分離動詞	到着する	án|kommen	kam ... an	angekommen

練習問題

1.

主な意味	不定詞	過去基本形	過去分詞
感謝する	danken	dankte	gedankt
欠けている	fehlen	fehlte	gefehlt
買う	kaufen	kaufte	gekauft
ほほえむ	lächeln	lächelte	gelächelt
合う	passen	passte	gepasst
喫煙する	rauchen	rauchte	geraucht
旅行する（s）	reisen	reiste	gereist
味がする	schmecken	schmeckte	geschmeckt
言う	sagen	sagte	gesagt
練習する	üben	übte	geübt
待つ	warten	wartete	gewartet

2.

主な意味	不定詞	過去基本形	過去分詞
滞在する（s）	bleiben	blieb	geblieben
持っている	haben	hatte	gehabt
なる（s）	werden	wurde	geworden
歌う	singen	sang	gesungen
眠る	schlafen	schlief	geschlafen
知っている	wissen	wusste	gewusst
来る（s）	kommen	kam	gekommen
ある	sein	war	gewesen
食べる	essen	aß	gegessen
飲む	trinken	trank	getrunken

3.

主な意味	不定詞	過去基本形	過去分詞
（飛行機で）行く（s）	fliegen	flog	geflogen
与える	geben	gab	gegeben
保つ	halten	hielt	gehalten
助ける	helfen	half	geholfen
うそをつく	lügen	log	gelogen
泳ぐ	schwimmen	schwamm	geschwommen
見る	sehen	sah	gesehen

4.

	主な意味	不定詞	過去基本形	過去分詞
基礎動詞	話す	**sprechen**	**sprach**	**gesprochen**
非分離動詞	相談する	besprechen	besprach	besprochen
分離動詞	発音する	aus|sprechen	sprach...aus	ausgesprochen
基礎動詞	合う	**passen**	**passte**	**gepasst**
非分離動詞	のがす	verpassen	verpasste	verpasst
分離動詞	注意する	auf|passen	passte...auf	aufgepasst
基礎動詞	登る	**steigen**	**stieg**	**gestiegen**
分離動詞	乗車する	ein|steigen	stieg...ein	eingestiegen
基礎動詞	引く	**ziehen**	**zog**	**gezogen**
分離動詞	引っ越す	um|ziehen	zog...um	umgezogen
基礎動詞	旅行する	**reisen**	**reiste**	**gereist**

分離動詞	旅立つ	ab|reisen	reiste...ab	abgereist
-ieren	大学で専攻する	studieren	studierte	studiert
-ieren	コピーする	kopieren	kopierte	kopiert
-ieren	討論する	diskutieren	diskutierte	diskutiert

第9課　過去人称変化

チェック

不定詞		lernen	warten	kommen	haben
過去基本形		lernte	wartete	kam	hatte
代表的な意味		勉強した	待った	来た	持っていた
単数	1人称	ich lernte	ich wartete	ich kam	ich hatte
単数	2人称（親称）	du lerntest	du wartetest	du kamst	du hattest
単数	3人称	er lernte	er wartete	er kam	er hatte
複数	1人称	wir lernten	wir warteten	wir kamen	wir hatten
複数	2人称（親称）	ihr lerntet	ihr wartetet	ihr kamt	ihr hattet
複数	3人称	sie lernten	sie warteten	sie kamen	sie hatten
単複	2人称（敬称）	Sie lernten	Sie warteten	Sie kamen	Sie hatten

練習問題

1.

不定詞		**machen**	**sein**	**sehen**
過去基本形		**machte**	**war**	**sah**
代表的な意味		する	ある	見る
単数	1人称	ich machte	ich war	ich sah
単数	2人称（親称）	du machtest	du warst	du sahst
単数	3人称	er machte	er war	er sah
複数	1人称	wir machten	wir waren	wir sahen
複数	2人称（親称）	ihr machtet	ihr wart	ihr saht
複数	3人称	sie machten	sie waren	sie sahen
単複	2人称（敬称）	Sie machten	Sie waren	Sie sahen

2.

1)		（横浜で）テニスをする	**(in Yokohama) Tennis spielen**
		どこで あなたたちテニスをしたの?	Wo spieltet ihr Tennis?
		私たちは横浜でテニスをした。	Wir spielten in Yokohama Tennis.
		横浜で私たちはテニスをした。	In Yokohama spielten wir Tennis.
2)		きのうする	**gestern machen**
		君きのう何したの?	Was machtest du gestern?
		ベルリンに行く	**nach Berlin fahren**
		私はベルリンに行った。	Ich fuhr nach Berlin.
		ポツダムを訪問する	**Potsdam besuchen**
		それからポツダムを見物した。	Dann besuchte ich Potsdam.
3)		来る	**kommen**
		ユーリアはいつ来たのですか?	Wann kam Julia?
		遅れて来る	**zu spät kommen**
		彼女は遅刻しました。	Sie kam zu spät.

3.

1)		旅行する	**reisen**
		あなた（たち）はどこに旅行したのですか?	Wohin reisten Sie?
		京都に旅行する	**nach Kyoto reisen**
		京都に旅行しました。	Ich reiste nach Kyoto. Wir reisten nach Kyoto.
2)		きのう何か買う	**gestern etwas kaufen**
		きのう何か買いましたか?	Kauften Sie gestern etwas?
		何も買わない	**nichts kaufen.**
		いいえ、何も買いませんでした。	Nein, ich kaufte nichts.
3)		長い間待つ	**lange warten**
		長い間待った?	Wartetet ihr lange?
		長い間は待たない	**nicht lange warten**
		うぅん、長くは待たなかった。	Nein, wir warteten nicht lange.

4.

	代名詞	動詞		代名詞	動詞
私は	ich	kam ... an	私たちは	wir	kamen ... an
君は（親称）	du	kamst ... an	君たちは（親称）	ihr	kamt ... an
彼は	er	kam ... an			

彼女は	sie	kam ... an	彼らは	sie	kamen ... an
それは	es	kam ... an			
あなたは（敬称）	Sie	kamen ... an	あなた方は（敬称）	Sie	kamen ... an

5.

1)	（とても）うまく歌う	**(sehr) gut singen**
	彼はうまく歌いましたか?	Sang er gut?
	はい、彼はとてもうまく歌いました。	Ja, er sang sehr gut.
2)	（とても）うまく歌うことができる	**(sehr) gut singen können**
	彼はうまく歌えましたか?	Konnte er gut singen?
	はい、彼はとてもうまく歌えました。	Ja, er konnte sehr gut singen.
3)	昨晩飲みに行く	**gestern Abend trinken gehen**
	私たちは昨晩飲みに行きました。	Wir gingen gestern Abend trinken.
	昨晩私たちは飲みに行きました。	Gestern Abend gingen wir trinken.

6.

1)	外見をしている	**aus|sehen**
	彼はどのように見えましたか?	Wie sah er aus?
	病気のように見える	**krank aus|sehen**
	彼は病気のように見えましたか?	Sah er krank aus?
	はい、病気のように見えました。	Ja, er sah krank aus.
2)	引っ越す	**um|ziehen**
	シュミット夫妻はどこへ引っ越したのですか?	Wohin zogen Herr und Frau Schmidt um?
	福岡へ引っ越す	**nach Fukuoka um|ziehen**
	彼らは福岡へ引っ越しました。	Sie zogen nach Fukuoka um.
3)	私を1時間待たせる	**mich eine Stunde warten lassen**
	彼女は私を1時間も待たせた。	Sie ließ mich eine Stunde warten.
	1時間も彼女は私を待たせた。	Eine Stunde ließ sie mich warten.

第10課　完了形（現在完了・過去完了）

チェック

主な意味	不定詞	完了不定詞
訪問する	besuchen	besucht haben
乗り物で行く（s）	fahren	gefahren sein

持っている	haben	gehabt haben
来る（s）	kommen	gekommen sein
勉強する	lernen	gelernt haben
する	machen	gemacht haben
旅行する（s）	reisen	gereist sein
ある（s）	sein	gewesen sein
遊ぶ	spielen	gespielt haben
なる（s）	werden	geworden sein

練習問題

1.

1)	サッカーをした	**Fußball gespielt haben**
	どこでサッカーをしたの?	Wo habt ihr Fußball gespielt?
	横浜で僕たちはサッカーをした。	In Yokohama haben wir Fußball gespielt.
	僕たちは横浜でサッカーをした。	Wir haben in Yokohama Fußball gespielt.
2)	きのうした	**gestern gemacht haben**
	きのう何したの?	Was hast du gestern gemacht?
	一生懸命ドイツ語を勉強した	**fleißig Deutsch gelernt haben**
	私はきのう一生懸命ドイツ語を勉強した。	Ich habe gestern fleißig Deutsch gelernt.
	きのうは一生懸命ドイツ語を勉強した。	Gestern habe ich fleißig Deutsch gelernt.
3)	来た	**gekommen sein**
	ユーリアはいつ来たのですか?	Wann ist Julia gekommen?
	遅れて来た	**zu spät gekommen sein**
	彼女は遅刻しました。	Sie ist zu spät gekommen.

2.

1)	女医になった	**Ärztin geworden sein**
	彼女は何になったのですか?	Was ist sie geworden?
	彼女は女医になりました。	Sie ist Ärztin geworden.
2)	ドイツを訪問した	**Deutschland besucht haben**
	私はドイツを訪問しました。	Ich habe Deutschland besucht.
3)	ドイツへ旅行した	**nach Deutschland gereist sein**
	私はドイツに旅行しました。	Ich bin nach Deutschland gereist.

3.

1)	少しドイツ語ができた	**ein bisschen Deutsch gekonnt haben**
	私は少しドイツ語ができました。	Ich habe ein bisschen Deutsch gekonnt.
	私は（過去の時点の前に）少しドイツ語ができていました。	Ich hatte ein bisschen Deutsch gekonnt.
	少しドイツ語を話すことができた	**ein bisschen Deutsch sprechen können haben**
	私は少しドイツ語が話せました。	Ich habe ein bisschen Deutsch sprechen können.
	私は（過去の時点の前に）少しドイツ語が話せていました。	Ich hatte ein bisschen Deutsch sprechen können.
2)	時間どおりに来た	**rechtzeitig gekommen sein**
	彼らは時間どおりに来ました。	Sie sind rechtzeitig gekommen.
	彼らは時間どおりに来ていました。	Sie waren rechtzeitig gekommen.
3)	すでに宿題をした	**schon Hausaufgaben gemacht haben**
	君はもう宿題をしたの？	Hast du schon Hausaufgaben gemacht?
	君はもう宿題をしてあったの？	Hattest du schon Hausaufgaben gemacht?

4.

1)	外見をしていた	**ausgesehen haben**
	彼はどのように見えましたか？	Wie hat er ausgesehen?
	病気のように見えた	**krank ausgesehen haben**
	病気のように見えました。	Er hat krank ausgesehen.
2)	引っ越した	**umgezogen sein**
	彼はどこに引っ越したのですか？	Wohin ist er umgezogen?
	札幌へ引っ越した	**nach Sapporo umgezogen sein**
	札幌に引っ越しました。	Er ist nach Sapporo umgezogen.
3)	長い間待った	**lange gewartet haben**
	長い間待った？	Habt ihr lange gewartet?
	長い間は待たなかった	**nicht lange gewartet haben**
	ううん、長くは待たなかった。	Nein, wir haben nicht lange gewartet.

5.

1)	遅れて到着した	zu spät angekommen sein
	彼女は遅れて着きました。	Sie ist zu spät angekommen.
		Sie kam zu spät an.
2)	1キロやせた	ein Kilo abgenommen haben
	私は1キロやせました。（過去完了）	Ich hatte ein Kilo abgenommen.
	3キロ太る	drei Kilo zu|nehmen
	3キロ太った	drei Kilo zugenommen haben
	それから3キロ太りました。（過去形または現在完了）	Dann nahm ich drei Kilo zu.
		Dann habe ich drei Kilo zugenommen.
3)	まず勉強した	zuerst gelernt haben
	私はまず勉強した。	Ich hatte zuerst gelernt.
	まず私は勉強した。	Zuerst hatte ich gelernt.
	遊ぶ	spielen
	遊んだ	gespielt haben
	それから遊んだ。（過去形または現在完了）	Dann spielte ich.
		Dann habe ich gespielt.

第11課　非人称動詞と非人称のes
練習問題

1.

日本語	ドイツ語
寒い	kalt
涼しい	kühl
暖かい	warm
暑い	heiß
蒸し暑い	schwül
霧雨が降る	nieseln
雨が降る	regnen
雪が降る	schneien
雷が鳴る	donnern
稲妻が光る	blitzen

2.

1)	きょう雨が降る	heute regnen
	きょうは雨だ。	Es regnet heute. Heute regnet es.
	あしたも雨が降るだろう	morgen auch regnen werden
	あしたも雨が降るだろうか?	Wird es morgen auch regnen?
2)	たくさん雪が降る	viel schneien
	たくさん雪が降った	viel geschneit haben
	雪がたくさん降りました。 (過去形と現在完了)	Es schneite viel. Es hat viel geschneit.
3)	暑い	heiß sein
	暑いですね?	Es ist heiß, nicht wahr?

3.

1)	やっと涼しくなる	endlich kühl werden
	やっと涼しくなった	endlich kühl geworden sein
	やっと涼しくなりました。 (過去形と現在完了)	Es wurde endlich kühl. Es ist endlich kühl geworden.
2)	どこかで雷が鳴る	irgendwo donnern
	どこかで雷が鳴っている。	Es donnert irgendwo. Irgendwo donnert es.
3)	今稲光する	jetzt blitzen
	今稲光した	jetzt geblitzt haben
	今稲妻が光りました。(過去形と現在完了)	Es blitzte jetzt. Jetzt blitzte es. Es hat jetzt geblitzt. Jetzt hat es geblitzt.
	近い	nah sein
	近かった	nah gewesen sein
	近かったです。	Es war nah. Es ist nah gewesen.

4.

1)	暑い		**heiß sein**
	暑いです。		Es ist heiß.
	私にとっては暑い		**mir heiß sein**
	私は暑い。		Es ist mir heiß.
			Mir ist heiß.
2)	あなたにとっては寒い		**Ihnen kalt sein**
	あなたは寒いですか?		Ist (es) Ihnen kalt?
3)	私においては めまいがする		**mir schwind(e)lig sein**
	私はめまいがします。		Es ist mir schwind(e)lig.
			Mir ist schwind(e)lig.

5.

1)	君にとっては暑い	**dir heiß sein**
	君は暑い?	Ist es dir heiß?
		Ist dir heiß?
2)	私においては気分が悪くなった	**mir schlecht geworden sein**
	私は気分が悪くなりました。	Es ist mir schlecht geworden.
		Mir ist schlecht geworden.
3)	君たちにおいては いい調子だ	**euch gut gehen**
	君たち調子いい?	Geht es euch gut?
	君たち調子どう?	Wie geht es euch?
	私たちにおいては いい調子だ	**uns gut gehen**
	ありがとう、元気だよ。君は?	Danke, es geht uns gut. Und dir?

名詞編
第12課　名詞と定冠詞の格変化

チェック

	男性名詞	女性名詞	中性名詞	複数形
1格	その男が der Mann	その女が die Frau	その子どもが das Kind	それらの男たちが die Männer
2格	その男の des Mann(e)s	その女の der Frau	その子どもの des Kind(e)s	それらの男たちの der Männer
3格	その男に dem Mann	その女に der Frau	その子どもに dem Kind	それらの男たちに den Männern
4格	その男を den Mann	その女を die Frau	その子どもを das Kind	それらの男たちを die Männer

練習問題

1.

	男性名詞	女性名詞	中性名詞	複数形
1格	その車が der Wagen	その新聞が die Zeitung	その本が das Buch	それらの本が die Bücher
2格	des Wagens	der Zeitung	des Buch(e)s	der Bücher
3格	dem Wagen	der Zeitung	dem Buch	den Büchern
4格	den Wagen	die Zeitung	das Buch	die Bücher

2.

1)	その先生に礼を言う	**dem Lehrer danken**
	私は その先生に お礼を言います。	Ich danke dem Lehrer.
	君はその先生に感謝しているかい？	Dankst du dem Lehrer?
2)	その町を訪問する	**die Stadt besuchen**
	私たちは あした その町を 訪れます。	Wir besuchen morgen die Stadt.
	あした 私たちは その町を 訪れます。	Morgen besuchen wir die Stadt.
3)	姉にそのドレスを贈る	**der Schwester das Kleid schenken**
	私は姉にそのドレスをプレゼントします。	Ich schenke der Schwester das Kleid.
	そのドレスは姉にプレゼントするんです。	Das Kleid schenke ich der Schwester.
	姉にはそのドレスをプレゼントします。	Der Schwester schenke ich das Kleid.

3.

1)	その女の先生にお礼を言う	**der Lehrerin danken**
	その子どもはその女の先生に感謝しています。	Das Kind dankt der Lehrerin.
	その子どもの母親はその女の先生に感謝しています。	Die Mutter des Kind(e)s dankt der Lehrerin.
2)	あした父親を訪問する	**morgen den Vater besuchen**
	私たちはあした父を訪ねます。	Wir besuchen morgen den Vater.
	あした私たちは父を訪ねます。	Morgen besuchen wir den Vater.
	父を私たちはあした訪ねるのです。	Den Vater besuchen wir morgen.
3)	その友人にその本を贈る	**dem Freund das Buch schenken**
	その友人にその本を贈った	**dem Freund das Buch geschenkt haben**
	私はその友人にその本を贈りました。	Ich schenkte dem Freund das Buch. Ich habe dem Freund das Buch geschenkt.

第13課　名詞と定冠詞類の格変化

チェック

	男性名詞	女性名詞	中性名詞	複数形
1格	この男が dieser Mann	この女が diese Frau	この子どもが dieses Kind	これらの男たちが diese Männer
2格	この男の dieses Mann(e)s	この女の dieser Frau	この子どもの dieses Kind(e)s	これらの男たちの dieser Männer
3格	この男に diesem Mann	この女に dieser Frau	この子どもに diesem Kind	これらの男たちに diesen Männern
4格	この男を diesen Mann	この女を diese Frau	この子どもを dieses Kind	これらの男たちを diese Männer

練習問題

1.

	男性名詞	女性名詞	中性名詞	複数形
1格	各父親が jeder Vater	どの母親が welche Mutter	そんな本が solches Buch	すべての本が alle Bücher
2格	各父親の jedes Vaters	どの母親の welcher Mutter	そんな本の solches Buch(e)s	すべての本の aller Bücher
3格	各父親に jedem Vater	どの母親に welcher Mutter	そんな本に solchem Buch	すべての本に allen Büchern
4格	各父親を jeden Vater	どの母親を welche Mutter	そんな本を solches Buch	すべての本を alle Bücher

2.

1)	この女性教師にお礼を言う	**dieser Lehrerin danken**
	どの子どもが この先生に感謝しているのですか？	Welches Kind dankt dieser Lehrerin?
	どの子どもも この先生に感謝しています。	Jedes Kind dankt dieser Lehrerin.
	すべての子どもたちが この先生に感謝しています。	Alle Kinder danken dieser Lehrerin.
2)	このドレスを買う	**dieses Kleid kaufen**
	どのドレスを買うの、このドレスそれともあのドレス？	Welches Kleid kaufst du, dieses Kleid oder jenes Kleid?
	このドレスを買いたい	**dieses Kleid kaufen wollen**
	これもあれも買いたい。	Ich will dieses (Kleid) und jenes Kleid kaufen.
3)	毎冬長野でスキーをする	**jeden Winter in Nagano Schi fahren**
	冬はいつも長野でスキーをするの？	Fährst du jeden Winter in Nagano Schi?

3.

1)	その友人に この本を贈る	**dem Freund dieses Buch schenken**
	どの本を そのお友だちにプレゼントするのですか？	Welches Buch schenken Sie dem Freund?
	私は友だちに この本を贈ります。	Ich schenke dem Freund dieses Buch.
	その友だちには この本を贈ります。	Dem Freund schenke ich dieses Buch.
	この本を友だちに贈るんです。	Dieses Buch schenke ich dem Freund.
2)	毎日この新聞を読む	**jeden Tag diese Zeitung lesen**
	私たちは毎日この新聞を読んでいる。	Wir lesen jeden Tag diese Zeitung.
	その子どもは毎日この新聞を読んでいます。	Das Kind liest jeden Tag diese Zeitung.
	毎日その子どもは この新聞を読んでいます。	Jeden Tag liest das Kind diese Zeitung.
	この新聞を その子どもは毎日読んでいます。	Diese Zeitung liest das Kind jeden Tag.
3)	今年ドイツを訪問するつもりだ	**dieses Jahr Deutschland besuchen wollen**
	私たちは今年ドイツを訪問するつもりです。	Wir wollen dieses Jahr Deutschland besuchen.

第 14 課　名詞と不定冠詞の格変化

チェック

	男性名詞	女性名詞	中性名詞	複数形
1 格	ein Mann	eine Frau	ein Kind	Kinder
2 格	eines Mann(e)s	einer Frau	eines Kind(e)s	Kinder
3 格	einem Mann	einer Frau	einem Kind	Kindern
4 格	einen Mann	eine Frau	ein Kind	Kinder

練習問題

1.

	男性名詞	女性名詞	中性名詞	複数形
1 格	ein Freund	eine Freundin	ein Buch	Bücher
2 格	eines Freund(e)s	einer Freundin	eines Buch(e)s	Bücher
3 格	einem Freund	einer Freundin	einem Buch	Büchern
4 格	einen Freund	eine Freundin	ein Buch	Bücher

2.

1)	その男の友人にメールを1通送る		**dem Freund eine Mail senden**
	友だちにメールを送るの?		Sendest du dem Freund eine Mail?
2)	ある女性の友だちにそれらの花を贈る		**einer Freundin die Blumen schenken**
	だれにそれらの花を贈るのですか?		Wem schenken Sie die Blumen?
	私はある女友だちにそれらの花を贈ります。		Ich schenke einer Freundin die Blumen.
	ある女友だちに私はそれらの花を贈るのです。		Einer Freundin schenke ich die Blumen.
	それらの花はある女友だちに贈るのです。		Die Blumen schenke ich einer Freundin.
3)	その子どもに1冊の本をあげる		**dem Kind ein Buch geben**
	その子どもに何をあげるの?		Was gibst du dem Kind?
	1冊の本をあげるの?		Gibst du dem Kind ein Buch?
	いや、複数の本をあげるんだよ。		Nein, ich gebe dem Kind Bücher.
	いや、3冊の本をあげるんだよ。		Nein, ich gebe dem Kind drei Bücher.

3.

1)	ある先生にお礼を言う	**einem Lehrer danken**
	その女の人はだれにお礼を言ったのですか?	Wem dankte die Frau?
	その女の人は1人の先生にお礼を言いました。	Die Frau dankte einem Lehrer.
	だれが その先生にお礼を言ったのですか?	Wer dankte dem Lehrer?
	1人の女の人が その先生にお礼を言いました。	Eine Frau dankte dem Lehrer.
2)	今いる	**jetzt sein**
	彼は今どこですか?	Wo ist er jetzt?
	1つの会社を訪問する	**eine Firma besuchen**
	彼はある会社を訪問しています。	Er besucht eine Firma.
3)	**毎朝1つのりんごを食べる**	**jeden Morgen einen Apfel essen**
	毎朝1つのりんごを食べます。	Ich esse jeden Morgen einen Apfel.

第 15 課　名詞と不定冠詞類の格変化

チェック

	男性名詞	女性名詞	中性名詞	複数形
1 格	mein Mann	meine Frau	unser Kind	uns(e)re Kinder
2 格	meines Mann(e)s	meiner Frau	uns(e)res Kind(e)s	uns(e)rer Kinder
3 格	meinem Mann	meiner Frau	uns(e)rem Kind	uns(e)ren Kindern
4 格	meinen Mann	meine Frau	unser Kind	uns(e)re Kinder

練習問題

1.

	男性名詞	女性名詞	中性名詞	複数形
1 格	Ihr Mann	Ihre Frau	Ihr Buch	Ihre Bücher
2 格	Ihres Mann(e)s	Ihrer Frau	Ihres Buch(e)s	Ihrer Bücher
3 格	Ihrem Mann	Ihrer Frau	Ihrem Buch	Ihren Büchern
4 格	Ihren Mann	Ihre Frau	Ihr Buch	Ihre Bücher

2.

1)	私の子どもに礼を言う	**meinem Kind danken**
	私の子どもに礼を言った	**meinem Kind gedankt haben**
	彼女は私の子どもに礼を言った。	Sie dankte meinem Kind. Sie hat meinem Kind gedankt.
	私たちの子どもたちに礼を言う	**unseren Kindern danken**
	私たちの子どもたちに礼を言った	**unseren Kindern gedankt haben**
	彼女は私たちの子どもたちに礼を言った。	Sie dankte unseren Kindern. Sie hat unseren Kindern gedankt.
2)	妻に 1 着のドレスを買う	**meiner Frau ein Kleid kaufen**
	妻に 1 着のドレスを買った	**meiner Frau ein Kleid gekauft haben**
	奥さんに何を買われたのですか?	Was kauften Sie Ihrer Frau? Was haben Sie Ihrer Frau gekauft?
	妻に 1 着のドレスを買いました。	Ich kaufte meiner Frau ein Kleid. Ich habe meiner Frau ein Kleid gekauft.
3)	ソニーに勤めている	**bei Sony arbeiten**
	だんなさんは どこにお勤めですか?	Wo arbeitet Ihr Mann?
	主人はソニーに勤めています。	Mein Mann arbeitet bei Sony.

3.

1)	私たちの母に花を贈る	**unserer Mutter Blumen schenken**
	君たちはお母さんに何を贈るの？	Was schenkt ihr eu(e)rer Mutter?
	私たちは母に花を贈るよ。	Wir schenken unserer Mutter Blumen.
2)	私の姉と姉の夫（私の義理の兄）を訪問する	**meine Schwester und meinen Schwager besuchen**
	私たちは きのう姉と姉の夫を訪問しました。	Wir besuchten gestern meine Schwester und meinen Schwager.
3)	私の父においては いい調子だ	**meinem Vater gut gehen**
	お父様はお元気ですか？	Wie geht es Ihrem Vater?
	ありがとう、元気です。	Danke, es geht meinem Vater gut.
	調子がよくないんです。	Es geht meinem Vater nicht gut.

第16課　否定のしかたと否定疑問文の答え方
練習問題

1.

	男性名詞	女性名詞	中性名詞	複数形
1格	kein Mann	keine Frau	kein Kind	keine Männer
2格	keines Mann(e)s	keiner Frau	keines Kind(e)s	keiner Männer
3格	keinem Mann	keiner Frau	keinem Kind	keinen Männern
4格	keinen Mann	keine Frau	kein Kind	keine Männer

2.

1)	空腹を持っていない	**keinen Hunger haben**
	おなか すいた？	Hast du Hunger?
	ううん、まだすいていない。	Nein, ich habe keinen Hunger.
	おなか すいてないの？	Hast du keinen Hunger?
	うん、まだすいていない。	Nein, ich habe keinen Hunger.
2)	車を持たない	**kein Auto haben**
	車をお持ちではないんですか？	Haben Sie kein Auto?
	いいえ、1台持っていますよ。	Doch, ich habe ein Auto.
	いいえ、2台持っていますよ。	Doch, ich habe zwei Autos.
3)	ドイツ語を話さない	**nicht Deutsch sprechen**
	彼はドイツ語を話さないのですか？	Spricht er nicht Deutsch?
	はい、話しません。	Nein, er spricht nicht Deutsch.
	いいえ、話します。	Doch, er spricht Deutsch.

3.

1)	時間を持っていない	**keine Zeit haben**
	暇がないのですか?	Haben Sie keine Zeit?
	いいえ、時間はあるんです。	Doch, ich habe Zeit.
	お金を持っていない	**kein Geld haben**
	お金がないんです。	Aber ich habe kein Geld.
2)	あなたにとって寒くない	**Ihnen nicht kalt sein**
	あなたは寒くないですか?	Ist（es）Ihnen nicht kalt?
	はい、私は寒くないです。	Nein, es ist mir nicht kalt. / Nein, mir ist nicht kalt.
	いいえ、私は寒いです。	Doch, es ist mir kalt. / Doch, mir ist kalt.
3)	魚を好まない	**keinen Fisch mögen**
	野菜を好まない	**kein Gemüse mögen**
	私の妻は魚が嫌いで、私は野菜が嫌いです。	Meine Frau mag keinen Fisch und ich mag kein Gemüse.

第17課　男性弱変化名詞

チェック

	単数形	複数形
1格	der Student	die Studenten
2格	des Studenten	der Studenten
3格	dem Studenten	den Studenten
4格	den Studenten	die Studenten

練習問題

1.

	単数形	複数形
1格	der Herr	die Herren
2格	des Herrn	der Herren
3格	dem Herrn	den Herren
4格	den Herrn	die Herren

2. 左の空欄には日本語を、右の空欄にはドイツ語を入れてみましょう。

1)	あした私の同僚を訪問する	**morgen meinen Kollegen besuchen**
	私はあした同僚を訪問します。	Ich besuche morgen meinen Kollegen.

2)	その大学生にメールを1通送る	dem Studenten eine Mail senden
	その大学生にメールを送るの？	Sendest du dem Studenten eine Mail?
3)	ミュラー氏に花を贈る	**Herrn Müller Blumen schenken**
	ミュラー氏に何を贈りますか？	Was schenken Sie Herrn Müller?
	私はミュラー氏に花を贈ります。	Ich schenke Herrn Müller Blumen.
	ミュラー氏には花を贈ります。	Herrn Müller schenke ich Blumen.
	花をミュラー氏に贈ります。	Blumen schenke ich Herrn Müller.

3. 応用文にも挑戦してみましょう。

1)	彼の名前を忘れる	**seinen Namen vergessen**
	彼の名前を忘れた	**seinen Namen vergessen haben**
	僕は彼の名前を忘れた。	Ich vergaß seinen Namen.
		Ich habe seinen Namen vergessen.
	君も彼の名前を忘れたの？	Vergaßest du auch seinen Namen?
		Hast du auch seinen Namen vergessen?
2)	シュルツ氏にメールを1通書かねばならない	**Herrn Schulz eine Mail schreiben müssen**
	私はシュルツ氏にメールを1通書かねばならない。	Ich muss Herrn Schulz eine Mail schreiben.
3)	その少年の母親に感謝する	**der Mutter des Jungen danken**
	私たちはその少年の母親にお礼を言いました。	Wir dankten der Mutter des Jungen.
	言う	**sagen**
	その少年の母親は何と言いましたか？	Was sagte die Mutter des Jungen?

第18課 人称代名詞（3・4格）
練習問題

1.

	単 数					複 数			敬称
	1人称	2人称	3人称			1人称	2人称	3人称	2人称
1格	ich	du	er	sie	es	wir	ihr	sie	Sie
3格	mir	dir	ihm	ihr	ihm	uns	euch	ihnen	Ihnen
4格	mich	dich	ihn	sie	es	uns	euch	sie	Sie

2.

1)	彼女にそのドレスを買う	ihr das Kleid kaufen
	私は彼女にそのドレスを買います。	Ich kaufe ihr das Kleid.
2)	それを妻に買う	es meiner Frau kaufen
	私はそれを妻に買います。	Ich kaufe es meiner Frau.
3)	ボーイフレンドに そのチョコレートをあげる	meinem Freund die Schokolade geben
	だれに そのチョコレートをあげるの？	Wem gibst du die Schokolade?
	それは彼氏にあげるのよ。	Ich gebe sie meinem Freund.
	恋人には何をあげるの？	Was gibst du deinem Freund?
	彼には そのチョコレートをあげるの。	Ich gebe ihm die Schokolade.

3.

1)	その本を贈る	das Buch schenken
	だれにその本を贈るのですか？	Wem schenken Sie das Buch?
	それを ある女性の友だちに贈る	es einer Freundin schenken
	1人の女友だちに贈るんです。	Ich schenke es einer Freundin.
2)	その子どもに贈る	dem Kind schenken
	その子に何を贈るの？	Was schenkst du dem Kind?
	それに1冊の本を贈る	ihm ein Buch schenken
	本を1冊贈るんだ。	Ich schenke ihm ein Buch.
3)	好んでサッカーをする	gern Fußball spielen
	彼女の子どもたちはサッカーが好きです。	Ihre Kinder spielen gern Fußball.
	彼らに1つのボールを贈る	ihnen einen Ball schenken
	私は彼らにボールを贈りました。	Ich schenkte ihnen einen Ball. Ich habe ihnen einen Ball geschenkt.

第19課　再帰代名詞と再帰動詞
練習問題

1.

	単　数					複　数			敬称
1格	ich	du	er	sie	es	wir	ihr	sie	Sie
3格	mir	dir	sich	sich	sich	uns	euch	sich	sich
4格	mich	dich	sich	sich	sich	uns	euch	sich	sich

2.

1)	自分自身を傷つける（けがをする）	sich⁴ verletzen
	自分自身を傷つけた（けがをした）	sich⁴ verletzt haben
	けがをしたのですか?	Verletzten Sie sich? Haben Sie sich verletzt?
	いいえ、していません。	Nein, ich verletzte mich nicht. Nein, ich habe mich nicht verletzt.
2)	だれかに1冊の本を買う	人³ ein Buch kaufen
	彼は私に本を買ってくれた。	Er kaufte mir ein Buch.
	自分自身に1冊の本を買う	sich³ ein Buch kaufen
	私は自分のために本を買った。	Ich kaufte mir ein Buch.
3)	急ぐ	sich⁴ beeilen
	君は急いでいるの?	Beeilst du dich?
	うん、急いでいる。	Ja, ich beeile mich.
	急げ！（du と ihr と Sie に）	Beeile dich! Beeilt euch! Beeilen Sie sich!

3.

1)	ひげを そらねばならない	sich⁴ rasieren müssen
	彼はひげをそらなくてはならない。	Er muss sich rasieren.
2)	シャワーを浴びたい	sich⁴ duschen wollen
	シャワーを浴びたい?	Willst du dich duschen?
	うん、僕はシャワーを浴びたい。	Ja, ich will mich duschen.
3)	落ち着く	sich⁴ beruhigen
	落ち着け！（du と ihr と Sie に）	Beruhige dich! Beruhigt euch! Beruhigen Sie sich!

4.

1)	彼を知っている	ihn kennen
	私は彼を知っている。	Ich kenne ihn.
	私たちは知り合いだ。	Wir kennen uns.
2)	足を骨折する	sich³ das Bein brechen
	彼は足を折ったのですか?	Brach er sich das Bein?
	腕を骨折する	sich³ den Arm brechen
	いいえ、腕を折ったのです。	Nein, er brach sich den Arm.

3)	君を愛している	**dich lieben**
	僕は君を愛している。	Ich liebe dich.
	僕たちは相思相愛だ。	Wir lieben uns.

5.

1)	歯をみがいた	**sich³ die Zähne geputzt haben**
	歯をみがいたかい？	Hast du dir die Zähne geputzt?
	うん、みがいた。	Ja, ich habe mir die Zähne geputzt.
2)	君とあした再会する	**dich morgen wieder sehen**
	私は君とあした再会する。	Ich sehe dich morgen wieder.
	私たちは互いに あした再会する。	Wir sehen uns morgen wieder.
	あした また会いましょう！	Sehen wir uns morgen wieder!
3)	Bさんをほめる	**B loben**
	AさんはBさんをほめている。	A lobt B.
	AさんとBさんは ほめ合っている。	A und B loben sich.

第20課　前置詞（1）

チェック1

私の父の代わりに	statt meines Vaters
1週間以内に	innerhalb einer Woche
雨にもかかわらず	trotz des Regens
病気のために	wegen der Krankheit
夏休みの間ずっと	während der Sommerferien

チェック2

窓の中から	aus dem Fenster
おじのうちに	bei meinem Onkel
地下鉄で	mit der U-Bahn
ドイツへ	nach Deutschland
2年前から	seit zwei Jahren
日本から	von Japan
旅行に立つ時に	bei der Abreise
私を除いて	außer mir
父の	von meinem Vater
駅へ	zu dem（= zum）Bahnhof
友だちといっしょに	mit einem Freund

医者へ	zu einem Arzt
郵便局の向かいに	gegenüber der Post
パーティーへ	zu der（= zur）Party

チェック3

私にとって	für mich
あしたまで	bis morgen
公園を通って	durch den Park
母親のために	für die Mutter
期待に反して	gegen meine Erwartung
朝食ぬきで	ohne Frühstück

練習問題

1.

1)	その雨にもかかわらず	trotz des Regens
2)	私の父の	meines Vaters = von meinem Vater
3)	私の母親のために	für meine Mutter
4)	1週間以内に	innerhalb einer Woche
5)	その窓の中から	aus dem Fenster
6)	その公園を通って	durch den Park

2.

1)	雨にもかかわらず開催する	**trotz des Regens statt|finden**
	運動会は雨でも開催された。	Das Sportfest fand trotz des Regens statt.
	雨だったのに運動会は開催された。	Trotz des Regens fand das Sportfest statt.
2)	おじのうちに住んでいる	**bei meinem Onkel wohnen**
	私はおじのうちに住んでいます。	Ich wohne bei meinem Onkel.
	おじのうちに私は居候しているのです。	Bei meinem Onkel wohne ich.
3)	公園を通って行く	**durch den Park gehen**
	公園を通って行こうか?	Gehen wir durch den Park?

3.

1)	私の友だちとヨーロッパへ旅行する	**mit meinem Freund nach Europa reisen**
	だれとどこへ旅行するの？	Mit wem und wohin reist du?
	親友とヨーロッパへ旅行するんだ。	Ich reise mit meinem Freund nach Europa.
2)	妻の代わりに家族のために料理する	**statt meiner Frau für die Familie kochen**
	きょうは私が妻の代わりに家族のために料理します。	Heute koche ich statt meiner Frau für die Familie.
3)	ミルクと砂糖つきのコーヒーを飲む	**Kaffee mit Milch und Zucker trinken**
	コーヒーにミルクと砂糖を入れますか？	Trinken Sie Kaffee mit Milch und Zucker?
	ミルクと砂糖なしのコーヒーを飲む	**Kaffee ohne Milch und Zucker trinken**
	いいえ、ブラックです。	Nein, ich trinke Kaffee ohne Milch und Zucker.

第21課　前置詞（2）

チェック

机の上に・で	auf dem Tisch
机の上へ	auf den Tisch
町の上方に・で	über der Stadt
町の上方へ	über die Stadt
橋の下に・で	unter der Brücke
橋の下へ	unter die Brücke
家の前に・で	vor dem Haus
家の前へ	vor das Haus
授業の前に	vor dem Unterricht
私の後ろに・で	hinter mir
私の後ろへ	hinter mich
部屋の中に・で	in dem（= im）Zimmer
部屋の中へ	in das（= ins）Zimmer
スーパーの隣に・で	neben dem Supermarkt
スーパーの隣へ	neben den Supermarkt
壁に・で	an der Wand
壁へ	an die Wand

AとBの間に	zwischen A^{3格} und B^{3格}
AとBの間へ	zwischen A^{4格} und B^{4格}
3時と4時の間に	zwischen drei（Uhr）und vier Uhr

練習問題

1.

1）	机の上に・で（場所）	auf dem Tisch
2）	私の後ろへ（方向）	hinter mich
3）	授業の前に（時間）	vor dem Unterricht
4）	町の上方へ（方向）	über die Stadt
5）	スーパーの隣に・で（場所）	neben dem Supermarkt
6）	部屋の中へ（方向）	in das（= ins）Zimmer

2.

1）	ナイフ、フォークなどを机の上へ置く	**das Besteck auf den Tisch legen**
	ナイフ、フォークなどを机の上へ置いてください！	Bitte legen Sie das Besteck auf den Tisch!
	すでに机の上に横たわっている	**schon auf dem Tisch liegen**
	ナイフ、フォークなどはもう机の上にあります。	Das Besteck liegt schon auf dem Tisch.
2）	**AとBの間に違いがある**	**der Unterschied zwischen A^{3格} und B^{3格} sein**
	「は」と「が」の違いは何ですか?	Was ist der Unterschied zwischen „wa" und „ga"?
3）	学校にいる	**in der Schule sein**
	太郎はどこ?	Wo ist Taro?
	学校だよ。	Er ist in der Schule.
	学校に行く	**in die Schule gehen** **zu der（= zur）Schule gehen**
	太郎はどこへ行くの?	Wohin geht Taro?
	学校だよ。	Er geht in die Schule. Er geht zu der（= zur）Schule.

3.

1)	ワインを冷蔵庫の中へ横たえる	**den Wein in den Kühlschrank legen**
	ワインを冷蔵庫に入れてください！	Bitte legen Sie den Wein in den Kühlschrank!
	すでに冷蔵庫の中に横たわっている	**schon im Kühlschrank liegen**
	ワインはもう冷蔵庫に入っています。	Der Wein liegt schon im Kühlschrank.
2)	家の前にある	**vor dem Haus sein**
	家の前にバス停があります。	Vor dem Haus ist eine Bushaltestelle.
		Die Bushaltestelle ist vor dem Haus.
	バス停の前にある	**Vor der Bushaltestelle sein**
	うちはバス停の前にあります。	Unser Haus ist vor der Bushaltestelle.
3)	テーブルの下に落ちる	**unter den Tisch fallen**
	フォークがテーブルの下に落ちた。	Die Gabel fiel unter den Tisch.
		Die Gabel ist unter den Tisch gefallen.
	テーブルの下に横たわっている	**unter dem Tisch liegen**
	フォークはテーブルの下です。	Die Gabel liegt unter dem Tisch.

4.

1)	地下鉄で学校に行く	**mit der U-Bahn zur Schule fahren**
	君は何に乗って学校に行くんだい?	Womit fährst du zur Schule?
	地下鉄で行くの?	Fährst du mit der U-Bahn?
	うん、それに乗って学校に行っている。	Ja, ich fahre damit zur Schule.
2)	1台の車を望む	**einen Wagen möchte(n)**
	どんな車をお望みなんですか?（2種類の語順で）	Was für einen Wagen möchten Sie?
		Was möchten Sie für einen Wagen?
3)	…を喜ぶ	**sich⁴ über 4格 freuen**
	彼は何を喜んでいるのですか?	Worüber freut er sich?
	ガールフレンドからプレゼントをもらったんですよ。	Er freut sich über das Geschenk von seiner Freundin.

5.

1)	…に興味がある	**sich⁴ für 4格 interessieren**
	何に興味がおありですか?	Wofür interessieren Sie sich?
	音楽に興味があります。	Ich interessiere mich für Musik.
	私もとてもそれに興味があります。	Ich interessiere mich auch sehr dafür.

2)	あなたの妻に1着のドレスを贈る	**Ihrer Frau ein Kleid schenken**
	奥さんにどんなドレスをプレゼントなさるんですか？	Was für ein Kleid schenken Sie Ihrer Frau? Was schenken Sie Ihrer Frau für ein Kleid?
3)	…のことを心配する	**sich³ Sorgen um 4格 machen**
	何の心配をしているのですか？	Worum machen Sie sich Sorgen?
	試験のことが心配なんです。	Ich mache mir Sorgen um die Prüfung.
	私もそれが心配なんです。	Ich mache mir auch darum Sorgen.

第22課　形容詞の格変化・名詞化・序数

チェック1

その大きい男の人は	der große Mann
その大きい男の人の	des großen Mannes
どの若い女性の	welcher jungen Frau
この美しい国に	diesem schönen Land
それらの美しい国々を	die schönen Länder

チェック2

	男性名詞	女性名詞	中性名詞
1格	der große Mann	welche junge Frau	das schöne Land
2格	des großen Mannes	welcher jungen Frau	des schönen Landes
3格	dem großen Mann	welcher jungen Frau	dem schönen Land
4格	den großen Mann	welche junge Frau	das schöne Land

	複数形
1格	diese schönen Länder
2格	dieser schönen Länder
3格	diesen schönen Ländern
4格	diese schönen Länder

チェック3

冷たいビールが	kaltes Bier
冷たいビールの	kalten Biers
新鮮な空気に	frischer Luft
熱いコーヒーを	heißen Kaffee
小さな子どもたちに	kleinen Kindern

チェック4

	男性名詞	女性名詞	中性名詞	複数形
1格	heißer Kaffee	frische Luft	kaltes Bier	kleine Kinder
2格	heißen Kaffees	frischer Luft	kalten Biers	kleiner Kinder
3格	heißem Kaffee	frischer Luft	kaltem Bier	kleinen Kindern
4格	heißen Kaffee	frische Luft	kaltes Bier	kleine Kinder

チェック5

1人の小柄な日本人女性が	eine kleine Japanerin
彼の強い奥さんの	seiner starken Frau
1冊の厚い本に	einem dicken Buch
私たちの大きい車を	unseren großen Wagen
彼らのかわいい子どもたちの	ihrer süßen Kinder

チェック6

	男性名詞	女性名詞	中性名詞
1格	unser großer Wagen	eine kleine Japanerin	ein dickes Buch
2格	unseres großen Wagens	einer kleinen Japanerin	eines dicken Buchs
3格	unserem großen Wagen	einer kleinen Japanerin	einem dicken Buch
4格	unseren großen Wagen	eine kleine Japanerin	ein dickes Buch

	複数形
1格	ihre süßen Kinder
2格	ihrer süßen Kinder
3格	ihren süßen Kindern
4格	ihre süßen Kinder

チェック7

ある病気の女性が（女性1格）	eine kranke Frau
=ある病人（女）が	eine Kranke
そのけがをした男性を（男性4格）	den verletzten Mann
=そのけが人（男）を	den Verletzten
私の知っている男性の（男性2格）	meines bekannten Mannes
=私の知り合い（男）の	meines Bekannten
私の親戚の人々に（複数3格）	meinen verwandten Leuten
=私の親戚（複）に	meinen Verwandten

新しいことが（中性1格）	neu_es_ Ding
何かニュースが	etwas Neues
重要なことを（中性4格）	wichtig_es_ Ding
何か重要なことを	etwas Wichtiges

チェック8

1番目の日が	der erst_e_（Tag）
2番目の日に	dem zweit_en_（Tag）
3番目の日を	den dritt_en_（Tag）
何番目の日が	der wievielt_e_（Tag）
何番目の日を	den wievielt_en_（Tag）

練習問題

1.

	男性名詞	女性名詞	中性名詞	複数形
1格	guter Wein	frische Luft	kaltes Bier	kleine Kinder
2格	guten Weins	frischer Luft	kalten Biers	kleiner Kinder
3格	gutem Wein	frischer Luft	kaltem Bier	kleinen Kindern
4格	guten Wein	frische Luft	kaltes Bier	kleine Kinder

2.

1）	その大きい男の人は	der große Mann
2）	その大きい男の人の	des großen Mannes
3）	この美しい国に	diesem schönen Land
4）	それらの美しい国々を	die schönen Länder
5）	よい回復を！（お大事に！）	Gute Besserung!
6）	心からの感謝を！（どうもありがとう！）	Herzlichen Dank!
7）	奥さんにたくさんの挨拶を！（奥さんによろしく！）	Viele Grüße an deine/Ihre Frau!

3.

1）	その大きい男の人に	dem großen Mann
2）	その美しい女性が・を	die schöne Frau
3）	その冷たいビールが・を	das kalte Bier
4）	小さな子どもたちの	kleiner Kinder
5）	よい成功を！（がんばってください！）	Guten Erfolg!
6）	親愛なるクラウス、（手紙の冒頭）	Lieber Klaus,

4.

	男性名詞	女性名詞	中性名詞	複数形
1格	ein großer Wagen	seine schöne Frau	ein dickes Buch	ihre süßen Kinder
2格	eines großen Wagens	seiner schönen Frau	eines dicken Buch(e)s	ihrer süßen Kinder
3格	einem großen Wagen	seiner schönen Frau	einem dicken Buch	ihren süßen Kindern
4格	einen großen Wagen	seine schöne Frau	ein dickes Buch	ihre süßen Kinder

5.

1)	1人の小柄な日本人女性が	**eine kleine Japanerin**
	1冊の厚い（dick）本を読む	**ein dickes Buch lesen**
	1人の小柄な日本人女性が1冊のぶ厚い本を読んでいる。	Eine kleine Japanerin liest ein dickes Buch.
	1人の小柄な日本人女性に	**einer kleinen Japanerin**
	1冊の厚い（dick）本を買う	**ein dickes Buch kaufen**
	彼はある小柄な日本人女性にぶ厚い本を買ってあげる。	Er kauft einer kleinen Japanerin ein dickes Buch.
2)	大きな空腹を持っている	**großen Hunger haben**
	ああ、おなかペコペコだ。	Ach, ich habe großen Hunger.
3)	あす1人の古い・年配の友だちを訪ねる	**morgen einen alten Freund besuchen**
	あす私たちは1人の旧友を訪問します。	Wir besuchen morgen einen alten Freund.
		Morgen besuchen wir einen alten Freund.
	1軒の大きな家に住んでいる	**in einem großen Haus wohnen**
	その旧友は大きな家に住んでいます。	Der alte Freund wohnt in einem großen Haus.

6.

1)	好んで赤いワインを飲む	**gern roten Wein trinken**
	彼は赤ワインが好きです。	Er trinkt gern roten Wein.
2)	あす ある若い女友だちを訪問する	**morgen eine junge Freundin besuchen**
	あした私たちは若い友人を訪ねます。	Morgen besuchen wir eine junge Freundin.

	1つの小さな住居に住んでいる	**in einer kleinen Wohnung wohnen**
	その若い友だちは小さなアパートに住んでいます。	Die junge Freundin wohnt in einer kleinen Wohnung.
3)	1本の古い日本の映画を見る	**einen alten japanischen Film sehen**
	私たちはある古い邦画を見ました。	Wir sahen einen alten japanischen Film.
	その古い映画の中で演じている	**in dem alten Film spielen**
	その古い映画には三船が出ています。	Mifune spielt in dem（= im）alten Film. In dem（= im）alten Film spielt Mifune.

7.

1)	あるドイツの女性が	eine deutsche Frau
	＝あるドイツ人女性が	eine Deutsche
2)	そのけがをした男性を	den verletzten Mann
	＝そのけが人（男）を	den Verletzten
3)	私の親戚の人々に	meinen verwandten Leuten
	＝私の親戚（複）に	meinen Verwandten
4)	10番目の日が	der zehnte（Tag）
	20番目の日を	den zwanzigsten（Tag）

8.

1)	日本へ来る	**nach Japan kommen**
	いつ来日なさるのですか?	Wann kommen Sie nach Japan?
	4月7日に大阪に到着する	**am siebten April in Osaka an|kommen**
	4月7日に大阪に到着します。	Ich komme am（= an dem）siebten April in Osaka an.
2)	誕生日を持っている	**Geburtstag haben**
	君の誕生日はいつなの?	Wann hast du Geburtstag?
	6月12日に誕生日を持っている	**am zwölften Juni Geburtstag haben**
	6月12日だよ。	Ich habe am zwölften Juni Geburtstag.
3)	きょうは何日ですか?	Der Wievielte ist heute? Den Wievielten haben wir heute?
	きょうは2月18日です。	Heute ist der achtzehnte Februar. Heute haben wir den achtzehnten Februar.

9.

1)	日本へ飛行機で帰る	**nach Japan zurück|fliegen**
	君いつ日本に帰るの？	Wann fliegst du nach Japan zurück?
	8月16日に飛行機で帰る	**am sechzehnten August zurück|fliegen**
	8月16日に帰る。	Ich fliege am sechzehnten August zurück.
2)	あるドイツ人男性を訪問する	**einen Deutschen besuchen**
	私たちは きのう あるドイツ人男性を訪ねました。	Wir besuchten gestern einen Deutschen.
	きのう私たちは あるドイツ人を訪ねました。	Gestern besuchten wir einen Deutschen.
	日本で働いている	**in Japan arbeiten**
	そのドイツ人男性は日本で働いています。	Der Deutsche arbeitet in Japan.
3)	お誕生日はいつですか？	Wann haben Sie Geburtstag?
	私の誕生日は　月　日です。 （自分の誕生日を入れましょう）	Ich habe am 序数-en 月名 Geburtstag.

第23課　形容詞・副詞の比較級・最上級
練習問題

1.

特徴	意味	原級	比較級	最上級
原則	美しい	schön	schöner	schönst
	小さい	klein	kleiner	kleinst
Umlautがつく	長い	lang	länger	längst
Umlautがつかない	ゆっくり	langsam	langsamer	langsamst
eが入る	短い	kurz	kürzer	kürzest
	年とった	alt	älter	ältest
eを省く	（値段が）高い	teuer	teurer	teuerst
例外	大きい	groß	größer	größt
	（高さが）高い	hoch	höher	höchst
	多い	viel	mehr	meist
	良い	gut	besser	best
	好んで	gern	lieber	liebst

2.

1)	ビールよりワインを好んで飲む		**lieber Wein als Bier trinken**
	私はビールよりワインの方が好きです。		Ich trinke lieber Wein als Bier.
	ビールをワインほど好まないで飲む		**Bier nicht so gern wie Wein trinken**
	ビールはワインほど好きではありません。		Ich trinke Bier nicht so gern wie Wein.
2)	一番好んで日本酒を飲む		**am liebsten Reiswein trinken**
	酒が一番好きです。		Ich trinke am liebsten Reiswein.
3)	英語をドイツ語よりうまくできる		**Englisch besser als Deutsch können**
	彼はドイツ語より英語の方がうまいです。		Er kann Englisch besser als Deutsch.
	一番うまく日本語ができる		**am besten Japanisch können**
	彼は日本語が一番じょうずです。 彼が日本語は一番うまい。		Er kann am besten Japanisch.

3.

1)	そばより うどんを好んで食べる		**lieber Udon als Soba essen**
	私はそばより うどんが好きだ。		Ich esse lieber Udon als Soba.
	そばを うどんほど好まないで食べる		**Soba nicht so gern wie Udon essen**
	そばは うどんほど好きではありません。		Ich esse Soba nicht so gern wie Udon.
	一番好んでスパゲッティを食べる		**am liebsten Spaghetti essen**
	でもスパゲッティが一番好きです。		Aber ich esse am liebsten Spaghetti.
2)	好んで音楽を聴く		**gern Musik hören**
	私は音楽を聴くのが好きです。		Ich höre gern Musik.
	より好んでサッカーをする		**lieber Fußball spielen**
	私はサッカーをする方が好きです。		Ich spiele lieber Fußball.
	一番好んで旅行する		**am liebsten reisen**
	でも一番好きなのは旅行です。		Aber ich reise am liebsten.
3)	石狩川より長い。		**länger als der Ishikari sein**
	利根川は石狩川より長い。		Der Tone ist länger als der Ishikari.
	一番長い（川だ）		**am längsten sein** **der längste (Fluss) sein**
	しかし信濃川が一番長い（川だ）。		Aber der Shinano ist am längsten. Aber der Shinano ist der längste (Fluss).

文章編（複雑な文）
第 24 課　接続詞

チェック1　はい、できます。

Er fragte mich, wann wir Baseball spielen. = Wann wir Baseball spielen, fragte er mich.
彼は私に、いつ私たちが野球をするのか聞いた。

チェック2　はい、できます。

Er wollte wissen, ob wir morgen Baseball spielen. = Ob wir morgen Baseball spielen, wollte er wissen.
彼は、私たちがあした野球をするのかどうか、知りたがった。

チェック3　いいえ、できません。

Wissen Sie, wo Peter jetzt wohnt?
ペーターが今どこに住んでいるのか、あなたはご存知ですか？
Wo Peter jetzt wohnt, wissen Sie.
ペーターが今どこに住んでいるのか、あなたは知っています。

wissen が副文 = 1 のあと、つまり 2 番目にあるので、疑問文でなく平叙文になってしまうから。

チェック4　いいえ、できません。

Weißt du, ob Peter gut Japanisch spricht?
ペーターがじょうずに日本語を話すか、君は知っているかい？
Ob Peter gut Japanisch spricht, weißt du.
ペーターがじょうずに日本語を話すか、君は知っている。

weißt が副文 = 1 のあと、つまり 2 番目にあるので、疑問文でなく平叙文になってしまうから。

練習問題

1.
 a) Er ist nach Hause gegangen, denn es geht ihm nicht gut.
 b) Es geht ihm nicht gut, deshalb ist er nach Hause gegangen.
 c) Er ist nach Hause gegangen, weil es ihm nicht gut geht. = Weil es ihm nicht gut geht, ist er nach Hause gegangen.

2.
 a) Es geht ihm nicht gut, aber er arbeitet Tag und Nacht.
 b) Es geht ihm nicht gut, trotzdem arbeitet er Tag und Nacht.
 c) Er arbeitet Tag und Nacht, obwohl es ihm nicht gut geht. = Obwohl es ihm nicht gut geht, arbeitet er Tag und Nacht.

3.
  a) Ich hatte schnell Hausaufgaben gemacht, dann ging ich mit dem Hund spazieren.
  b) Ich ging mit dem Hund spazieren, nachdem ich schnell Hausaufgaben gemacht hatte. = Nachdem ich schnell Hausaufgaben gemacht hatte, ging ich mit dem Hund spazieren.
  c) Ich hatte schnell Hausaufgaben gemacht, bevor ich mit dem Hund spazieren ging.
  Bevor ich mit dem Hund spazieren ging, hatte ich schnell Hausaufgaben gemacht.

第25課　zu 不定詞（句）
練習問題
1.
  1) Ich verspreche Ihnen, morgen um sechs Uhr aufzustehen. = Morgen um sechs Uhr aufzustehen, verspreche ich Ihnen.
  私はあなたに、あした6時に起きることを約束します。
  2) Ich freue mich sehr darauf, dich sehen zu können. = Darauf, dich sehen zu können, freue ich mich sehr.
  君に会えるのが、とても楽しみだ。
  3) Ich schreibe ihm eine Mail, statt ihn anzurufen. = Statt ihn anzurufen, schreibe ich ihm eine Mail.
  彼に電話する代わりに、私は彼にメールを書く。

2.
  1) Ich rate Ihnen, nicht so viel zu essen. = Nicht so viel zu essen, rate ich Ihnen.
  そんなにたくさん食べないことを私はあなたに勧めます。
  2) Ich bitte dich darum, mich nicht lange warten zu lassen. = Darum, mich nicht lange warten zu lassen, bitte ich dich.
  私を長いこと待たせないよう、私は君に頼む。
  3) Sie ging nach Hause, ohne mir „auf Wiedersehen" zu sagen. = Ohne mir „auf Wiedersehen" zu sagen, ging sie nach Hause.
  彼女は、私にさよならを言わずに帰宅してしまった。

  注 nicht を入れっぱなしにすると二重否定になって逆の意味になります。
  Sie ging nach Hause, ohne mir „auf Wiedersehen" nicht zu sagen. = Ohne mir „auf Wiedersehen" nicht zu sagen, ging sie nach Hause.
  彼女は、私にさよならと言わずにではなく（＝さよならと言って）、帰宅した。

第 26 課　関係代名詞と指示代名詞

チェック 1

	男　性	女　性	中　性	複　数
1 格	der	die	das	die
2 格	dessen	deren	dessen	deren
3 格	dem	der	dem	denen
4 格	den	die	das	die

チェック 2

Die Schwester des Freundes, den ich heute besuche, reiste nach Deutschland.
私がきょう訪問する友人のお姉さんは、ドイツに旅行した。

チェック 3

1) 定冠詞　後ろに（直後とは限らない）必ずセットとなる名詞がある。
2) 指示代名詞　後ろに名詞がなく、文中の動詞は 1 番目か 2 番目。（主文）
3) 関係代名詞　後ろに名詞がなく、文中の動詞は最後。（副文）

微妙なニュアンスの違いを日本語に直訳してみると、
1) 昔々 1 人の王様がいました、その王様には 3 人の美しい娘がいました。
2) 昔々 1 人の王様がいて、その人には 3 人の美しい娘がいました。
3) 昔々、3 人の美しい娘がいる、1 人の王様がいました。

1) 彼には若いガールフレンドがいます、そのガールフレンドはデュッセルドルフで働いています。
2) 彼には若いガールフレンドがいて、その彼女はデュッセルドルフで働いています。
3) 彼には、デュッセルドルフで働いている若いガールフレンドがいます。

練習問題

1.
1) Ich besuche heute die Freundin, mit der ich nach Europa reise.
2) Ich reise mit der Freundin, die ich heute besuche, nach Europa.

2.
1) Das Lied, das er gestern sang, hatte Schubert in Wien komponiert.
2) Er sang gestern das Lied, das Schubert in Wien komponiert hatte.

3.
1) Du trinkst mit der Tasse, die ich in Meißen gekauft habe, Kaffee.
2) Ich habe die Tasse, mit der du Kaffee trinkst, in Meißen gekauft.

4.
　1) Es gab in der Stadt, in der meine Großmutter wohnt, ein großes Erdbeben.
　2) Es gab in der Stadt, wo meine Großmutter wohnt, ein großes Erdbeben.
　　私の祖母が住んでいる町で大きな地震がありました。

5.
　1) Den　2) Die　3) Das　4) Die

6.
　1) Wer　2) Wer　3) Was　4) Wer　5) Wer　6) Wer　7) Wer　8) Wer

第27課　受動態
練習問題
1.

1)		よくその女の先生にほめられる	**oft von der Lehrerin gelobt werden**
		太郎はよく先生にほめられる。	Taro wird oft von der Lehrerin gelobt.
		太郎はよく先生にほめられた。（過去形）	Taro wurde oft von der Lehrerin gelobt.
		よくその女の先生にほめられた	**oft von der Lehrerin gelobt worden sein**
		太郎はよく先生にほめられた。（現在完了）	Taro ist oft von der Lehrerin gelobt worden.
		おそらく その先生にほめられるだろう	**wohl von der Lehrerin gelobt werden werden**
		太郎はおそらく その先生にほめられるだろう。	Taro wird wohl von der Lehrerin gelobt werden
2)		台風で壊される	**durch den Taifun zerstört werden**
		その家は台風で壊された。（過去形）	Das Haus wurde durch den Taifun zerstört.
		台風で壊された（完了不定詞）	**durch den Taifun zerstört worden sein**
		その家は台風で壊された。（現在完了）	Das Haus ist durch den Taifun zerstört worden.
3)		かたくゆでられた状態だ	**hart gekocht sein**
		その卵はかたゆでです。	Das Ei ist hart gekocht.

336

2.

1)	ゲーテによって書かれる	**von Goethe geschrieben werden**
	『ファウスト』はゲーテが書いた。	„Faust" wurde von Goethe geschrieben.
2)	洗われる	**gewaschen werden**
	そのソックスはいつ洗うの?	Wann werden die Socken gewaschen?
	すでに洗われた状態にある	**schon gewaschen sein**
	それらはもう洗ってあります。	Sie sind schon gewaschen.
3)	私は (　) 年に生まれました。 (自分の生まれた年を入れましょう)	Ich bin (im Jahre) neunzehnhundert... geboren. Ich bin (im Jahre) zweitausend... geboren.

3.
1) Die Frage (ist) nicht leicht (zu) beantworten.
   = Die Frage (kann) nicht leicht (beantwortet) (werden).（受動態）
   = Man (kann) die Frage nicht leicht (beantworten).（能動態）
2) Hunde (sind) an der Leine (zu) führen.
   = Hunde (müssen) an der Leine (geführt) (werden).（受動態）
   = Man (muss) Hunde an der Leine (führen).（能動態）
3) (Ist) das Kind noch (zu) retten?
   = (Kann) das Kind noch (gerettet) (werden)?（受動態）
   = (Kann) man das Kind noch (retten)?（能動態）

第 28 課　分　詞

チェック

不定詞	singen	loben	lächeln	bewegen
現在分詞	singend	lobend	lächelnd	bewegend
過去分詞	gesungen	gelobt	gelächelt	bewegt
未来分詞	zu singend	zu lobend	zu lächelnd	zu bewegend

練習問題

1.

不定詞	spielen	passen	aufregen	operieren
現在分詞	spielend	passend	aufregend	operierend
過去分詞	gespielt	gepasst	aufgeregt	operiert
未来分詞	zu spielend	zu passend	zu aufregend	zu operierend

2.

1)	いつも歌いながら料理する	**immer（singend）kochen**
	母は歌いながら料理します。	Meine Mutter kocht immer（singend）.
	その歌っている母は	die（singende）Mutter
	その歌っている母の	der（singenden）Mutter
	その歌っている母に	der（singenden）Mutter
	その歌っている母を	die（singende）Mutter
2)	1つのゆでられた卵が	ein（gekochtes）Ei
	1つのゆでられた卵の	eines（gekochten）Eis
	1つのゆでられた卵に	einem（gekochten）Ei
	1つのゆでられた卵を	ein（gekochtes）Ei
3)	その賞賛されうる子どもが	das（zu）（lobende）Kind
	その賞賛されうる子どもの	des（zu）（lobenden）Kindes
	その賞賛されうる子どもに	dem（zu）（lobenden）Kind
	その賞賛されうる子どもを	das（zu）（lobende）Kind

3.
1) (die)（ angekommenen)（ Gäste ）
   die vor einer Stunde in Osaka angekommenen Gäste
2) (mein)（ schlafendes)（ Kind ）
   mein im Wohnzimmer tief schlafendes Kind
3) (der)（ zu)（ rettende)（ Mann ）
   der leider nicht mehr zu rettende Mann

第29課　接続法
チェック1

不定詞	接続法第1式基本形	接続法第2式基本形
spielen	spiele	spielte
machen	mache	machte
werden	werde	würde
sein	sei	wäre
haben	habe	hätte
mögen	möge	möchte
können	könne	könnte
kommen	komme	käme

チェック2

不定詞＝haben　接続法第1式基本形＝（ habe ）	
	単　数	複　数
1人称	ich habe	wir haben
2人称（親称）	du habest	ihr habet
3人称	er habe	sie haben
2人称（敬称）	Sie haben	Sie haben

不定詞＝haben　接続法第2式基本形＝（ hätte ）	
	単　数	複　数
1人称	ich hätte	wir hätten
2人称（親称）	du hättest	ihr hättet
3人称	er hätte	sie hätten
2人称（敬称）	Sie hätten	Sie hätten

練習問題

1. 接続法第1式基本形＝（werde）

	代名詞	動　詞		代名詞	動　詞
私は	ich	werde	私たちは	wir	werden
君は（親称）	du	werdest	君たちは（親称）	ihr	werdet
彼は	er	werde			
彼女は	sie	werde	彼らは	sie	werden
それは	es	werde			
あなたは（敬称）	Sie	werden	あなた方は（敬称）	Sie	werden

2.

1)	家に行く	**nach Haus gehen**
	家に帰りなさい！	Gehen Sie nach Haus!
	どうか家に帰ってください。	Bitte gehen Sie nach Haus. Gehen Sie bitte nach Haus. Gehen Sie nach Haus bitte.
	家に帰りましょう！	Gehen wir nach Haus!
2)	その歌を歌う	**das Lied singen**
	その歌を歌いなさい！	Singen Sie das Lied!
	その歌を歌いましょう！	Singen wir das Lied!
3)	健康に暮らす	**gesund leben（mögen）**
	私の家族が健康に暮らせますように！	Meine Familie lebe gesund!. Meine Familie möge gesund leben!

3.
1) Der Minister sagte, er fliege im März nach Japan. Dort spreche er mit seinen japanischen Kollegen. Er fahre auch nach Kyoto, wo er eine japanische Familie besuchen könne. Er freue sich schon darauf.
大臣は「3月に日本へ行く。そこで日本の同僚たちと会談する。京都にも行き、日本の家庭を訪問する。今からそれを楽しみにしている」と言った。

2) Der Minister sagt, er sei im März nach Japan geflogen. Dort habe er mit seinen japanischen Kollegen gesprochen. Er sei auch nach Kyoto gefahren, wo er eine japanische Familie besuchen können habe（または wo er eine japanische Familie habe besuchen können）. Es sei sehr interessant gewesen.
大臣は「3月に日本へ行った。そこで日本の同僚たちと会談した。京都にも行き、日本の家庭を訪問できた。とても興味深かった」と言っている。

4. 接続法第2式基本形＝（würde）

	代名詞	動詞		代名詞	動詞
私は	ich	würde	私たちは	wir	würden
君は（親称）	du	würdest	君たちは（親称）	ihr	würdet
彼は	er	würde			
彼女は	sie	würde	彼らは	sie	würden
それは	es	würde			
あなたは（敬称）	Sie	würden	あなた方は（敬称）	Sie	würden

5.

1)	今ここにいる	**jetzt hier sein**
	私に手を貸すことができる	**mir helfen können**
	今彼がここにいたら、助けてくれるんだけどなあ。	Wenn er jetzt hier wäre, könnte er mir helfen. Wäre er jetzt hier, so könnte er mir helfen.
	あなたが今ここにいてさえくれたらなあ！	Wenn du jetzt nur hier wärest!
2)	じゅうぶんお金を持っている	**genug Geld haben**
	1台の車を買う	**ein Auto kaufen**
	もし私にじゅうぶんお金があれば、車を買うんだけどなあ。	Wenn ich genug Geld hätte, kaufte ich ein Auto / würde ich ein Auto kaufen. Hätte ich genug Geld, dann kaufte ich ein Auto / so würde ich ein Auto kaufen.
	たくさんお金があればなあ！	Wenn ich doch viel Geld hätte!

3)	じゅうぶんお金を持っていた	**genug Geld gehabt haben**
	一軒の家を買った	**ein Haus gekauft haben**
	じゅうぶんお金があったら、家を買ったんだけどなあ。	Wenn ich genug Geld gehabt hätte, hätte ich ein Haus gekauft. Hätte ich genug Geld gehabt, dann hätte ich ein Haus gekauft.
	あの時たくさんお金があったらなあ。	Wenn ich doch damals viel Geld gehabt hätte! Hätte ich doch damals viel Geld gehabt.

6.

1)	そのスーツケースを運ぶ	**den Koffer tragen**
	そのスーツケースを運んでいただけますでしょうか？	Könnten Sie (bitte) den Koffer tragen?
	ちょっと私のバッグを持つ	**mal meine Tasche halten**
	ちょっと私のバッグを持っていてくださるかしら？	Könntest du mal (bitte) meine Tasche halten?
2)	健康である	**gesund sein**
	いっしょに旅行に行くことができる	**mitreisen können**
	もし母が健康ならば、いっしょに旅行に行けるのだがなあ。	Wenn meine Mutter gesund wäre / wäre meine Mutter gesund,（so/dann）könnte sie mitreisen.
3)	健康だった	**gesund gewesen sein**
	いっしょに旅行に行くことができた	**mitreisen können haben**
	もし母が健康だったならば、いっしょに旅行に行けたのだがなあ。	Wenn meine Mutter gesund gewesen wäre / Wäre meine Mutter gesund gewesen,（so/dann）hätte sie mitreisen können.

第30課　複雑な助動詞構文
練習問題

1.

1)	もうベルリンに到着しただろう	**schon in Berlin angekommen sein werden**
	彼女はもうベルリンに到着しただろうか？	Wird sie schon in Berlin angekommen sein?
	はい、彼女はもうベルリンに到着したでしょう。	Ja, sie wird schon in Berlin angekommen sein.

2)	ドイツではドイツ語を話したに違いない	**in Deutschland Deutsch gesprochen haben müssen**
	彼はドイツではドイツ語を話したに違いない。	Er muss in Deutschland Deutsch gesprochen haben.
	ドイツでは彼はドイツ語を話したに違いない。	In Deutschland muss er Deutsch gesprochen haben
3)	すでに閉められたかもしれない	**schon geschlossen worden sein mögen**
	そのデパートはもう閉店したかもしれない。	Das Kaufhaus mag schon geschlossen worden sein.

2.

1)	完璧に料理できると主張する	**perfekt kochen können wollen**
	彼は完璧に料理できると言っている。	Er will perfekt kochen können.
	じょうずに料理できないと言われている	**nicht gut kochen können sollen**
	彼はしかしながら料理がうまくないといううわさだ。	Er soll aber nicht gut kochen können. Aber er soll nicht gut kochen können.
2)	一生懸命勉強したに違いない	**fleißig gelernt haben müssen**
	彼女は一生懸命勉強したに違いない。	Sie muss fleißig gelernt haben.
	一生懸命には勉強しなかったに違いない	**nicht fleißig gelernt haben müssen**
	彼は一生懸命には勉強しなかったに違いない。	Er muss nicht fleißig gelernt haben.
3)	もうとっくに亡くなったそうだ	**schon längst gestorben sein sollen**
	彼女はもうとっくに亡くなったそうだ。	Sie soll schon längst gestorben sein.
	もうとっくに彼女は亡くなったそうだ。	Schon längst soll sie gestorben sein.

3.

1)	その男をそこで見たと主張する	**den Mann dort gesehen haben wollen**
	証人はその男をそこで見たと主張している。	Der Zeuge will den Mann dort gesehen haben.
	その時家にいたと主張している	**da zu Haus gewesen sein wollen**
	しかしその男は その時家にいたと主張している。	Aber der Mann will da zu Haus gewesen sein.
2)	しばしば先生たちにほめられただろう	**oft von Lehrern gelobt worden sein werden**
	アインシュタインはしょっちゅう教師にほめられただろう。	Einstein wird oft von Lehrern gelobt worden sein.

	しょっちゅうアインシュタインは教師にほめられただろう。	Oft wird Einstein von Lehrern gelobt worden sein.
	教師にはアインシュタインはよくほめられただろう。	Von Lehrern wird Einstein oft gelobt worden sein.
3)	地震で壊されたそうだ	**durch das Erdbeben zerstört worden sein sollen**
	その町は地震によって壊されたそうだ。	Die Stadt soll durch das Erdbeben zerstört worden sein.
	地震によって その町は壊されたそうだ。	Durch das Erdbeben soll die Stadt zerstört worden sein.

著者紹介

滝田　佳奈子 (たきたかなこ)

慶応大学文学部卒業（独文学専攻）
慶応大学大学院修了（独語学専攻）
1988年－1991年ベルリン自由大学講師
現在慶応大学講師
ドイツ語通訳案内士
著書に「CD BOOK ドイツ語会話パーフェクトブック」（ベレ出版）
Grundwortschatz Japanisch（共著 Buske 出版）など

CDの内容

ナレーター：Andreas Meyer
時　　間：CD1 ⇒ 75分42秒　CD2 ⇒ 73分57秒

本書のCD（Disc1とDisc2）はビニールケースの中に重なって入っています。

CD BOOK 本気で学ぶドイツ語

2010年9月25日	初版発行
2020年5月24日	第9刷発行

著者	滝田　佳奈子
カバーデザイン	竹内　雄二
本文イラスト	いげた　めぐみ
DTP	WAVE 清水　康広

©Kanako Takita 2010. Printed in Japan

発行者	内田　眞吾
発行・発売	ベレ出版
	〒162-0832　東京都新宿区岩戸町12 レベッカビル TEL.03-5225-4790　FAX.03-5225-4795 ホームページ　http://www.beret.co.jp/ 振替 00180-7-104058
印刷	株式会社 文昇堂
製本	根本製本株式会社

落丁本・乱丁本は小社編集部あてにお送りください。送料小社負担にてお取り替えします。
ISBN 978-4-86064-269-3 C2084　　　　　　　編集担当　脇山和美